普通高等教育汽车类专业规划教材

Qiche Diankong Xinjishu
汽车电控新技术

杜丹丰　郭秀荣　主　编
亓占丰　梁　超　姜淑凤　高　旗　副主编

人民交通出版社股份有限公司
China Communications Press Co.,Ltd.

内 容 提 要

本书是普通高等教育汽车类专业规划教材,主要介绍了汽车电子控制技术基础、发动机电子控制系统、自动变速器电子控制系统、电控制动系统、驱动防滑控制系统、动力转向电子控制系统、悬架电子控制系统、汽车巡航控制系统、汽车空调控制系统、汽车安全气囊电子控制系统、电子仪表与防盗系统和智能汽车控制系统等。本书广泛吸收汽车先进技术成果,重点反映当前汽车电子控制技术的发展动态,特别注重汽车电子控制技术结构与原理,突出汽车电子控制技术的实际应用,有利于培养学生理论联系实际、分析和维修汽车故障的能力。

本教材可供高等院校汽车服务工程、车辆工程专业本科生教学使用,也可作为汽车行业工程技术人员的自学及参考书。

图书在版编目(CIP)数据

汽车电控新技术/杜丹丰,郭秀荣主编. —北京:
人民交通出版社股份有限公司,2017.4
ISBN 978-7-114-12562-1

Ⅰ.①汽… Ⅱ.①杜… ②郭… Ⅲ.①汽车—电子控制 Ⅳ.①U463.602.7

中国版本图书馆 CIP 数据核字(2017)第 034180 号

书　　名:汽车电控新技术
著　作　者:杜丹丰　郭秀荣
责任编辑:夏　鞞　李　良
出版发行:人民交通出版社股份有限公司
地　　址:(100011)北京市朝阳区安定门外外馆斜街3号
网　　址:http://www.ccpress.com.cn
销售电话:(010)59757973
总　经　销:人民交通出版社股份有限公司发行部
经　　销:各地新华书店
印　　刷:北京市密东印刷有限公司
开　　本:787×1092　1/16
印　　张:13.5
字　　数:317 千
版　　次:2017 年 4 月　第 1 版
印　　次:2017 年 4 月　第 1 次印刷
书　　号:ISBN 978-7-114-12562-1
定　　价:32.00 元

(有印刷、装订质量问题的图书由本公司负责调换)

前言 PREFACE

随着电子技术、控制技术和计算机技术的发展，汽车电控新技术已成为现代汽车的重要组成部分，有效提高了汽车的各项性能。为了培养厚基础、宽口径的汽车专业人才，以适应市场对该类人才知识结构的需求，我们在总结几年来教学和科研经验、广泛收集资料和原有课程讲义的基础上，编写了该书。

全书共12章，主要介绍了汽车电子控制技术基础、发动机电子控制系统、自动变速器电子控制系统、电控制动系统、驱动防滑控制系统、动力转向电子控制系统、悬架电子控制系统、汽车巡航控制系统、汽车空调控制系统、汽车安全气囊电子控制系统、电子仪表与防盗系统、智能汽车控制系统。本书在编写过程中注重理论联系实际，力求内容系统、新颖、图文并茂、重点突出。本书可供车辆工程、汽车服务工程和交通运输等汽车类专业的学生使用。

本书由东北林业大学杜丹丰副教授和郭秀荣主编。杜丹丰编写第一章、第三章、第十一章和第十二章；东北林业大学郭秀荣编写第二章、第四章、第八章和第九章；东北林业大学亓占丰编写第七章；北华大学梁超编写第十章；齐齐哈尔大学姜淑凤编写第五章；滁州学院高旗编写第六章；研究生刘红玉和于淼在编写过程中做了大量工作。

作者在编写过程中参阅了许多专家的教材、著作和相关资料，得到了同行和人民交通出版社股份有限公司的支持，在此一并表示衷心的感谢。由于编写时间仓促及作者水平有限，书中难免有错误和疏漏之处，恳请读者和同仁批评指正，以便教材再版时修正。

编 者
2016年10月

目录 CONTENTS

第一章　汽车电子控制技术基础 ·· 1
　第一节　汽车电子控制技术发展概述 ·· 1
　第二节　传感器 ·· 5
　第三节　电子控制器 ··· 30
　第四节　执行机构 ··· 32
　第五节　总线技术在汽车上的应用 ··· 36

第二章　发动机电子控制系统 ·· 51
　第一节　汽油发动机电控燃油喷射系统 ··· 51
　第二节　电子点火控制系统 ··· 62
　第三节　发动机怠速控制系统 ··· 73
　第四节　发动机进气控制系统 ··· 79
　第五节　汽车排放控制系统 ··· 85
　第六节　发动机其他电子控制技术 ··· 90
　第七节　柴油发动机电控燃油喷射系统 ··· 96

第三章　自动变速器电子控制系统 ··· 103
　第一节　自动变速器电子控制系统概述 ·· 103
　第二节　液力自动变速器电子控制系统 ·· 106
　第三节　自动机械变速器电子控制系统（AMT） ································· 112
　第四节　无级变速器的电子控制 ·· 115
　第五节　双离合变速器电子控制系统 ·· 118

第四章　电控制动系统 ··· 124
　第一节　电控制动系统概述 ·· 124
　第二节　电控防抱死制动系统（ABS） ·· 125
　第三节　电控驻车制动系统（EPB） ·· 137
　第四节　电控制动力分配系统 ·· 138
　第五节　车身电控稳定系统 ·· 139

第五章　驱动防滑控制系统 ··· 142

第一节　驱动防滑控制系统概述 …………………………………………… 142
第二节　驱动防滑控制系统工作过程 ……………………………………… 144

第六章　动力转向电子控制系统 ……………………………………………… 150
第一节　动力转向电子控制系统概述 ……………………………………… 150
第二节　主动前轮转向系统（AFS） ……………………………………… 155
第三节　线控转向系统（SBW） …………………………………………… 156

第七章　悬架电子控制系统 …………………………………………………… 158
第一节　悬架电子控制系统概述 …………………………………………… 158
第二节　电子控制悬架的结构与工作原理 ………………………………… 159

第八章　汽车巡航控制系统 …………………………………………………… 164
第一节　汽车巡航控制系统概述 …………………………………………… 164
第二节　汽车巡航控制系统工作原理 ……………………………………… 165

第九章　汽车空调控制系统 …………………………………………………… 171
第一节　汽车空调电子控制系统概述 ……………………………………… 171
第二节　汽车空调制冷系统 ………………………………………………… 173
第三节　汽车采暖与通风系统 ……………………………………………… 181

第十章　汽车安全气囊电子控制系统 ………………………………………… 183
第一节　汽车安全气囊电子控制系统 ……………………………………… 183
第二节　汽车安全气囊电子控制系统组成与工作原理 …………………… 184

第十一章　电子仪表与防盗系统 ……………………………………………… 189
第一节　电子仪表 …………………………………………………………… 189
第二节　汽车防盗系统 ……………………………………………………… 193
第三节　电子防盗系统工作原理 …………………………………………… 194

第十二章　智能汽车控制系统 ………………………………………………… 199
第一节　车载互联系统 ……………………………………………………… 199
第二节　自动驾驶技术 ……………………………………………………… 202
第三节　自动停车系统 ……………………………………………………… 204

参考文献 ………………………………………………………………………… 209

第一章　汽车电子控制技术基础

第一节　汽车电子控制技术发展概述

一、汽车电子控制技术发展概况

随着电子信息技术的快速发展和汽车制造业的不断变革,汽车电子技术的应用和创新,极大地推动了汽车工业的进步与发展,对提高汽车的动力性、经济性、安全性,改善汽车行驶稳定性、舒适性,降低汽车排放污染、燃料消耗起到了非常关键的作用,同时也使汽车具备了娱乐、办公和通信等丰富功能。汽车电子技术已成为现代汽车技术的核心技术,汽车电子产业发展水平,对一个国家汽车工业的市场竞争力有着举足轻重的影响。汽车电子技术的应用水平已成为衡量汽车档次水平的主要标志,其应用程度的提高是汽车生产企业提高市场竞争力的重要手段。

现代汽车电子集电子技术、汽车技术、信息技术、计算机技术和网络技术等于一体,包括基础技术层、电控系统层和人车环境交互层3个层面,经历了分立电子元器件控制、部件独立控制及智能化、网络化集成控制应用3个发展阶段。目前汽车电子产品可以分为车体电子控制系统和车载电子装置两大类,见表1-1,其中电子控制系统性能直接决定着汽车整车的性能。

汽车电子产品分类　　表1-1

分类		控制项目
车体电子控制系统	动力控制系统	点火控制、燃油喷射控制、怠速控制、进气控制、排放控制、故障自诊断等
	底盘控制系统	电子控制自动变速器(ECAT)、电控悬架(TEMS)、驱动防滑/牵引力控制(ASR/TRC)、巡航控制(CCS)、自动防抱死制动(ABS)、四轮转向控制等
	车身电子控制系统	安全气囊(SRS)、安全带控制、灯光控制、电子仪表、自动空调、电动座椅、电动车窗、中控门锁等
车载电子装置	汽车信息系统	车辆行驶自身系统显示、车载通信系统、上网设备、语音信息、新能源汽车蓄电池管理系统等
	导航系统	电子导航系统、GPS定位系统
	娱乐系统	数字视频系统、数字音响等

二、汽车电子行业特点

1. 重视安全、环保和节能

汽车电子技术的应用是解决安全、环保、节能的主要技术手段,例如:在节能方面,世界主要汽车生产国开始研究和应用电子模块控制的混合动力轿车、氢燃料电池混合动力轿车及纯电动轿车等。

2. 传感器性能不断提高、数量不断增加

由于汽车电子控制系统的多样化，使其所需要的传感器种类、数量不断增加，并不断研制出新型、高精度、高可靠性、低成本和智能化的传感器。在性能上，具有较强的抵抗外部电磁干扰的能力，保证传感器信号的质量不受影响，在特别严酷的使用条件下能保持较高的精度；在结构上，具有结构紧凑、安装方便的优点，从而免受机械特性的影响。

3. 车用微处理器不断升级换代

随着汽车电子占整车比重不断提高，MCU（微控制单元）在汽车领域的应用将超过家电和通信领域使用的数量，成为世界上最大的 MCU 应用领域。

4. 数据总线技术应用日益普及

大量数据的快速交换、高可靠性及廉价性是对汽车电子网络系统的要求。汽车内部网络的构成主要依靠总线传输技术，其优点为：减少线束的数量和线束的容积，可提高电子系统的可靠性和可维护性；采用通用传感器达到数据共享的目的；通过系统软件实现系统功能的变化，以改善系统的灵活性等。

5. 智能汽车及智能交通系统（ITS）开始应用

以卫星通信、移动通信、计算机技术为依托进行车载电子产品的开发和应用，实现计算机、通信和消费类电子产品"3C"整合。如：车辆定位、自主导航、无线通信、语音识别、出行信息通报、电子防撞产品、车路通信以及多媒体车载终端等。

6. 新技术在汽车电子产品中不断得到应用

光纤在汽车信号传输中的应用、新的控制理论和方法的大量应用、蓝牙技术等都是汽车电子技术的发展趋势。国际汽车巨头纷纷将更多的电子信息技术设备装备到整车中，而电子信息技术设备供应商也纷纷将下一个经济增长点定位在汽车电子行业上。摩托罗拉公司认为，汽车技术发展至今，有 70% 的创新来源于汽车电子。汽车电子专业厂商保持快速的增长势头，而经营电子产品的跨国公司也纷纷涉足汽车电子行业，使汽车电子成为相对独立的新兴行业。

三、汽车电子行业未来发展方向和趋势

目前，汽车的创新 70% 来源于汽车电子产品，电子产品成本占比已经从 20 世纪 70 年代的 2%，成长到现在的 25% 左右，未来仍将继续提升。由于汽车技术的发展主要围绕汽车安全性能、舒适便捷、节能减排或动力性能这 3 条主线进行。

1. 安全系统电子技术

汽车技术发展的大趋势之一是电子技术在汽车安全领域里的应用，这也是我国汽车和关键零部件能否进入欧美市场的关键所在。汽车用户认为安全性比性能、娱乐、节能指标更重要。最新安全法规的制定也推动安全技术的发展，欧美对 ABS/ESC 和 TPMS 都有强制安装要求，最近欧洲正在制定安装防追尾系统的要求。车载技术使驾驶员存在分心的可能，电话、导航、甚至电影、上网等功能增加了驾驶员分心，导致交通事故的增加。因此，汽车安全技术提升需求明确。

概括汽车安全系统电子技术的种类,主要是主动安全和被动安全两大类。主动安全是能够预防事故发生的技术,而被动安全是用于事故发生后为驾驶者和乘客提供保护,避免或降低伤亡程度的技术。

除了传统的设计更安全的车身和结构来提高汽车被动安全保护外,现代汽车的安全性主要通过电子技术来实现。最重要的安全性系统是通过底盘系统的电子化来实现的,电子技术在底盘系统的应用首先反映在主动安全领域,电子技术提供了最重要的技术保障。

目前,最重要的主动安全技术是防抱死制动系统(ABS)、牵引力控制和汽车稳定性控制系统(ESC)。而 ESC 更是核心所在,该系统的普及推广和市场前景高于电动助力转向系统(EPS)和自适应巡航系统(ACC)等。值得一提的是,ESC 也是一体式汽车底盘控制系统的核心和集成基础,系统的集成都是围绕 ESC 来实现的。轮胎气压监测和报警系统(TPMS);驾驶员辅助系统(如碰撞报警和防撞避免系统)、车道保持系统、盲点预警系统、车尾监视系统,用于车道保持和碰撞避免;自适应前照灯系统(AFS)、电子灯光控制系统、夜视系统、线控制动、线控转向等车身电子安全系统。

被动安全电子技术有电控/智能自动收紧安全带、电控/智能安全气囊、主动头部保护系统、侧翻乘客保护系统、事故安全助手等。

2.车载电子系统技术

1)智能导航系统

智能导航/智能交通系统(ITS)。通过车载终端的定位及通信系统收集车辆和道路信息,智能交通系统可以实现目标监控、调度及道路交通信息服务、车辆辅助导航等。ITS 的开发将于电子、卫星定位、通信等多个学科相结合。从全球定位卫星和智能交通网络获取沿途天气、前方道路车流量、交通事故、交通堵塞等各种情况,根据驾驶员提供的目标资料,向其提供距离最短并能绕过拥堵区域的最佳行驶路线。

2)车载信息系统

车载信息系统(Telematics,车联网)。实现汽车与外界的网络连接,提供如车载电话、GPS 导航、实时交通信息、多媒体娱乐、V2V 通信等。车联网通常也包括与安全相关的功能,如遥控门锁、防盗报警、远程故障诊断及其他紧急事故发生时的必要装置。在这里,汽车相当于一台移动的网络终端,并与 ITS 连接,共享信息。

3)自动汽车空调控制

根据设置在车内外的温度传感器输出的信息,由 ECU 中的微机计算出经过空调热交换后进入车内应该达到的出风温度;自动将车内温度保持在设定的温度值范围,使车内温度、湿度始终处于最佳值,为驾驶员和乘客提供一个舒适的乘车环境。

3.汽车电子系统发展趋势

现代汽车通过电子化的渗透,完成安全、舒适、节能等要求,汽车上的电控单元越来越多,传感器和线束也成倍增长。汽车计算机系统与驾驶员、乘客的交互也越来越多,"人机交互"的关注度快速提升,触摸屏、声控等新技术也逐渐融入汽车电子领域。未来汽车电子系统将向智能化、网络化、集成化趋势演进。

1)智能化:信息输入输出

汽车电子技术在快速发展的过程中,传感技术、计算机技术、网络技术在汽车上得到了广泛的应用,现代汽车技术正朝着更加主动智能化趋势的方向发展,以达到"人、车、环境"的智能协调。传感技术和网络技术在智能化中具有至关重要的作用。

控制系统的智能化特点是系统能够主动协助驾驶员采取必要的动作,体现在系统必须具有3个方面的特征,即:具有"实时感知"、"判断决策"、"操控执行"的能力。系统的"感知"能力是通过各种传感器和网络提供的环境信息得到的;电控单元通过算法软件,对传感器信号进行处理,对驾驶员的动作意图进行分析判断,对系统自身状态和周边环境状态进行分析,最终做出适当的判断,发出必要的控制指令,执行机构根据控制器的指令采取动作,协助驾驶员操控或自主操控汽车。实际上,目前正在开发的具有高度反应性的驾驶员辅助系统等都具有相当高的智能化程度。

2)网络化:总线信息共享

随着越来越多的电子系统在汽车上的应用,汽车电子技术功能的日益强大和系统的日益复杂化,车载电子设备间的数据通信共享和各个系统间的功能协调变得越来越重要。数据的快速交换、高可靠性及低成本是对汽车电子网络系统的要求。

利用总线技术将汽车中各种电控单元、智能传感器、智能仪表等连接起来,从而构成汽车内部局域网,并通过协议进行相互通信,实现各系统间的信息等资源的共享。在系统中,各子处理机独立运行,控制改善汽车某一方面的性能,同时也为其他电子装置提供数据服务。汽车网络总线技术得到了很大的发展,并正在快速推广应用。汽车总线技术使汽车形成一个网络。

它的主要优点包括:大大减少汽车线束的数量、连接点和质量,提高系统的可靠性和可维护性;采用通用传感器,达到数据信息共享目的;改善系统的灵活性,即通过软件可实现系统功能的变化。全面采用网络控制技术已成为大车企的追求,通过总线实现车内信息交互,成为提高汽车性能和减少线束数量的有效途径。

3)集成化:跨系统一体化

电控系统本身是一个机电一体的集成系统,包括传感器、执行器、ECU,但单一的机电一体系统已经满足不了汽车技术发展的需要和市场的要求,这里所讲的一体化集成,更重要的是系统和系统之间的一体化集成,这是当前汽车电子技术发展的重要趋势。集成控制系统通过总线进行网络通信,通过传感器和系统之间的信息共享,控制器对各子系统进行协调和优化,使车辆的整体系统性能水平达到最佳,保证车辆行驶的安全性,改进汽车的操纵性,优化汽车的稳定性,提高舒适性和燃油经济性等。除系统性能的加强外,一体化集成可以达到降低系统总体成本或提高汽车价值的目的。

当前,最典型的两个集成领域是底盘一体化集成和动力传动系统的集成,如碰撞避免系统ACC,ESC&EPS系统的集成,该系统在应用防撞雷达和ACC功能的基础上发展起来,系统集成影像系统技术,识别行车道,也可以在汽车两侧装有雷达或其他类型的传感器,用以探测本身车辆与两边邻近行车道上车辆/物体的距离。根据需要和道路状况,系统通过与ESC系统的集成,能够实现高强度的紧急制动能力,实现防撞。

这是一个具有高度反应性的驾驶员辅助系统,智能化程度比较高。通过与EPS系统的集成,系统能够实现紧急换道避撞和自动超车这一更高级的主动安全功能。当然,这一系统技术目前在国外还没有完全成熟。

四、汽车电子控制系统的基本组成

汽车电子控制系统的基本组成如图 1-1 所示。

传感器的作用是将发动机的工况及状态、汽车的行驶工况和状态等物理参量转变为电信号,输送给电子控制器。传感器是电子控制系统的"眼睛"和"耳朵"。

电子控制器的作用是对各传感器输入的电信号进行综合的处理,进行实时判断,并输出控制信号。电子控制器是电子控制系统的"大脑"。

图 1-1　汽车电子控制系统基本组成

执行器则是根据控制器的控制信号进行相应的控制动作,将控制参量迅速调整到设定的值,使控制对象工作在设定的状态。

第二节　传　感　器

传感器通常由敏感元件、转换元件及测量电路组成。敏感元件是指能直接感受被测量的部分,转换元件是指能将非电量转换成电量的部分。有些敏感元件可以直接输入电量。测量电路是指将转换元件输入的电量经过处理,以便进行显示、记录和控制的部分。

传感器的种类比较多,像我们一般碰到的传感器有:温度传感器(冷却液温度传感器 THW、进气温度传感器 THA)、流量传感器(空气流量传感器,燃油流量传感器)、进气压力传感器 MAP、节气门位置传感器 TPS、发动机转速传感器、车速传感器 SPD、曲轴位置传感器(点火正时传感器)、氧传感器、爆震传感器(KNK)等。

传感器的特征参数也有很多,且不同类型的传感器,其特征参数的定义和要求也各有差异。下面是一些主要的、通用的静态特性参数指标的定义。

(1)灵敏度。灵敏度是指温态时传感器输出量 y 与输入量 x 之比,或者是传感器输出量 y 的增量与输入量 x 的增量之比。

灵敏度用 K 表示,$K = dy/dx$,线性传感器的灵敏度为一常数,而非线性传感器的灵敏度是随输入量变化的。

(2)分辨率。传感器在规定的测量范围内能够检测出的被测量的最小变化量。

(3)测量范围和量程。在允许的误差范围内,被测量的下限到上限之间的范围称为测量范围。上限值与下限值之差称为量程。

(4)线性度(非线性误差)。在规定的条件下,传感器校准曲线与拟和直线间的最大偏差与满量程输出值的百分比,称为线性度或非线性度误差。

(5)迟滞。迟滞是指在相同的条件下,传感器的正行程特性与反行程特性的不一致程度。

(6)零漂和温漂。零漂是指在无输入或输入为某一定值时,每隔一段时间,其输入值偏离原示值的最大偏差与满量程的百分比。

温漂是指温度每升高 1℃,传感器输出值的最大偏差与满量程的百分比。

一、发动机转速与曲轴位置传感器

发动机转速与曲轴位置传感器用于向电子控制器提供发动机转速和曲轴转角电信号，电子控制器根据此信号确定点火正时和喷油正时、产生点火和喷油控制脉冲、控制燃油泵工作等。在无分电器电子控制点火系统和按各缸工作顺序喷油的燃油喷射系统中，曲轴位置传感器还用于识别汽缸。发动机转速与曲轴位置传感器主要有磁感应式、光电式、霍尔效应式 3 种类型。

1. 磁感应式

磁感应式发动机转速与曲轴位置传感器的结构与安装形式则多种多样，典型的或常见的结构形式如下。

1）导磁转子触发结构形式

安装于分电器内的磁感应式传感器如图 1-2 所示，其基本组成与工作原理与磁感应式点火信号发生器相同。

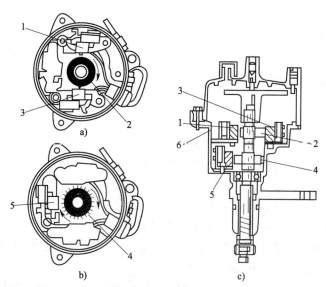

图 1-2 在分电器内的磁感应式发动机转速与曲轴位置传感器
1-G_1 感应线圈；2-G 转子；3-G_2 感应线圈；4-Ne 转子；5-Ne 感应线圈；6-分电器壳

上下安装的导磁转子 Ne 和 G 均由分电器轴驱动，分别触发 Ne、G_1 及 G_2 线圈产生交变的感应电压信号。

Ne 感应线圈用于产生转速信号，G_1 和 G_2 感应线圈用于产生曲轴位置信号。G 转子与四缸发动机曲轴的对应关系使 G_1 和 G_2 分别在第一缸上止点和第四缸上止点时产生电压脉冲。因此，电子控制器根据感应线圈 G_1 和 G_2 的电压脉冲信号就可确定发动机的曲轴转角参数，做出点火正时和喷油正时控制。电子控制器根据 Ne 感应线圈的脉冲数及脉冲的频率可确定点火控制脉冲及燃油喷射控制脉冲的间隔，根据 Ne 感应线圈的脉冲频率计算得到发动机的转速参数。

对于无分电器的发动机电子控制系统，则有专门的传感器装置，由传感器轴来驱动 Ne 和 G 转子，传感器一般安装在凸轮轴前端或曲轴的前端。

不同车型,电子控制器采用的计算方法不尽相同,因此,G 转子和 Ne 转子凸齿的齿数以及 G 感应线圈的个数也不同。图 1-3 列出了几种常见的形式。

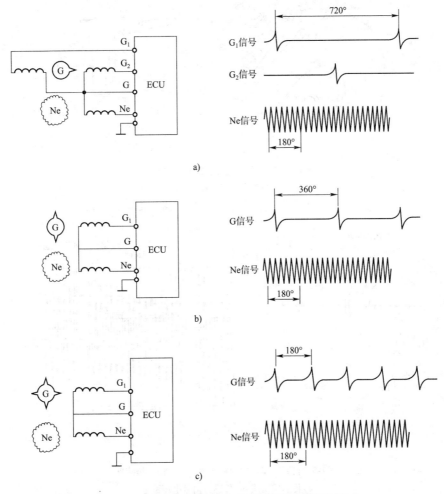

图 1-3 磁感应式发动机转速与曲轴位置传感器的不同形式

2) 安装于飞轮处的磁感应式传感器

图 1-4 所示的是利用飞轮的齿圈和飞轮上的正时记号来触发感应电压信号的磁感应式发动机转速传感器和曲轴位置传感器。当发动机转动时,飞轮的轮齿和飞轮上的正时记号使传感器内部的磁路空气间隙变化,磁阻随之变化,导致通过感应线圈的磁通量变化,从而使两传感器的感应线圈产生相应的电压脉冲信号。

安装于飞轮处的磁感应式传感器另一种形式如图 1-5 所示。在飞轮上另装有 60 - 2 个齿的传感器信号触发齿圈,齿圈的两个缺齿位于 1、4 缸上止点后 114°。飞轮转动时产生的信号电压波形如图 1-5b) 所示。电子控制器根据此信号频率的变化可计算得到发动机转速和曲轴位置参数。

2. 光电式

光电式发动机转速与曲轴位置传感器多安装在分电器内,如图 1-6 所示。传感器部分主要由发光管、光敏管、遮光转子等组成,其基本工作原理与光电式点火信号发生器相同。

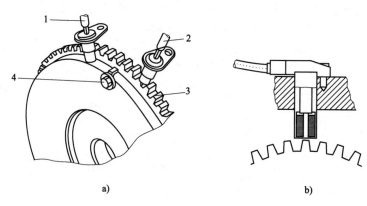

图 1-4 安装于飞轮处的磁感应式传感器
a）安装位置；b）内部结构
1-曲轴位置传感器；2-转速传感器；3-飞轮齿圈；4-曲轴位置标记

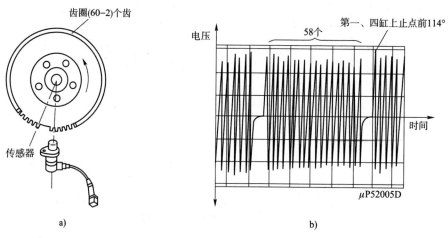

图 1-5 富康轿车用发动机转速与曲轴位置传感器
a）传感器组成；b）传感器信号电压波形

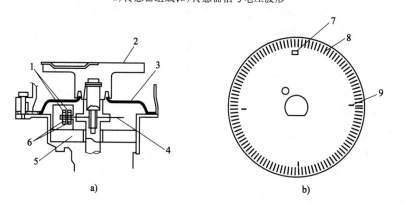

图 1-6 光电式发动机转速与曲轴位置传感器
a）原理简图；b）遮光盘

1-发光管；2-分火头；3-密封盖；4-遮光盘；5-整形电路；6-光敏管；7-第一缸180°信号口；8-1°信号缺口；9-180°信号缺口

信号波形整形电路是将光敏管产生的脉冲信号转变成控制器容易接收的矩形波。由分电器轴驱动的遮光转子的外圆均布有360道缺口(很细的缝),内圆有与发动机缸数相对应的缺口。相应的发光管和光敏管也有两组,由遮光转子将其隔开。发动机工作时,一组发光——光敏管通过转子外圆的缺口透光,每转一圈产生360个脉冲信号;另一组发光——光敏管则通过内圆的缺口,每转一圈产生与汽缸数相对应的脉冲信号。两光敏管产生的脉冲信号经整形电路整形后输入电子控制器,用以确定发动机的转速与曲轴转角。

3. 霍尔效应式

霍尔效应式发动机转速与曲轴位置传感器的结构形式也多种多样,典型的或常见的结构形式如下。

1) 导磁转子触发的霍尔效应式传感器

安装在分电器内的霍尔效应式传感器结构形式与霍尔效应式点火信号发生器相同(图1-7),但上下各有一个叶片数不同的导磁转子及对应的信号触发开关。

图1-8所示的美国GM公司霍尔效应式传感器两个导磁转子则是内外布置,在内外导磁转子的侧面各设置一个信号触发开关。传感器安装在曲轴的前端,导磁转子由曲轴驱动。

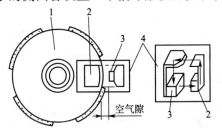

图1-7 安装于分电器内的霍尔效应式传感器
1-导磁转子;2-带导磁板的永久磁铁;3-霍尔元件及集成电路;4-信号触发开关

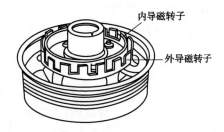

图1-8 导磁转子内外布置的霍尔效应式传感器

2) 安装于飞轮处的霍尔效应式传感器

北京切诺基4缸发动机上使用的霍尔效应式发动机转速与曲轴位置传感器如图1-9所示。

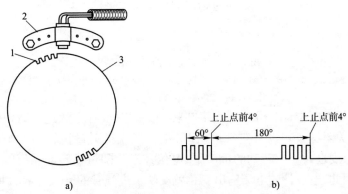

图1-9 安装于飞轮处的霍尔效应式传感器
a)传感器原理 b)传感器信号电压波形
1-槽;2-信号触发开关;3-飞轮

传感器安装于飞轮壳处,在飞轮齿圈与驱动盘的边缘有对称的2组(6缸发动机为3组)槽,每组均布有4个槽。当槽对准信号触发开关下方时,传感器输出高电平(5V);而当无槽面对准信号触发开关下方时,传感器输出低电平(0.3V)。发动机转动时,每当槽通过时,传感器就输出一个脉冲电压。一个工作循环内,传感器输出4组(每组4个)脉冲信号。槽的分布及传感器的安装位置使传感器产生的第4个脉冲的下降沿对应为活塞上止点前4°曲轴转角。电子控制器根据此脉冲信号可确定喷油顺序和点火时间及发动机的转速。

二、空气流量传感器

空气流量传感器向电子控制器提供反映进气流量的电信号,在电子控制汽油喷射系统中是电子控制器计算基本喷油时间的重要参数,而在微机控制点火时刻系统中则是作为发动机负荷的间接参数,用于确定最佳的基本点火提前角。空气流量传感器有量板式、热丝(膜)式、卡门涡旋式等形式。

1. 量板式空气流量传感器

1) 结构与工作原理

量板式空气流量传感器主要由流量计和电位计两部分组成,其结构如图1-10所示,原理如图1-11所示。

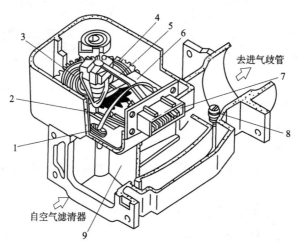

图1-10 量板式空气流量传感器结构

1-进气温度传感器;2-燃油泵触点;3-复位弹簧;4-调节齿轮;5-电位器滑片;6-印制电路板;7-插接器;8-怠速CO调整螺钉;9-流量计量板

流量计的量板与电位计的滑片都固定在转轴上。在没有空气进入时,转轴上的复位弹簧使测量板处于关闭位置。当有空气进入时,空气气流推动量板转动一个角度,空气流量大,量板转动的角度也大。在转轴的带动下,电位计滑片随量板转动相应的角度,并输出相应的电压信号,因此,电位计的电压输出变化就反映了进气管的空气流量的变化。

在发动机怠速时,空气流量很小,这时空气主要从旁通道进入汽缸(图1-12a)。这部分空气不经量板测量,使量板实际的转动量减少,传感器输出的信号电压使电子控制器控制的喷油量相对较少,混合气的空燃比与怠速工况相适应。通过怠速CO调整螺钉可调整旁通

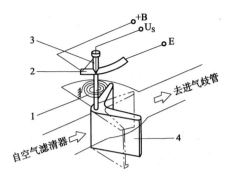

图 1-11 量板式空气流量传感器原理
1-复位弹簧;2-电位器电阻;3-电位器滑片;4-流量计量板

道的空气流量,改变急速时的混合气空燃比。当发动机急速时废气中 CO 的含量过高时,可适当旋出调整螺钉,适当增大旁通道的空气流量,以使急速时的混合气浓度适当减小。

当发动机在高转速或大负荷时,空气流量大,旁通道两端的压差很小,通过旁通道的空气很少(图 1-12b),量板的转动基本上反映了实际进入汽缸的空气流量。这时,空气流量传感器输出相应的电压信号使电子控制器控制的喷油量满足工况所需的空燃比。

与量板成一体的阻尼板和缓冲室的作用是减小量板在冲击气流作用下的振动,以减小传感器信号电压的波动。

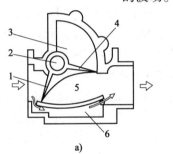
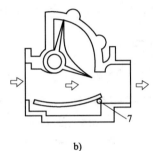

图 1-12 空气流量计旁通道的作用
a)急速时;b)大负荷时
1-量板;2-转轴;3-缓冲室;4-阻尼板;5-进气主通道;6-急速旁通道;7-急速 CO 调整螺钉

2)内部电路及工作特性

量板式空气流量传感器典型的内部电路及其输出特性如图 1-13 所示。用相对电压 U_S/U_B 表示空气流量,是为了消除电位计电源电压波动对传感器测量精度的影响。如果以绝对电压 U_S 直接表示空气流量,当电源 U_B 变化时,U_S 也将随之改变。而相对电压法检测空气流量,在电源电压波动时,U_S、U_B 同时成比例地变化,其比值仍然保持不变。因此,量板式空气流量传感器一般都采用相对电压法检测空气流量。

量板式空气流量传感器结构简单、价格便宜、具有良好的工作可靠性,在发动机空气流量的变化范围内其测量精度稳定。其缺点是进气阻力大、信号的反应比较迟缓,由于测量的是体积流量,需要对大气压力及进气温度的变化进行修正。

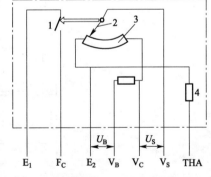

图 1-13 量板式空气流量传感器内部电路
1-燃油泵开关;2-电位计滑片;3-电位计电阻;4-进气温度传感器

2.卡门涡旋式空气流量传感器

1)测量原理

在进气通道中设置一锥形涡流发生器,当空气通过时,涡流发生器的后面便会产生两列并排的旋涡,此旋涡被称之为卡门涡旋。

卡门涡旋的频率 f 与空气流速 v 有如下关系:

$$f = S_t \frac{v}{d} \tag{1-1}$$

式中:d——涡流发生器外径;

S_t——斯特罗巴尔数。

合理地设计进气通道截面积和涡流发生器的尺寸,使发动机进气流速范围内的 S_t 为一常数。这样,只要测出卡门涡旋的频率 f,就可以知道空气的流速 v,乘以空气通道的截面积便可获得空气的体积流量。

2)结构与工作原理

根据卡门涡旋频率的检测方法不同,卡门涡旋式空气流量传感器有反光镜检测式和超声波检测式两种,其原理如图1-14、图1-15所示。

①反光镜检测式。此种检测方式利用涡流发生器产生卡门涡旋时,其两侧的压力会发生变化的特点,用导压孔将涡流发生器的压力振动引向用薄金属制成的反光镜表面,使反光镜产生振动。反光镜将发光管投射的光反射给光电管,反光镜振动时,光电管便产生与涡旋频率相对应的电信号。

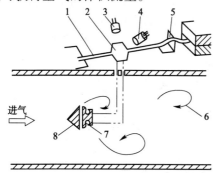

图1-14 反光镜式卡门涡旋空气流量传感器原理
1-支撑片;2-镜片;3-发光二极管;4-光电管;5-板簧;
6-卡门涡旋;7-导压孔;8-涡流发生器

②超声波检测式。此检测方式利用卡门涡旋会引起空气疏密变化的特点,用超声波发生器发出超声波,并通过发射器向涡旋的垂直方向发射超声波。另一侧的超声波接收器接收到随空气的疏密变化而变化的超声波,经接收信号处理电路滤波和整形后,便成了与涡旋频率相对应的矩形脉冲信号。

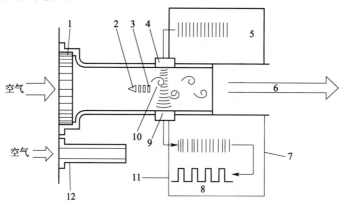

图1-15 超声波检测式卡门涡旋空气流量传感器原理

1-整流器;2-涡旋发生器;3-涡流稳定板;4-信号发射器;5-超声波发生器;6-送往进气管的空气;7-超声波信号接收处理电路;8-滤波及整形后矩形波;9-接收器;10-卡门涡旋;11-接收电子控制器;12-空气旁通管路

卡门涡旋空气流量传感器输出的是数字式信号,所以输入到接收电子控制器时无须进行模/数转换。此外,由于无可动部件,信号反应灵敏,测量精度也比较高。

3. 热式空气流量传感器

1) 测量原理

在空气通道中放置一电热体，通电后使电热体保持一定的温度，空气通过时，空气将会带走热量而使电热体的温度下降，电热体的电阻下降。这时，必须增大通过电热体的电流以维持电热体的温度。空气流量大，带走的热量就多，维持电热体温度所需的电流也就大。热式空气流量传感器就是利用空气流量与电热体电流之间这样一种对应关系来检测空气流量，其基本原理如图1-16所示。

电热体电阻 R_H、空气温度补偿电阻 R_K 及常值电阻 R_A、R_B 组成惠斯通电桥。工作时，控制电路使电热体与进气温度差保持在一定值。当进气量增大时，电热体的冷却作用加剧而使其电阻减小，控制电路立即增大通过 R_H 的电流 I_H，并通过电阻 R_A 上电压降的上升输出相应的空气流量增大信号。

2) 结构类型

热式空气流量传感器有热丝式和热膜式之分，根据电热体放置的位置不同又有主流式和旁通式两种形式。

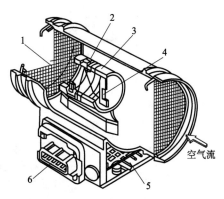

图1-16 热丝主流式空气流量传感器
1-金属网；2-取样管；3-热丝；4-温度传感器；5-控制电路；6-接线插座

热丝主流式空气流量传感器的电热体是用铂丝制成，热丝的工作温度一般在100～120℃。为防止进气气流的冲击和发动机回火对热丝造成损坏，在其两端都有金属网加以保护。由于热丝上有任何沉积物都会对传感器的测量精度有很大的影响，因此，这种传感器必须具有自洁功能，即在每次发动机熄火后约5s，控制电路产生较大的控制电流，将热丝迅速加热到1000℃左右的高温约1s，以烧掉热丝上的沉积物。

图1-17为热丝旁通式空气流量传感器结构示意图。冷丝(空气温度补偿电阻)和热丝均绕在螺线管上，安装在旁空气通道上，热丝的工作温度一般在200℃左右。这种旁通的结构形式可以进一步减小主空气通道的进气阻力。

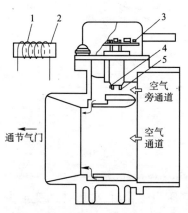

图1-17 热丝旁通式空气流量传感器
1-冷丝或热丝；2-陶瓷螺线管；3-控制回路；4-冷丝；5-热丝

三、进气管压力传感器

进气管压力传感器是用于监测发动机负荷状况的另一种形式，其作用如同空气流量传感器，是发动机电子控制系统计算基本喷油时间和确定最佳的基本点火提前角的重要参数之一。进气管压力传感器有多种形式，根据其信号产生的原理可分为压电式、半导体压敏电阻式、电容式、差动变压器式(真空膜盒传动)及表面弹性波式等，但目前汽车电子控制系统中使用最多的是半导体压敏电阻式进气管压力传感器。

1. 半导体压敏电阻式进气管压力传感器

1)测量原理

半导体压敏电阻式传感器是利用半导体的压阻效应将压力转换为相应的电压信号,其原理如图1-18所示。

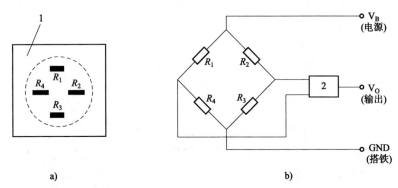

图1-18 压敏电阻式传感器原理

a)半导体应变片贴片位置;b)传感器电路

1-硅膜片;2-集成放大电路;R_1、R_2、R_3、R_4-半导体应变片

在硅膜片上布置有应变片丛并连接成惠斯通电桥,当硅膜片受力变形时,各应变片受拉或受压而其电阻发生变化,电桥就会有相应的电压输出。电桥输出的信号较弱,需经集成放大电路放大后输出。

2)传感器结构与特性

半导体压敏电阻式进气管压力传感器的结构与原理如图1-19所示。

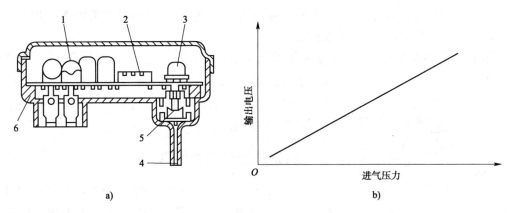

图1-19 半导体压敏电阻式进气管压力传感器

a)结构示意图;b)工作特性

1-滤波器;2-混合集成放大电路;3-压力转换元件;4-进气管压力;5-滤清器;6-外壳

硅膜片的一面是真空,另一面导入进气管压力,当进气管压力变化时,硅膜片的变形量就会随之改变,并产生与进气管压力相对应的电压信号。进气管压力越大,硅膜片的变形量也越大,传感器的输出压力也就越大。

半导体压敏电阻式进气管压力传感器的线性度好,且具有结构尺寸小、精度高、响应特性好、安装位置灵活等优点,应用较为广泛。

2. 电容式进气管压力传感器

1)测量原理

电容式进气管压力传感器利用膜片构成一个电容值可变的压力敏感元件,并连接于振荡电路。组成电容的膜片受力变形后其电容值改变,经传感器测量电路处理后,输出与压力变化相对应的电信号。根据测量电路的不同,电容式传感器输出电信号的形式也不同,典型的电路形式如图1-20所示。

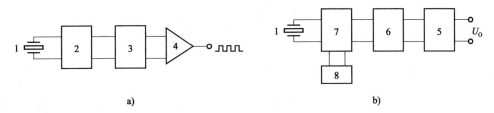

图1-20 电容式压力传感器原理
a)频率检测式;b)电压检测式
1-电容式压力敏感元件;2-振荡电路;3-整流电路;4-放大器;5-滤波电路;6-检波电路;7-载波与交流放大电路;8-振荡器

2)传感器结构

电容式进气管压力传感器的结构如图1-21所示。氧化铝膜片与中空的绝缘介质构成一个内部为真空的电容式压力敏感元件,并连接传感器混合集成电路。传感器导入进气管压力后,氧化铝膜片在进气管压力的作用下产生变形,使其电容值发生改变,经混合集成电路处理后,输出频率变化与进气管压力变化成正比的脉冲信号。电子控制器根据传感器的信号频率得到进气管的绝对压力参数。

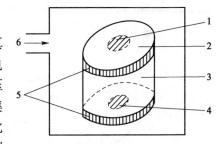

图1-21 电容式进气管压力传感器
1、4-电极引线;2-厚膜电极;3-绝缘介质;5-氧化铝膜片;6-进气管压力

四、温度传感器

温度传感器一般是通过其温度敏感元件将被测对象温度的变化转换为电阻的变化,并由电阻值的改变,转变成电压或电流信号向电子控制器输出。汽车电子控制系统中使用的温度传感器有多种形式,根据其结构与工作原理分有热敏电阻式、线绕式、半导体扩散电阻式、半导体晶体管式、金属芯式和热电偶式等。目前,在汽车电子控制系统中使用最多的是热敏电阻式温度传感器。汽车电子控制系统主要的温度传感器及其作用如表1-2所示。

1. 热敏电阻式温度传感器

1)测量原理

半导体的电阻随温度变化而改变,其对温度的灵敏度比金属材料高,变化也比较复杂,可归为3种情况:电阻随温度的上升而增大,电阻随温度的上升而减小,在某一临界温度下电阻值跃变(图1-22)。热敏电阻就是利用半导体的这种温度特性,制成正温度系数热敏电阻(PTC)、负温度系数热敏电阻(NTC)和电阻突变的热敏电阻(CTR)。

汽车电子控制系统用温度传感器　　　　　　　　　　　　　　表1-2

传感器名称	主 要 作 用
发动机冷却液温度传感器	检测发动机冷却液的温度,用于点火时间和喷油量的修正控制;怠速稳定、自动变速器变矩器锁止控制;发动机排放等控制
进气温度传感器	检测进气的温度,用于点火时间和喷油量修正控制
燃油温度传感器	检测燃油箱中燃油的温度,用于喷油量修正控制
自动变速器油温度传感器	检测变速器油箱中自动变速器油的温度,用于变速器换挡、自动变速器油循环控制
车厢温度传感器	检测车厢内的温度,用于汽车空调温度自动控制
车外温度传感器	检测车厢外的温度,用于汽车空调温度自动控制
蒸发器温度传感器	检测汽车空调蒸发器处的制冷剂温度,用于空调温度自动控制
排气温度传感器	检测三元催化反应器的温度,用于排气温度报警

2)传感器结构

热敏电阻式温度传感器的核心元件为热敏电阻,其结构如图1-23所示。从热敏电阻的温度特性中可知,使热敏电阻式传感器具有较高灵敏度和线性度的温度变化范围都是有限的。汽车电子控制系统中各温度传感器的工作温度是不同的,比如:发动机冷却液温度传感器的工作温度为 -20～130℃,而排气温度传感器的工作温度则为 600～1000℃。选择不同的氧化物、控制掺入氧化物的比例和烧结温度等,就可得到适用于不同工作温度的热敏电阻。

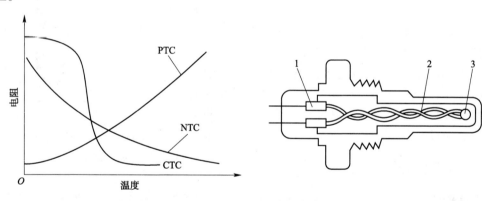

图1-22　热敏电阻的温度特性　　　　　　　图1-23　热敏电阻式温度传感器

1-接线端子;2-引线;3-热敏元件

与线绕式温度传感器相比,热敏电阻式温度传感器具有灵敏度高,响应特性好的优点,因此,在汽车电子控制系统中被广泛使用。

2. 线绕式温度传感器

线绕式温度传感器利用金属丝电阻随温度变化而改变的特性,将金属丝(镍、铜、铂、银等)绕制在绝缘绕线架上,再罩上适当的外壳构成。在一定的温度变化范围内,线绕电阻的温度特性可近似地表示为:

$$R_t = R_0(1 + \alpha T) \tag{1-2}$$

式中:T——测量温度,℃;

α——电阻丝的温度系数;

R_0——电阻丝在0℃时的电阻值；

R_t——电阻丝在T℃时的电阻值。

各种金属的温度系数如表1-3所示。

不同金属的温度系数 表1-3

材料	铜	银	铂	镍
温度系数 α	0.0043	0.0041	0.0039	0.0068

线绕式温度传感器其精度在±1%以内，响应特性较差，响应时间约为15s。

3．其他类型温度传感器

1）扩散电阻式温度传感器

在硅半导体上形成电阻电极，当电极上施加电压时，产生的扩散电阻随温度变化。扩散电阻式温度传感器就是利用这一特性并应用半导体刨平技术制成。

2）金属芯式温度传感器

利用集成电路所采用的金属芯底板，在底板上涂敷陶瓷烧结成多孔材料，形成表面上像镍一样的电阻体，其电阻范围为1～1000Ω，导热性和响应特性优良。

3）半导体晶体管式温度传感器

利用硅晶体管在一定的电流作用下，其基极和发射极之间的偏置电压随温度而变化这一特性，制成了半导体晶体管式温度传感器。

五、节气门位置传感器

节气门位置传感器将节气门的开度转变为电信号，输送给电子控制器。点火控制系统、燃油喷射控制系统、怠速控制系统、废气再循环控制系统、燃油蒸发排放控制系统、自动变速器控制系统等都需从节气门位置传感器信号中获得节气门开度、节气门开启速度、怠速状态等信息。节气门位置传感器大致可分为线性式和开关式两种类型。

1．线性式节气门位置传感器

线性式节气门位置传感器的结构与内部电路如图1-24所示。

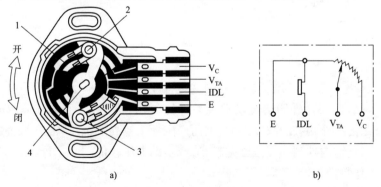

图1-24 线性式节气门位置传感器
a）结构；b）内部电路

1-滑片电阻；2-测节气门位置滑片；3-测节气门全关滑片；4-转轴；V_C-电源端子；V_{TA}-节气门位置输出信号端子；IDL-怠速位置输出信号端子；E-搭铁端子

线性式节气门位置传感器相当于一个加设了怠速触点的滑片式电位器,测节气门位置滑片和测节气门全关(怠速)滑片都与节气门联动。节气门开度变化时,节气门位置滑片在电阻体上作相应的滑动,电位器输出与节气门位置相对应的电压信号 V_{TA}。在节气门关闭时,节气门关闭滑片使怠速触点 IDL 处于接通状态。

2. 开关式节气门位置传感器

开关式节气门位置传感器内有节气门全开和全闭两对触点(图 1-25),发动机处于怠速工况时,全闭(怠速)触点接通;发动机处于高速或大负荷(节气门开度大于 50°)时,全开触点接通。

开关式节气门位置传感器无节气门中间开度信号输出,其检测性较差。

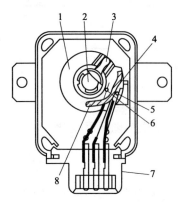

图 1-25 开关式节气门位置传感器
1-导向凸轮;2-节气门轴;3-控制杆;4-移动触点;5-怠速触点;6-节气门全开触点;7-线路连接器;8-导向槽

六、氧传感器

在使用三元催化反应器的汽车发动机上,当混合气的浓度偏离理论空燃比时,三元催化反应器对发动机排气中 HC、CO、NO_X 等有害成分的净化效果会急剧下降。因此,必需使用氧传感器,通过检测排气管中氧的含量,向电子控制器提供混合气空燃比反馈信号,使电子控制器及时修正喷油量,将混合气浓度控制在理论空燃比附近。目前在汽车上应用的氧传感器有氧化锆式和氧化钛式两种。

1. 氧化锆型氧传感器

1)测量原理

氧化锆(ZrO_2)具有这样的特性:在高温下,如果氧化锆两侧的气体氧含量有较大的差异时,氧离子会从氧含量高的一侧向氧含量低的一侧扩散,使两侧电极间产生电动势。电动势 E 的大小可由式 1-3 表示:

$$E = \frac{RT}{4F}\ln(p_1 - p_2) \tag{1-3}$$

式中:R——气体常数,J/mol·K;

T——绝对温度,K;

F——法拉第常数,c/mol;

p_1、p_2——两侧气体氧含量高、低侧氧气分压,Pa。

氧化锆型氧传感器就是利用了氧化锆的这一特性,将氧敏感元件(ZrO_2)制成试管状,使其内侧通大气(氧含量高),外侧通过发动机的排气(氧含量低)。混合气偏浓时,排气中的氧含量极少,氧化锆内外侧氧的浓度差大,因而产生一个较高的电压;混合气偏稀时,排气中含有较多的氧,氧化锆内外侧的氧浓度差较小,产生的电压较低。

2)结构与工作特性

氧化锆型氧传感器的结构如图 1-26 所示。氧化锆的内外表面都涂有铂,铂的外表面有一层陶瓷,起保护铂电极的作用。氧化锆表面涂铂的作用是催化排气中的 O_2 与 CO 反应,使混合气偏浓时的氧含量几乎为零,以提高氧传感器的灵敏度。氧化锆型氧传感器的输出特性如图 1-27 所示。

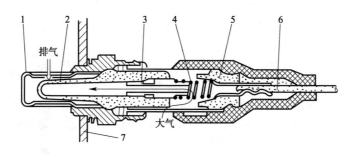

图1-26 氧化锆型氧传感器

1-导入排气孔罩；2-锆管；3-电极；4-弹簧；5-绝缘支架；6-导线；7-排气管壁

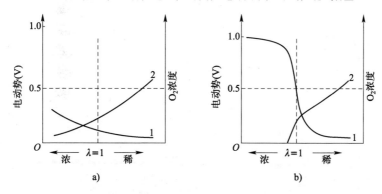

图1-27 氧化锆型氧传感器输出特性

a) 无铂催化作用；b) 有铂催化作用

1-氧传感器输出的电动势；2-氧传感器表面的O_2浓度；λ-过量空气系数

ZrO_2需在400℃以上的温度下才能正常工作。为此，在一些氧化锆型氧传感器中设有加热器，其作用是在排气管温度尚未达到氧传感器正常工作温度时通电加热氧传感器，以使其迅速达到正常工作温度。

2. 氧化钛型氧传感器

1) 测量原理

二氧化钛(TiO_2)在室温下具有高电阻性，但当其周围气体氧含量少时，TiO_2中的氧分子将逃逸而使其晶格出现缺陷，电阻随之下降。二氧化钛电阻R的变化可由下式表示：

$$R = Ae^{[-\frac{E}{kT}]} p_{O_2}^{\frac{1}{m}} \tag{1-4}$$

式中：A——常数；

E——活化能；

K——玻兹曼常数，J/K；

T——绝对温度，K；

p_{O_2}——氧分压，Pa；

$1/m$——取决于晶格缺陷性质的指数。

氧化钛型氧传感器就是利用二氧化钛的电阻随周围气体中氧含量变化而相应改变的这一特性制成。将二氧化钛敏感元件置于排气管中，当混合气偏稀时，排气中氧含量较高，传感器的电阻较大；而当混合气偏浓时，排气中氧的含量很低，传感器的电阻相应减小。这一电阻的变化通过传感器内部电路转变成相应的电压信号输出。

2）结构与工作特性

氧化钛型氧传感器的结构如图1-28所示。由于氧化钛型氧传感器是电阻型传感器，需要有电流输入，将其电阻的变化转变为电压信号输出。因此，与氧化锆型氧传感器相比，多了一个基准电压输入端子。此外，由于二氧化钛的电阻会随温度的变化而改变，为消除温度变化对测量精度的影响，在传感器内还设有温度系数与二氧化钛相似的温度补偿电阻。氧化钛型氧传感器的输出特性如图1-29所示。

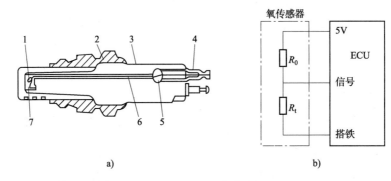

图1-28　氧化钛型氧传感器
a）结构；b）电路连接
1-二氧化钛元件；2-金属壳；3-瓷体；4-接线端子；5-陶瓷黏结；6-引线；7-热敏元件

七、爆震传感器

爆震传感器用于监测发动机是否爆燃，当发动机出现爆燃时，传感器便产生相应的电信号，并输送给电子控制器，电子控制器通过点火推迟的方法消除发动机爆燃。

爆燃是由于后期燃烧的混合气自燃所引起。因此在爆燃时，自燃区局部压力突升，并以极高的速度向周围传播，这种压力波强迫汽缸壁等零件振动，并产生高频的金属敲击声。根据爆燃的这些特点，可以通过测汽缸压力、发动机振动、发动机噪声3种方法判别发动机是否产生了爆燃。根据行驶汽车发动机的检测条件及对测量精度的要求，普遍采用测发动机振动的方法监测爆燃。用于监测发动机爆燃的振动传感器主要有压电式和磁电式两类。

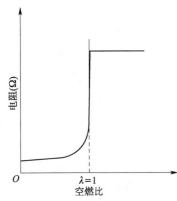

图1-29　氧化钛型氧传感器输出特性

1．压电式爆震传感器

1）测量原理

由石英晶体、钛酸钠等晶片制成的压电元件在受力变形时，因内部产生极化现象，而在其两个表面分别产生正负两种电荷。受力消失时，元件变形恢复，电荷也立即消失。从正、负电荷的两个表面可引出电压信号，电压的大小与所受力成正比。在压电式传感器内设置一个振子，用以在传感器随被测物体振动时给压电元件施力。被测物体振动越大，传感器振子的振动也越大，压电元件产生的电压信号幅值也就越大。压电式爆震传感器就是依据这样的原理制成的。

2）结构与工作特性

压电式爆震传感器有共振型和非共振型两种，其结构如图1-30所示。共振型传感器的自振频率在发动机爆燃的特征频带内，当发动机产生爆燃时，振荡片2产生共振而使紧贴的压电元件变形加剧，产生的电压信号比非爆燃时发动机振动产生的信号大许多倍，提高了信噪比，检测电路对爆燃信号的识别和处理比较容易。

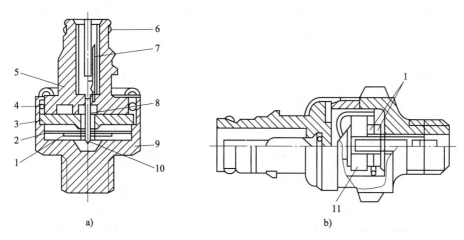

图1-30 压电式爆震传感器
a）共振型；b）非共振型

1-压电元件；2-振荡片；3-基座；4、6-O形环；5-连接器；7-接线端子；8-密封剂；9-外壳；10-引线；11-配重

非共振型传感器由振子随发动机的振动而对压电元件施加压力，使压电元件产生电压。非共振型传感器在发动机爆燃时产生的电压信号并无特别明显的增大。因此，需要有专门的滤波器来鉴别爆燃信号。

压电式爆震传感器具有测试频率高、灵敏度高等特点，得到了广泛的使用。

2. 磁电式爆震传感器

1）测量原理

磁电式爆震传感器感应线圈产生感应电压的方式有变磁路磁阻、移动铁芯、移动（或转动）线圈3种，磁电式爆震传感器采用移动铁芯式。移动铁芯式测振动传感器由永久磁铁和绕有感应线圈的铁芯组成，其铁芯两端由弹簧定位，在外部振动的激励下振动时，感应线圈就会因磁通量发生变化而产生感应电动势，感应电动势的频率和幅值与被测对象的振动情况相对应。

2）结构与工作特性

磁电式爆震传感器的结构如图1-31所示。传感器的固有频率与发动机爆燃特征频率相符，当发动机出现爆燃时，传感器产生共振，使传感器输出的信号电压显著增大，电子控制器根据此信号识别发动机的爆燃。

八、车速/车轮转速传感器

1. 车速传感器

车速传感器通过检测变速器输出轴转速，向电子控制器提供汽车行驶速度电信号。车速传感器信号在自动变速器、悬架、巡航、点火、燃油喷射等电子控制系统中是重要控制参数或辅助控制参数。按产生信号的原理不同分,车速传感器有磁感应式、光电式、霍尔效应式、舌簧开关式、磁阻式等多种类型,其中磁感应式、光电式、霍尔效应式等车速传感器其组成及工作原理与同类型的发动机转速/曲轴位置传感器相同,但车速传感器轴由变速器输出轴通过齿轮驱动或直接用变速器输出轴上的某一齿轮为信号触发齿轮。

舌簧开关式车速传感器(图1-32)一般装在里程表内,它由通过软轴驱动的磁铁转子和舌簧开关构成。当磁铁转子在软轴的驱动下转动时,磁铁转子对舌簧开关的磁力呈周期性变化,在此磁力的作用下,舌簧开关不断地开闭,产生与车速相对应的脉冲电压。

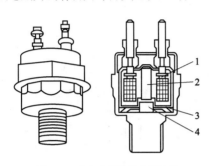 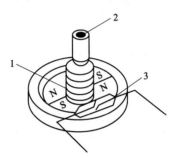

图1-31　磁电式爆震传感器结构　　　　图1-32　舌簧开关式车速传感器
1-感应线圈;2-铁芯;3-外壳;4-永久磁铁　　　1-磁铁转子;2-接转速表;3-舌簧开关

2. 车轮转速传感器

车轮转速传感器向电子控制器提供反映车轮转速电信号,在防抱死制动控制系统(ABS)和驱动防滑转控制系统(ASR)中,电子控制器根据此信号计算车轮角加速度或滑移率、滑转率,并据此参数实现车轮防抱死、防滑转控制。车轮转速传感器多为磁感应式,其基本组成与工作原理参见磁感应式发动机转速与曲轴位置传感器,传感器的信号触发齿轮或齿圈一般安装在轮毂内。

在有的自动变速器电子控制系统中,还装有变速器输入轴(涡轮)转速传感器,用于监测变速器的输入轴转速,电子控制器根据此信号和发动机转速传感器及变速器输出轴(车速)转速传感器信号,可对变矩器和变速器换挡执行机构的工作状况进行实时监测。变速器输入轴转速传感器往往与同车装用的变速器输出轴转速传感器采用相同的结构形式。

九、车身位移传感器

车身位移传感器也称为车身高度传感器,用于监测车身相对于车桥的位移,电子控制器根据车身位移传感器输入的信号可计算得到车身的位移和振动参数。光电式车身位移传感器具有结构简单、定位准确等优点,因此在汽车上被广泛使用。

1. 光电式位移传感器的工作原理

1)光电信号产生原理

如图1-33所示,布置在遮光转子两边的4个发光二极管和光敏三极管组成了4对光电耦合器。遮光转子上分布有透光槽,转子在某一位置时,有的光电耦合器透过光线,光敏三极管受光而输出通路(ON)信号,有的光电耦合器不透过光线,输出不通路(OFF)信号。遮光转子透光槽的长度和位置分布使得遮光转子在每一个小的转角范围内,都有与之对应的一组"ON"、"OFF"光电信号输出。

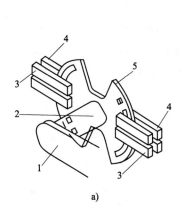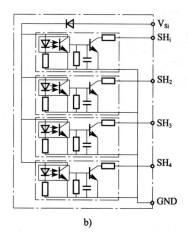

图1-33 光电式车身位移传感器原理
a)结构;b)传感器电路
1-连接杆;2-轴;3-发光元件;4-光敏元件;5-遮光盘

2)车身高度与振动情况的确定

通过连接杆,将车身的移动变成遮光转子的转动。比如某一车身位移传感器在车身高度变化范围内有16组信号输出,每一组信号都代表某一车身的位置(表1-4),于是电子控制器根据传感器输入的一组信号就得到了车身位移信息。电子控制器根据信号的变化情况,得到了车身高度变化的幅度和振动的频率,可判断车身的振动情况;控制器根据一段时间(一般为1ms)内车身高度在某一区间的频度来判断车身的高度。

传感器信号与车身高度区间对应关系 表1-4

传感器信号				车身高度区间
NO.1	NO.2	NO.3	NO.4	
OFF	OFF	ON	OFF	15
OFF	OFF	ON	ON	14
……	……	……	……	……
OFF	ON	OFF	ON	2
OFF	OFF	OFF	ON	1
OFF	OFF	OFF	OFF	0

2.光电式车身位移传感器的结构

光电式车身位移传感器的结构与安装位置如图1-34所示。传感器被固定在车身上,传感器通过连接杆和拉杆与悬架臂(或车桥)连接。当车身的高度发生变化时,拉杆就会推拉连接杆摆动,并通过传感器遮光转子轴使遮光盘转动,从而使传感器输出随车身高度变化的信号。

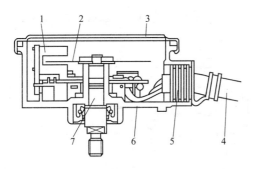

图 1-34 光电式车身位移传感器结构
1-光电耦合器;2-遮光盘;3-传感器盖;4-导线;5-金属油封;6-传感器;7-轴

十、转向盘转角传感器

转向盘转角传感器监测转向盘转动的角度和转动方向。转向盘转角传感器主要有光电式和磁电式两种,目前汽车上使用较多的为光电式转向盘转角传感器。

1. 光电式转向盘转角传感器

光电式转向盘转角传感器原理如图 1-35 所示。传感器的遮光盘上有尺寸相同且均布的透光槽,当转向盘转动而带动遮光盘转动时,两对光电耦合器便产生脉冲电压。电子控制器根据传感器输出的脉冲个数就可判断转向盘转过的角度。

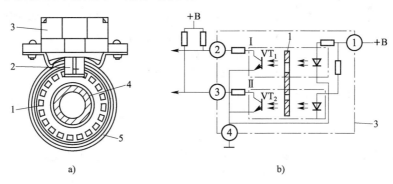

图 1-35 光电式转向盘转角传感器
a) 结构简图; b) 原理
1-遮光盘;2-光电耦合元件;3-转向盘转角传感器;4-转向器轴;5-转向柱

2. 转向盘转动方向的判断原理

为了能辨别转动方向,转向盘转角传感器需要同时产生两组信号。电子控制器根据传感器的信号判断转动方向的原理如图 1-36 所示。A、B 两个光电耦合器产生的信号脉冲其脉宽相同,但相位上相差 90°,电子控制器可根据 A 信号从高电平转为低电平(下降沿)时,B 信号是高电平还是低电平来判断转向。如果 A 信号在下降沿时,B 信号是高电平,则为右转向;如果 A 信号在下降沿时,B 信号为低电平,则为左转向。

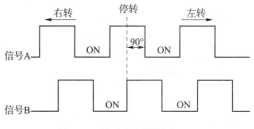

图 1-36 转动方向判断原理

十一、转向盘转矩传感器

电动式动力转向系统通过转向盘转矩传感器获得反应转向盘转矩电信号用以及时调整电动助力大小。转向盘转矩传感器主要有电感式和电位器式两种。

1. 电感式转向盘转矩传感器

电感式转向盘转矩传感器的基本组成与原理如图 1-37 所示。

传感器的输入轴端连接转向盘,输出轴连接转向器,输入轴与输出轴间用扭力杆连接,在输出轴的4个极靴上各绕有相同的线圈,并连接成电感式电桥。无转向力矩时,输出轴(定子)与输入轴(转子)的相对转角为0,每个极靴上的磁通量均相等,电桥处于平衡状态,V、W两端的电位差U_0为0。转向时驾驶人作用于转向盘的力矩使扭力杆扭转变形,定子与转子之间产生角位移θ。这时,极靴A、D间的磁阻增大,B、C间的磁阻减小,各极靴的磁通量产生了差别,电桥失去平衡而输出电压U_0。与扭力杆的转角θ成正比($U_0 = k\theta U_i$,k为比例系数),而扭转角θ与作用于扭力杆的转矩又成比例,因此,U_0值就反映了转向盘的转矩大小。

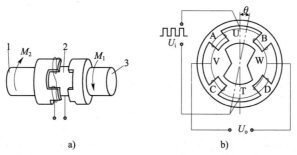

图1-37 电感式转向盘转矩传感器基本组成与原理
a)结构简图;b)原理图
1-输出轴;2-扭力杆;3-输入轴;M_1-转向盘转矩;M_2-转向盘阻力矩

2. 电位器式转向盘转矩传感器

电位器式转向盘转矩传感器的结构如图1-38所示。

汽车转向时,扭力杆的扭转变形使电位器滑片与电阻有相对的转动,电位器的电阻应改变,通过滑环输出相应的电压信号。

十二、减速度传感器

减速度传感器可将汽车制动时的减速度转变为相应的电信号,防抱死制动系统电子控制器根据减速度传感器所提供的车辆减速度电信号判断路面情况,并选择适当的制动力控制方案。应用于汽车电子控制防抱死制动系统(ABS)的减速度传感器也被称为G传感器,有差动变压器式、水银式等不同的类型。

1. 差动变压器式减速度传感器

差动变压器式传感器利用电磁感应原理工作。传感器由固定的线圈和可移动的铁芯构成,铁芯在制动减速度惯性力的作用下沿线圈轴向移动,可导致传感器电路中感应电量的连续变化,其结构与输出特性如图1-39所示。

2. 水银式减速度传感器

水银式减速度传感器为开关式传感器,其主要部件是带常开触点的玻璃管和可在玻璃管内移动的水银,水银式减速度传感器的基本结构与工作原理如图1-40所示。

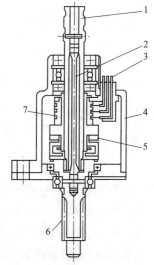

图1-38 电位器式转向盘转矩传感器的结构
1-转向器主动小齿轮;2-滑环;3-转向轴;4-扭力杆;5-输出轴;6-外壳;7-电位器

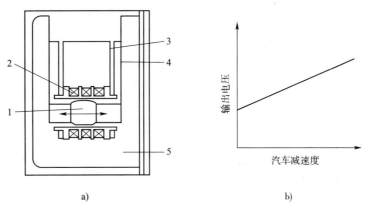

图1-39 差动变压器式减速度传感器
a)结构简图；b)输出特性
1-铁芯；2-变压器绕组；3-印制电路；4-弹簧；5-变速器油

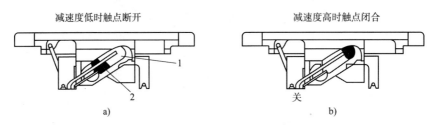

图1-40 水银式减速度传感器
a)减速度较低时；b)减速度较高时
1-玻璃管；2-水银

汽车在低附着系数路面上紧急制动时，汽车的减速度减小，玻璃管内水银的惯性力较小，虽移动但够不到触点处，触点仍处于断开状态(图1-40a)；当在高附着系数路面制动时，汽车的减速度较大，玻璃管内的水银在较大惯性力的作用下移动至触点处，使触点处于接通状态(1-40b)。ABS控制器根据传感器输入的通、断信号就可判断路面情况。

十三、碰撞传感器

碰撞传感器也被称为安全气囊传感器，用于检测汽车发生碰撞时的汽车减速度，安全气囊控制器根据此传感器的信号判断汽车碰撞的强度。开关式碰撞传感器也被用作安全传感器，串联在安全气囊点火器电源电路中，只是在汽车发生严重碰撞时才接通安全气囊点火器的电源电路，以避免汽车检修时安全气囊产生误爆。

碰撞传感器可分为机械触点式和电子式两大类。机械触点式碰撞传感器有偏心锤式、滚球式、滚柱式、水银开关式等多种结构形式，传感器内部的触点平时断开，当汽车发生碰撞时，传感器内部机械装置在惯性力的作用下使触点闭合，发出汽车碰撞信号或接通安全气囊点火器电源电路；电子式碰撞传感器主要有压电式和压敏电阻式，传感器可将汽车的减速度参数转变为相应的电信号。

1. 偏心锤式碰撞传感器

偏心锤式碰撞传感器是一种开关式减速度传感器，其结构如图1-41所示。

扭力弹簧弹力使重块、转盘动触点臂等停留在触点断开的位置。当汽车发生碰撞时，重块在惯性力作用下克服弹簧的扭力而移动，并通过转盘带动活动触点臂转动而使触点闭合，向安全气囊控制器发出汽车碰撞电信号，或将安全气囊点火器的电源电路接通。

2. 滚球式碰撞传感器

滚球式碰撞传感器也是一种开关式减速度传感器，其结构如图1-42所示。

汽车正常行驶时，钢球被永久磁铁吸引，触点处于断开状态。当汽车发生碰撞时，钢球在惯性力作用下，摆脱磁铁的吸引力滚向触点端，将触点接通，向安全气囊控制器发出汽车碰撞电信号，或将安全气囊点火器的电源电路接通。

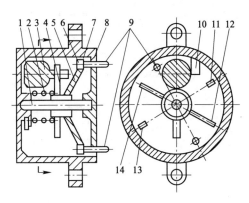

图1-41 偏心锤式碰撞传感器

1-心轴；2-扭力弹簧；3-重块；4-转盘；5-触桥；6、12、14-活动触点；7、11、13-固定触点；8-外壳；9-插头；10-止位块

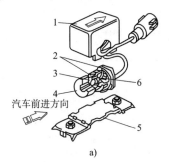 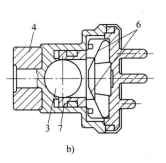

图1-42 滚球式碰撞传感器

1-传感器壳；2-O形密封圈；3-钢球；4-永久磁铁；5-固定板；6-触点；7-滚筒

3. 压敏电阻式碰撞传感器

压敏电阻式碰撞传感器的结构和测量原理如图1-43所示。

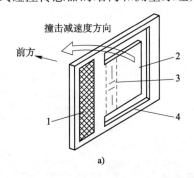 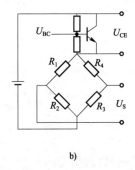

图1-43 压敏电阻式碰撞传感器

a）传感器结构；b）传感器测量电路

1-集成电路；2-测量悬臂；3-电阻应变片；4-悬架臂

传感器的敏感元件是受力变形后其电阻值会相应改变的电阻应变片，被固定在传感器测量悬臂端部。当汽车发生碰撞时，测量悬臂受减速惯性力的作用而使其端部变形，使布置

在测量悬臂端部的电阻应变片产生形变,其电阻值相应改变,通过测量电路产生相应的电压信号(U_s)。

十四、光照度传感器

光照度传感器在日光或灯光的照射下产生电信号,用于空调系统的自动控制或前照灯自动变光控制。用于检测日光照度的传感器也被称为日光传感器或阳光传感器。光照度传感器有光电池式和光敏电阻式两种类型。

1. 半导体光敏电阻式光照度传感器

半导体光敏电阻式光照度传感器的敏感元件为半导体元件,此类光照度传感器如图1-44所示。硫化镉(CdS)半导体材料的电阻率随光照度增强而下降,将其连接到图1-44b所示的测量电路中,CdS在灯光照射下其电阻值改变时,就会输出相应的电压U_0,控制电路或电子控制器根据此电压信号判断光强度,进行相关的自动控制。

2. 二极管光敏电阻式光照度传感器

二极管光敏电阻式光照度传感器以二极管为敏感元件,此类光照度传感器如图1-45所示。光敏二极管的PN结与普通二极管一样,具有单向导电性,但在阳光照射下,其反向电阻会明显减小。阳光越强,光敏二极管的反向电阻就越小,将其连接到图1-45b)所示的测量电路中,当光敏二极管受到阳光照射而其反向电阻下降时,测量电路就会有与日光量相对应的电流产生,并可输出电压U_0。空调控制器可根据光敏传感器输出的U_0判断车外阳光的照射强度,并进行相关的控制。

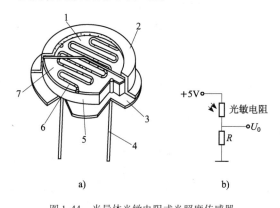
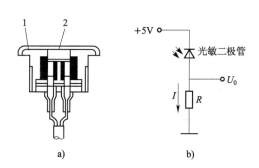

图1-44 半导体光敏电阻式光照度传感器
a)传感器结构;b)测量电路
1-玻璃罩;2-金属盖;3-金属底板;4-电极引线;5-陶瓷基片;6-硫化镉(CdS);7-电极

图1-45 二极管光敏电阻式光照度传感器
a)传感器结构;b)测量电路
1-滤波器;2-光敏二极管

十五、角速度传感器

角速度传感器是将汽车转弯时车身旋转角速度转换为相应的电信号,在汽车行驶稳定系统中,角速度传感器提供的信号是ECU实施汽车行驶稳定性控制的重要依据。

1. 振动型角速度传感器

振动型角速度传感器的工作原理如图1-46所示。在作为振子的四方体的相邻两面上,粘贴有兼起驱动和检测作用的压电元件,当对压电元件施加交流电压时,就会在负压电效应的作用下,是振子振动。当振动着的振子又旋转时,就会产生一个与旋转速度相对应的哥氏力。

哥氏力是指旋转坐标内具有速度的物体所受到的力,力的方向既与旋转轴垂直,也与物体的速度方向垂直,而力的大小与物体的速度与系统的转速成正比。

当车辆旋转时,传感器振子随之转动,这时,测出的压电元件电流包含有振动和哥氏力两部分。传感器内部信号处理电路是相邻两压电元件输出信号的相减,这样,就消除了振动部分同频又同相的两个信号(图 1-46b),只剩下反映哥氏力的信号(图 1-46c)。将电流信号转换为电压信号,就可得到与旋转角速度成一一对应关系的输出信号。

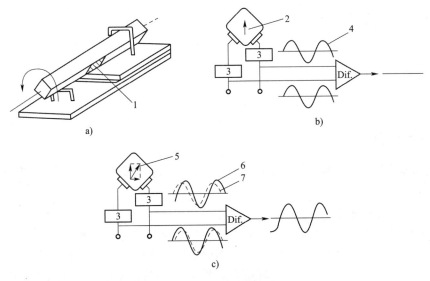

图 1-46　振动型角速度传感器
a)构成;b)无旋转时;c)旋转时
1-压电元件;2-振子振动部分;3-电流检测;4-振动信号;5-哥氏力成分;6-输入信号;7-哥氏力信号

2. 音叉式角速度传感器

音叉式角速度传感器的结构如图 1-47 所示。传感器的本体为音叉形,振子由振动(激振)检测两部分构成,两者互成 90°。在音叉上粘贴有压电陶瓷片(PTZ)。

当交流电压加于激振 PTZ 时,检测 PTZ 也总是在左右方向(V 方向)振动。当车辆转弯(ω 方向)时,哥氏力作用于检测 PTZ,在与激振方向垂直的 F 方向的力,使检测 PTZ 产生交流电压信号。此信号包含有激振 PTZ 产生的振荡波,经放大后进入检波电路,检波后输出反应旋转方向和旋转速度的信号,再经整形电路整形后,输出与车辆旋转角速度呈线性关系的电压信号。

音叉式角速度传感器的优点是:两个振子是反方

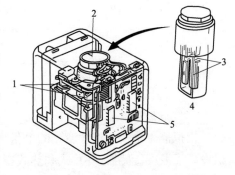

图 1-47　音叉式角速度传感器
1-缓冲器;2、4-传感器本体;3-压电元件;5-专用集成电路(IC)

向运动的,其产生的哥氏力的方向也相反,因此,车辆前后、左右方向加速度所形成的挠曲变形可以互相抵消,从而提高了测量的精度。

第三节　电子控制器

电子控制器通常被简称为ECU(Electric Control Unit),其基本组成如图1-48所示。

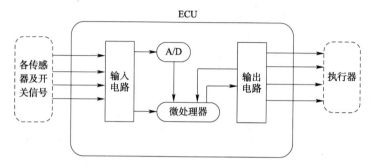

图1-48　电子控制器(ECU)的基本组成

一、输入电路

电子控制器中输入电路的作用是将传感器、开关等各种形式的输入信号进行预处理,换为计算机可接受的数字信号。

1. 数字信号输入电路

数字信号只有高电平和低电平两种状态,信息由矩形波的个数或疏密来表示。它通过输入接口就可以输送给微机。在汽车电子控制系统中,有许多以脉冲数为计量参数的脉冲信号(如矩形波信号、正弦波信号等)和开关信号,这些信号还不是微处理器能够接受的数字信号,一般需要通过输入电路的预处理才能输入微处理器。

对于可能包含有杂波的脉冲信号,需经过输入电路的滤波、整形和电平转换等预处理(图1-49)。磁感应式转速传感器其信号电压随转速而变,输入电路可能还包括信号放大和稳压电路。对于已由传感器内部测量电路预处理的矩形波和开关信号,输入电路通常只需对其进行电平转换即可。

图1-49　数字信号输入电路工作过程

2. 模拟信号输入电路

模拟信号是一个连续变化的电量,往往用信号电压的幅值来表示信息的量值。如发动机冷却液温度传感器、叶片式和热式空气流量传感器等输出的就是模拟信号。模拟信号则需经模数转换器A/D转化为相应的数字信息后才能被微机接受。A/D转换过程包括了采样、量化、编码。采样过程是A/D转换器以一固定的时间间隔对连续变化的模拟信号进行扫描,取得一系列离散的采样幅值。量化过程是通过舍入或去尾的方法将采样幅值变为一个有限有效数字的数。编码就是将这些代表各采样幅值的有效数字变为二进制数。A/D 转换器的工作过程如图 1-50 所示。比如,输入的模拟信号某一个采样幅值量化后的数为 5, A/D 便会输出"0101"这样一个微机可接受的二进制代码。

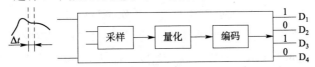

图 1-50　A/D 转换器的工作过程

3. 传感器电源

除了磁感应式传感器、氧化锆型氧传感器等传感器外,许多传感器需要有一个电压稳定的电源。各传感器所需用的电源电压一般为 5V,由电子控制器内的稳压电路提供。对于像热敏电阻式传感器(如发动机温度传感器、进气温度传感器等)、电位计式传感器(如节气门位置传感器、量板式空气流量传感器等),电子控制器提供的电源电压还是信号的基准电压(图 1-51)。因此,电源电压的波动将直接影响信号的准确性。

二、微机

电子控制器中微机的作用是根据传感器经输入电路送来的信号,用存储器中的控制程序和数据进行运算处理后,输出控制信号,并通过输出电路控制执行器。微机主要由中央微处理器(CPU)、存储器、输入/输出接口(I/O)等组成,如图 1-52 所示。

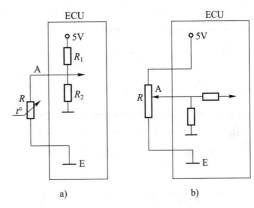

图 1-51　传感器电源
a)热敏电阻式传感器;b)电位计式传感器

1. 中央微处理器

中央微处理器(Central Pro-cessing Unit)简称 CPU,它是控制器的核心,包含有运算器、控制器、寄存器等(图 1-53)。其具体功能如下。①运算器:用于对数据进行算术运算和逻辑运算。②控制器:按事先编排的程序发出控制脉冲,控制计算机系统各部自动协调地工作。③寄存器:用于暂时存储运算器的中间运算数据。CPU 在控制器控制脉冲的控制下,按其时钟脉冲的节拍自动协调地进行数据的运算、寄存、传送等操作。

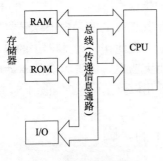

图 1-52　微机的基本组成

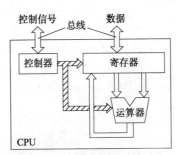

图 1-53　CPU 的基本组成

2. 存储器

存储器的作用是记忆数据和程序,主要由只读存储器(ROM)和随机存储器(RAM)组成。

(1)只读存储器(Read Only Memory)简称 ROM,用于存储控制程序、控制标准参数等一些固定的信息,在制造时一次写入后不能更改。工作时只供读取,电源切断时其内部的信息也不会消失。近年来在汽车电子控制系统中也使用了 PROM、EPROM、EEPROM 等新型只读存储器。PROM(Programable ROM)为可编程只读存储器,可由用户根据需要自行编程,一次写入,其作用和工作特性与 ROM 一样。PROM 给汽车制造厂根据不同的车型、不同的控制系统写入不同的信息资料,以使微机适用于不同车型、不同控制系统的需要提供了方便。EPROM(Erasable Programable ROM)为可擦除可编程只读存储器,与 PROM 不同的是存储的信息可通过芯片顶部窗口用紫外线照射的方法全部清除,然后再通过编程器写入新的信息。EPROM 可反复擦写使用。EEPROM(Electrically Erasable Programable ROM)为电可擦只读存储器,可在通电的情况下改写部分信息,使微机的使用更为方便灵活。在一些汽车电子控制系统中,由于使用了 EEPROM,可以使用专用的诊断仪器对 EEPROM 中的程序和数据进行修改,从而实现在用汽车电子控制系统的升级。

(2)随机存储器(Read Access Memory)简称 RAM,用于储存控制器工作过程中的运行数据,工作时随时可存入或读取信息,电源切断后,信息随即消失,自诊断系统的故障信息(故障码)和电子控制系统自适应学习修正参数也用 RAM 储存,这些信息需要在点火开关断开后仍然保留,因此电子控制器通常有一条不通过点火开关控制的电源连接线,使得储存故障和自适应修正信息的 RAM 在点火开关断开时仍然保持通电。

3. 输入/输出接口

输入/输出接口(Input/Output)简称 I/O,它是 CPU 与外部设备进行数据传送的纽带,在 CPU 与外围设备之间起着数据的缓冲、电平和时序的匹配等多种作用。传感器经输电路后通过输入接口与 CPU 连接,将信息传递给 CPU;CPU 通过输出接口入经输出电路与执行器连接,实现对执行器的控制。

三、输出电路

微机经输出接口输出的控制信号一般不能直接控制执行器,输出电路的作用就是根据微机的控制信号工作,使执行器按微机的指令动作。一些执行器的电源是蓄电池,使其工作的驱动电路就是将其搭铁电路接通。因此,电子控制器中的输出电路通常是由大功率三极管组成的驱动电路。通常的输出电路工作原理如图 1-54 所示。

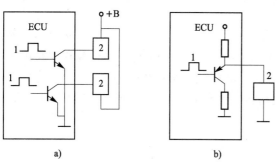

图 1-54 控制器的输出电路
a)向执行器提供搭铁通路;b)向执行器提供电压脉冲
1—CPU 输出的控制信号;2—执行器

第四节 执行机构

执行器的作用是严格按照控制器输出的控制信号来动作,将控制参量迅速调整到设定的值,使控制对象在设定的状态下工作。汽车电子控制系统执行器的种类和结构形式很多,按照使执行机构动作的电动部分的结构原理不同分,主要有电动机、电磁阀两大类。还有一类执行器不产生动作,比如:点火线圈、加热电阻等。本节主要介绍电动机类和电磁阀类执行器。

一、电动机类执行机构

汽车电子控制系统中,电动机类执行器的电动机主要有普通的直流电动机和步进电动机两种类型。

1. 普通直流电动机

普通直流电动机通电后产生持续的旋转运动,通过机械传动带动执行机构工作。普通直流电动机的组成与起动机中的直流电动机相似,电枢与磁极绕组通常采用并联方式,如图1-55所示。

2. 步进电动机

步进电动机可控制其转动的角度和转向,通过机械传动实现各种参量调节和定位控制。在不同车型,不同执行

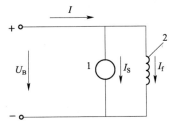

图1-55 并励式直流电动机电路原理
1-电动机电枢;2-电动机磁极绕组

器上使用的步进电动机其结构形式可能不同,但基本组成及原理相同。步进电动机的转子由永久磁铁构成,有8对磁极,其N极和S极在圆周上相间排列,定子有A、B两个(图1-56),每个定子由具有8对爪极的铁芯和两组绕向相反的线圈组成。当一个线圈通电后,A、B两定子便形成16对(32个)磁极。步进电动机的工作过程如下。当定子的一个线圈通电时,定子的32个磁极与转子磁极同性相斥、异性相吸,在此磁力的作用下,使转子转动,直到转子的N、S极与定子的异性磁极相对应的位置(图1-57)。定子的4个线圈按1、2、3、4的顺序逐个通电,就可使电动机正向转动。其中,每次通电,定子磁极改变一次,转子转动一步(1/32圈)。如果要使电动机反转,则使4个线圈按4、3、2、1的顺序通电即可。

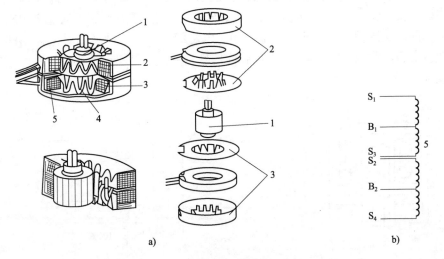

图1-56 步进电动机定子的组成与原理
a)定子结构;b)定子线圈
1-转子;2-定子;3-定子;4-爪极;5-定子线圈

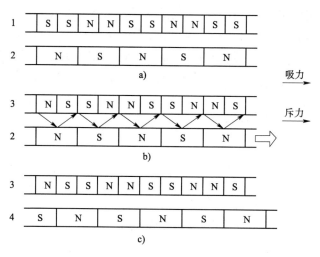

图 1-57 步进电动机的工作过程
a)转动一步前;b)开始转动;c)转动一步后

二、电磁阀类执行机构

电磁阀类执行器根据阀的运动方式可分直动式电磁阀和转动式电磁阀两种,根据控制信号的形式又可分为开关式和脉冲式两类。

1. 直动式电磁阀

直动式电磁阀主要由线圈、铁芯和弹簧等组成(图1-58)。线圈通电后产生电磁力,铁芯在电磁力的作用下克服弹簧力而轴向移动,带动阀芯、滑阀等完成相应的控制动作。直动式电磁阀根据其工作方式的不同,分有开关式、三位式和脉动式等几种。①开关式直动电磁阀。电磁阀只有通电和不通电两个工作状态。对于常开型电磁阀,由弹簧保持其阀开的状态,通电时由线圈电磁力吸动铁芯,使阀保持在关的状态。对常闭型电磁阀通、断电时阀的状态则正好相反。②三位式直动电磁阀。电磁阀有全通电、半通电和不通电3个工作状态,分别完成不同的控制动作。③脉动式电磁阀。电磁阀由占空比脉冲信号来控制阀的开、关比率,以实现对控制参量的控制。占空比脉冲信号是一种频率固定不变,脉冲宽度可变的电压或电流脉冲,如图1-59 所示。

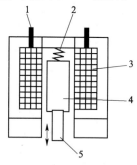

图 1-58 直动式电磁阀
1-接线端子;2-弹簧;3-线圈;
4-铁芯;5-连接阀芯或滑阀

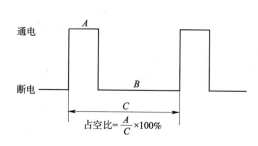

图 1-59 占空比脉冲信号

2. 旋转式电磁阀

旋转式电磁阀通电后产生角位移,其主要部件是带动阀转动的转子和定子。旋转式电磁阀有两种形式:一种是转子为永久磁铁,电磁线圈绕在定子上;另一种定子为永久磁铁,转子上绕有电磁线圈,通过电刷和滑片将电流引入电磁线圈。图1-60所示的是转子为永久磁铁的旋转式电磁阀电路原理。

对称布置的定子通入相同的电流时,两线圈 L_1、L_2 产生的磁场对转子的作用力使转子的转动方向是相反的。由于ECU产生的控制信号到 VT_1 基极经反相器反相,因此,从三极管 VT_1、VT_2 集电极输出的是相位相反的控制脉冲。当控制信号占空比为50%时,一个信号周期中 VT_1、VT_2 的导通相位相反,但导通时间相同。线圈 L_1、L_2 的通电时间各占一半,两线圈的平均电流相同,产生的磁场强度也相同,对转子的作用力互相抵消,故转子保持在原来的位置(图1-61a)。当控制信号占空比大于50%时,线圈 L_2 通电时间大于线圈 L_1,两线圈产生的磁场合力使转子逆时针转动(图1-61b)。当控

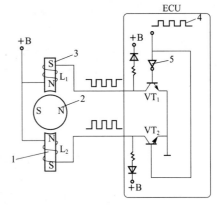

图1-60 旋转式电磁阀电路原理
1、3-定子;2-转子(永久磁铁);4-控制信号(占空比信号);5-反相器

制信号占空比小于50%时,线圈 L_1 的通电时间大于线圈 L_2,两线圈产生的磁场合力则使转子顺时针转动(图1-61c)。如此,ECU通过输出不同占空比的控制信号来控制电磁阀转子的转角和转动方向。定子是永久磁铁的旋转式电磁阀原理如图1-62所示。绕在转子铁芯上的线圈 L_1、L_2 绕向相反,因此,两线圈通电后使转子受力偏转方向相反。其控制原理与转子为永久磁铁的旋转电磁阀相同。

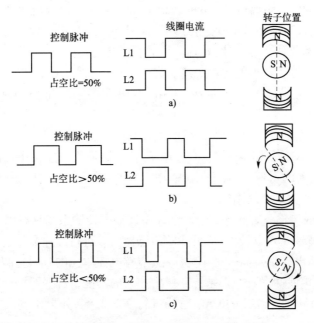

图1-61 旋转式电磁阀转动过程
a)占空比=50% ;b)占空比>50% ;c)占空比<50%

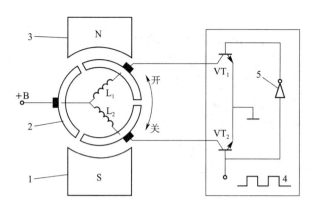

图1-62 定子为永久磁铁的旋转式电磁阀
1、3—定子(永久磁铁);2—转子;4—控制信号(占空比信号);5—反相器

第五节　总线技术在汽车上的应用

一、控制器局域网(CAN)技术在汽车上的应用

1. CAN总线系统概述

控制器局域网(Controller Area Network 简称CAN)是一种串行数据通信总线,在汽车上得到了广泛的应用,1993年,CAN成为国际标准:ISO 11898(高速应用)和ISO 11519(低速应用),为控制器局域网的标准化和规范化铺平了道路。CAN是一种多主总线,每个节点机均可成为主机,且节点机之间也可以进行通信。通信介质可以是双绞线、同轴电缆或光导纤维,通信速率可达1Mb/s,距离可达10km。CAN总线系统的一个最大特点使废除了传统的站地址编码,而代之以对通信数据块进行编码,使网络内的节点个数在理论上不受限制。由于采用了许多新技术及独特的设计,具有较强的纠错能力,支持差分收发,适合高干扰环境,因而具有突出的可靠性和较远的传输距离。另外,CAN总线还具有实时性、灵活性和开放性等特点,因此,奔驰、宝马、大众、沃尔沃、丰田、本田等多家汽车公司都采用了CAN总线技术。

目前,汽车网络主要用2根CAN总线组成。其中一根使应用于各电子控制器和组合仪表信息传输的高速CAN总线(速率达500kb/s),另一根是用于连接中控门锁、电动门窗、电动后视镜、车灯等电器的低速CAN总线(速率100kb/s)。有些高档车辆有第三条CAN总线,用于卫星导航及智能通信系统。

与其他数据总线传输系统相比,汽车CAN总线数据传输系统具有以下突出的优点:

(1)将传感器信号线减至最少,使更多的传感器信号进行高速数据传递。

(2)电控单元和电控单元插脚最小化应用,节省电控单元的有限空间。

(3)组网自由、扩展性强。如果系统需要增加新的功能,仅需软件升级即可。

(4)各电控单元可对所连接的CAN总线进行实时监测,如果出现故障该电控单元会存储故障码。

(5)CAN数据总线符合国际标准,以便于一辆车上不同厂家的电控单元间进行数据交换。

(6) 总线利用率高,数据传输距离较长(长达10km),数据传输速率高(高达1Mb/s)。

(7) 成本相对较低。

2. CAN总线系统的结构

1) CAN总线接口

CAN总线采用双线串行通信方式,具有优先权和仲裁功能,多个控制模块通过CAN总线接口挂在总线上,CAN总线数据传输系统中,每个模块的内部都有一个CAN总线控制器和一个CAN总线收发器;每个模块的外部均连接两条CAN数据总线。在系统中作为终端的两个模块,其内部还装有一个数据传递终端(有时数据传递终端安装在模块外部)。典型的CAN总线接口如图1-63所示。

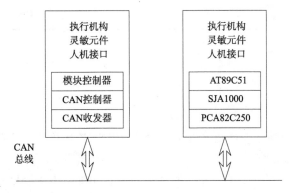

图1-63 典型的CAN总线接口

CAN总线控制器的作用是接收控制单元中微处理器发出的数据,对数据进行处理后传给CAN总线收发器。同时CAN总线控制器也接收收发器收到的数据,并将数据处理后传给微处理器。

CAN总线收发器是一个发送器和接收器的组合,它将CAN总线控制器提供的数据转化成电信号并通过数据总线发送出去,同时,它也接收总线数据,并将数据传到CAN总线控制器。

2) CAN总线系统结构

CAN数据总线是用以传输数据的双向数据线,分为CAN高位(CAN-high)和低位(CAN-low)数据线。汽车CAN数据总线的通信介质多采用双绞线,通常将两条线缠绕在一起,两条线上的电位是相反的,如果一条线的电压是5V,另一条就是0V,两条线的电压和总等于常值。通过该种办法,CAN总线得到保护而免受外界电磁场干扰,同时CAN总线向外辐射也保持中性,即无辐射。典型的CAN总线系统结构如图1-64所示。

数据传递终端实际是一个电阻器,其作用是避免数据传输终了反射回来,产生反射波而使数据遭到破坏。

3. CAN总线的数据传输特点

与一般的通信总线相比,CAN总线的信号传输有如下特点:

(1) CAN为多主方式工作,网络上任一节点均可在任意时刻主动地向网络上其他节点发送信息,而不分主从,通信方式灵活,且无须站地址等节点信息。利用这一点可方便地构成多机备份系统。

（2）CAN网络上各节点信息分成不同优先级，可满足不同的实时要求，高优先级的数据最多可在134μs内得到传输。

（3）CAN采用非破坏性总线性仲裁技术，当多个节点同时向总线发送信息时，优先级较低的节点会主动地退出发送，而最高优先级的节点可不受影响地继续传输数据，从而大大节省了总线冲突仲裁时间。尤其是在网络负载很重地情况下也不会出现网络瘫痪的情况。

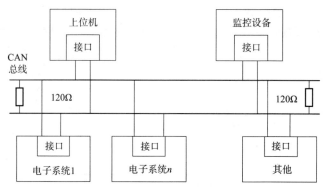

图1-64　典型的CAN总线系统结构

（4）CAN只需通过帧滤波即可实现点对点、一点对多点及全局广播等几种方式传送接收数据，无须专门的"调度"。

（5）CAN采用NRZ编码，直接通信距离最远可达10km（速率5kb/s）；通信速率最高可达1Mb/s（此时通信距离最长为40m）。

（6）CAN上的节点数主要取决于总线的驱动电路，目前可达110个；标示符可达2032种（CAN2.0A），而扩展标准（CAN2.0B）的标示符几乎不受限制。

（7）采用短帧结构，传输时间短，受干扰概率低，具有极好地检错效果。

（8）CAN的每帧信息都有CRC效验及其他检错措施，保证数据出错率极低。

二、LIN总线技术在汽车上的应用

LIN总线是针对低成本应用而开发的汽车串行协议。它对现有CAN网络进行了补充，支持车内的分层式网络。本协议是简单的主、从配置，主要流程在主节点上完成。为了减少成本，从节点应当尽量简单。

LIN总线是主从协议，总线中的所有数据传输都由主节点发起。现在有两种完全不同的方法可以将数据传输到从节点，即主—从传输（主节点中的从任务传输数据）或从—从传输（主节点发送帧头，从某个从节点传输数据，然后另一从节点接收该数据）。这两种方法具有不同的优势和劣势。

使用LIN协议的信息传输定时是可以预测的。该协议是时间触发型，不需要总线仲裁，同样可以计算每条信息帧在最差环境的定时。每条信息帧的传输都由主节点上执行的调度表控制。调度表在既定时间传输信息帧帧头。

1. 局域互联网络LIN总线在车辆上的应用

汽车网络是指能使用电气或电子媒介发送或接收信息的控制模块和接线。有多种网络可用于满足数目日益增长的车辆电子模块间通信的要求。节点数持续的增加,技术复杂性的提高以及保持低成本的要求,使得 A 类总线——局域互联网 LIN(Local Interconnect Network)总线应运而生。开放的 LIN 总线标准于1997年产生,该标准涵盖传输协议规范、传输媒体规范、开发工具接口和应用编程接口。LIN 协议作为一个成本低、距离短、速度慢的串行通信网络规范,能够连接车辆内各种子系统,增强子系统之间的通信效率,提高可靠性。同时,在带宽要求不高、功能简单、性能指标较低的情况下,使用更低成本的解决方案补充类似 CAN 的高端汽车总线的不足。

目前有多种汽车网络标准,其侧重的功能有所不同,为方便研究与开发,SAE 车辆网络委员会将汽车数据传输网划分为 A、B、C 三类。

A 类:面向传感器/执行器控制的低速网络,数据传输位速率通常只有 1~10kb/s,主要应用于电动门窗、座椅调节器、灯光照明等控制。

B 类:面向独立模块间数据共享的中速网络,位数率一般为 10~100kb/s,主要应用于电子车辆信息中心、故障诊断、仪表显示和安全气囊等系统,以减少冗余的传感器和其他电子部件。

C 类:面向高速、实时闭环控制的多路传输网,最高位速率可达 1Mb/s,主要用于悬架系统控制、牵引控制、发动机控制和 ABS 等系统,以简化分布式控制和进一步减少线束。

2. LIN 协议及其支持器件

1) LIN 协议

LIN 通信基于 SCI(UART)数据格式,采用单主控制器或多从设备的模式,仅使用一根 12V 信号总线和一个无固定时间基准的节点同步时钟线。这种低成本的串行通信模式和相应的开发环境已经由 LIN 协会制定成标准。LIN 的主要特性:成本低,基于通用 UART/SCI 接口,几乎所有微控制器都具备 LIN 必需的硬件;极少的信号线就可实现国际标准 ISO 9141 规定;传输速率最高可达 20kb/s;单主机或多从机模式,无须仲裁机制;从机节点无须石英或陶瓷谐振器就能实现自同步,节省了从设备的硬件成本,保证信号传输的延迟时间;不需要改变 LIN 从机节点的硬件和软件就可以在网络上增加节点;通常一个 LIN 网络上节点数目小于 12 个,共有 64 个标志符;数据帧长度可选 2,4 或 8 字节。

2) LIN 的通信规则

LIN 网络由一个主节点、一个或多个从节点组成,所有节点都有发送和接收的通信任务,主节点还有一个主发送任务。一个 LIN 网络上的通信总是由主发送任务发起,主控制器发送一个起始报文(由同步间隔、同步字节、识别码组成),从机在接受起始报文并且滤除识别码中的消息标志符后,开始应答该消息,应答由 2 或 4 或 8 个数据字节和一个校验码所组成,起始报文和应答部分构成一个完整的报文帧,由报文标志符指示该报文的组成,这种通信规则可以用多种方式来交换数据:由主节点到一个或多个从节点,由一个从节点到主节点或其他的从节点。通信信号可以在从节点之间传播而不经过主节点,或者主节点广播消息到网络中的所有节点。报文帧的时序由主控制器控制。

3) LIN 的通信过程

主节点传送信号到从节点,而从节点一般在主节点询问时才传送信号。从节点在需要发出唤醒信号的时候可以主动地发送信号。标准数据帧包括帧头和响应两大部分,主机发送一个同步间隔信号来启动通信过程,接着的是一个同步区,同步区包括同步定界符(在时间上占1至4位)和同步字段。在送出同步定界符之后,传送同步字段,从节点利用同步字段把它的波特速率调整到和被传送信号的波特速率同步。同步字段传送完毕便送出识别码,识别码包括识别位和两个奇偶校验位;奇偶校验位识别相关的从机,并且告知对数据应该进行的处理。识别位表示多少个节点可以收到同样的消息,它的一个确定序列可以控制接收来自从节点的数据,而其他的序列指示后续的数据类型。从节点通过识别位来识别信息。在传送识别码之后,识别位决定是寻址的从节点响应这一信息,还是主控制器继续传输数据。数据帧的最后部分是校验和,校验和表示数据帧结束,校验和是通过计算数据的全部字节而得到的(不包括识别字节及同步字段)。

LIN 总线主节点发出的另一个帧是睡眠帧,它的作用是让总线和节点进入低功耗状态。睡眠帧的识别位包含数值 0x80,除此之外,睡眠帧与标准数据帧是相似的。系统设计人员可以选择在识别位之后是否传输数据。当收到唤醒信号时,总线睡眠状态便自动终止。主节点或者从节点都可以发送唤醒信号。

当主节点或者从属节点发送唤醒信号时,它送出数值 0x80,紧接着是 4 至 64 位的唤醒信号定界符。如果经过 128 位的时间后,主节点还没有送出同步间隔信号,便送出新的唤醒信号,重复过程最多不能超过 3 次。

4) LIN 的典型应用

以基于 CAN 和 LIN 总线的整车管理系统(图 1-65)为例,介绍了 LIN 总线在汽车局域网的典型应用。

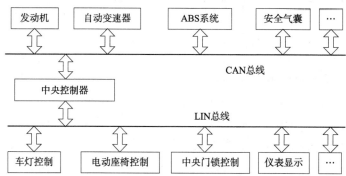

图 1-65 基于 CAN、LIN 总线的整车管理系统

汽车驱动系统中采用 CAN 总线,信息传输速度可达 500kb/s,其主要连接对象是:发动机、自动变速器、ABS/ASR、安全气囊、主动悬架、巡航系统、电动转向系统及组合仪表信号的采集系统等。驱动系统 CAN 的控制对象都是与汽车行驶控制直接相关的系统,对信号的传输要求有很强的实时性,它们之间存在着较多的信息交流,而且很多都是连续的和高速的。

车身系统中采用 LIN 总线,信息传输速率可达 20kb/s,主要连接对象是:前后车灯控制开关、电动座椅开关、中央门锁与防盗控制开关、电动后视镜控制开关、电动车窗升降开关、气候(空调)控制开关、故障诊断系统、组合开关、驾驶员操纵信号采集系统及仪表显示器等。车身系统 LIN 的控制对象主要是低速电动机、电磁阀和开关量器件,它们对信息传输的实时性要求不高,但数量较多,将这些电控单元与汽车驱动系统分开有利于保证驱动系统的实时性。采用 LIN 总线还能增加总线的传输距离,提高抗干扰能力,降低硬件成本。

两条总线相互独立,通过网关服务器进行数据交换和资源共享。中央控制器是整车管理系统的控制核心,也是整车综合控制的基础,主要功能是对各种信息进行分析处理并发出指令,协调汽车各控制单元及电器设备工作的同时,中央控制器也是 CAN 总线和 LIN 总线的网关服务器。

3. LIN 总线设计要点

以 LIN 总线为基础的车身控制系统的设计如图 1-66 所示。为将汽车上各类原始信号转换为可在 LIN 总线上进行传输的数字量信号,同时为提高系统的可靠性,在 LIN 总线上设置了节点,节点的功能是:接收传感器输出的模拟信号、数字信号或开关信号,经 ECU 进行处理,转换为可在 LIN 总线上通信的数据报文格式,经 ECU 内的 LIN 控制器发到 LIN 总线上,同时将从 LIN 总线上接收到的数据信息转换成能够驱动执行器或照明灯的模拟信号或数字信号。

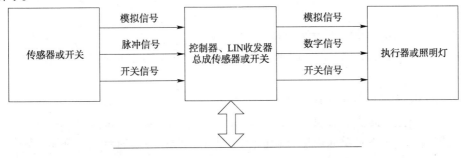

图 1-66 节点结构

1) 节点与 LIN 总线的接口设计

整车管理系统是由许多节点通过 CAN 和 LIN 总线相连而组成的一个局域网。LIN 总线的接口设计极为重要。其中,LIN 控制器的选取、LIN 收发器以及抗干扰措施将成为设计的关键。

(1) LIN 控制器的选取。为满足系统功能扩展的需要,选用 PHILIPS 公司的 8 位单片机 P87LPC76x,其内部有 2 个 16 位定时/计数器,含 2 个精确模拟量比较器,通过外接 RC 器件可组成两路 A/D 转换器;有全双工通用异步接收/发送器及 I2C 通信接口,8 个键盘中断输入,2 路外部中断输入,4 个中断优先级及看门狗定时器,适于要求高集成度、低成本的场合。P87LPC76x 采用 80C51 加速处理器结构,指令执行速度是标准 80C51MCU 的两倍。

(2) LIN 收发器的选取。LIN 收发器选用 PHILIPS 公司的 TJA1020,使用的波特率为 2.4~20kb/s,它增加了 LIN 总线信号的上升和下降斜率,进一步减少了辐射。在普通斜率模式下辐射已经很低,睡眠模式下 TJA1020 的功率消耗非常低。

(3) TJA1020 LIN 收发器的特性。波特率最高可达 20kb/s;有较高抗电磁干扰性(EMI),可以自动修整输出波形降低电磁发射(EME)。当传输速率低于 10kb/s 时,TJA1020 可以工作在低斜率模式下而进一步降低 EME;在未通电状态下有无源特性,输入电平与 3.3V 和 5V 器件兼容;内部有集成的终端电阻可用于 LIN 的从机应用。通过唤醒源对本地或远程识别,支持低功耗管理(在睡眠模式下电流消耗极低,可实现本地或远程唤醒保护)。有发送数据超时功能、总线终端和电池管脚可防止车辆环境瞬变,总线终端对电池和本地设备可短路保护。内部有接口芯片能够对总线的信息进行差动发送和接收,可增大通信距离,提高系统的瞬间抗干扰能力。

(4)光电隔离。汽车上电磁干扰较大,对系统的抗干扰能力要求高,为进一步提高系统的抗干扰能力,在 LIN 控制器和 LIN 收发器 TJA1020 之间增加由高速隔离器件 6N137 构成的光电隔离电路。电源也采用 DC—DC 隔离。

2) LIN 总线的接口设计

中央控制器选用 PHILIPS 公司的 8 位单片机 P87C591,其工作温度范围较宽。具有 8 通道 10 位 A/D 转换器,3 个 16 位定时/计数器,2 通道 8 位 PWM 输出和 32 根 I/O 口线。它有 Peli CABN 接口,其增强型 UART 接口即可用于 LIN 总线。由于 CPU 访问片内 CAN 控制寄存器的速度快,时效性高,因此与 CAN 总线的通信采用 P87C591 的片内 CAN 控制器,而与 LIN 总线的通信则采用独立的 LIN 收发器 TJA1020。该系重点设计基于 CAN、LIN 总线的整车管理系统的总体结构、车身控制系统中 LIN 总线的节点布置、节点与 LIN 总线的接口及中央控制器与 LIN 总线的接口电路。

该系统的应用可明显减少汽车的线束,降低成本,同时 LIN 协议良好的扩展性使在同一 LIN 总线上挂接可多达 16 个节点,能满足日益增长的汽车网络化的要求,增强汽车在未来市场的竞争力。

4. 车门 LIN 总线控制器设计

1) LIN 总线控制器体系结构

车身控制部分的电控单元由于传输的数据量比较少且对实时性要求不高,所以采用 A 类低速通信网络即可。A 类网络主要用 LIN 协议和 SAE 的 J1850,LIN 总线不仅能够完成 J1850 的大多数功能,而且 LIN 是一种低成本的总线网络,LIN 标准除了定义传输协议和传输媒体规范外,还定义了开发工具接口规范和用于软件编程的接口,在软件上保证了网络节点的互操作性,可大大缩短开发周期和开发人员的工作量。因此 LIN 可以广泛应用于汽车中某些对通信速率要求不高的场合,作为 CAN 总线的辅助网络或子网络使用。

LIN 系统总线的电气性能对网络结构有很大的影响。网络节点数不仅受标志符长度的限制,而且受总线物理特性的限制。在 LIN 系统中,建议节点数不要超过 16 个,否则网络阻抗降低,在最坏工作情况下会发生通信故障。LIN 系统每增加一个节点大约是网络阻抗降低 3%。

2) 系统的电磁兼容和可靠性设计

汽车上的负载多种多样,既有小阻抗、大电流的阻性/感性负载,也有高频振荡信号源,它们不仅对外是潜在的干扰辐射源,也是对车载电器自身的干扰源;另外由于高机动性,汽车也可能会处于各种可以想象得到的从低频到高频的复杂电磁场中,由此产生的电磁干扰耦合也会影响汽车电子电器系统的正常运行。

电磁兼容性设计内容主要包括 3 个方面,即切断电磁辐射进入电子产品内部产生相互干扰的通路;提高对电磁效应敏感器件的质量;从汽车电器系统的总体和电路设计方面采取措施对最敏感的器件和部位进行屏蔽保护。

此车身通信网络中的 PCB 在电路设计、元器件布置和布线时,严格按照电磁兼容(EMC)的设计原则,主要采取了如下的抗干扰措施:

①在蓄电池电源进入 PCB 的地方加上高频电容。

②在电源调整器 LM7805 的输入输出端分别加了相应的旁路和去耦电容(依数据手册选取)。

③每个集成电路的电源与搭铁之间都加了合适的去耦电容。去耦电容有 3 个作用:一方面是本集成电路的蓄能电容,提供和吸收该集成电路开门关门瞬间的充放电能;二是滤除该器件产生的高频噪声,切断其通过供电回路进行传播的通路;三是防止电源携带的噪声对电路构成干扰。

④加粗了电源线宽度,以减少电源线上的导线电阻。同时,使电源线、搭铁线的走向和数据传递的方向一致,这样也有助于增强抗噪声能力。

⑤电路板采用模块化设计,模拟电路、数字电路和功率电路独立布置,并将搭铁线加粗,因为搭铁线如果用很细的导线,则搭铁电位随电流的变化而变化,会使抗噪性能降低。

⑥尽可能把干扰源与敏感器件(如单片机、存储器等)远离。

⑦尽量选用集成度高和表面安装的元器件,以减少元器件数目、减小元件之间的连线长度、电路板的面积与高度,使印刷电路板布局简单,从而大大降低了故障率和受干扰的可能性。

三、MOST 总线技术在汽车上的应用

车载总线中,特别是已经大量应用的 CAN 总线,其规范主要定义了数据链路层和物理层,对应用层等几乎未作说明,这样在具体应用时,要根据设备、车辆或制造商执行不同方案。MOST 总线的提出直接面向应用,为了解决音频和视频等大量数据传输问题,使开发过程具有完善和统一的标准,其规范中不仅定义了用于通信和网络设计的互联网参考模型所有层,还将应用的接口标准化。MOST 网络的结构比较复杂,为了能够对 MOST 网络有一个全面而深入的认识,以便于对后面 MOST 网络系统的设计,本章将从 MOST 网络应用层架构、MOST 网络协议和网络管理等方面对 MOST 网络结构做一介绍。

1. MOST 网络标准简介

为了对 MOST 网络的基本特征有一个整体的把握,本节将从 MOST 网络的拓扑结构、多层模型和节点之间的功能关系等对 MOST 网络的标准做一简单介绍。

1)拓扑结构

MOST 网络规范定义了一种功能强大总线系统。MOST 网络系统允许有不同总线拓扑结构,最常见的如图 1-67 所示的环形拓扑结构。

MOST 网络支持一条物理数据线上同时传送音频和视频等同步数据(Synchronous Data)和数据包形式的异步数据(Asynchronous Data)。MOST 网络系统的经典拓扑结构为环形,各种组件通过一根塑料—光纤连接,每个组件都称为网络的一个节点。MOST 网络系统是一个一点到多点的数据传输网络。系统支持的最大节点数为 64 个。

2)多层模型

MOST 网络模型包含了 ISO/OSI 模型的所有 7 层结

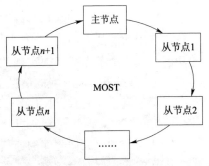

图 1-67 MOST 网络环形拓扑结构

构。ISO/OSI 分层、MOST 网络分层和硬件分层的对应关系,如图 1-68 所示。该图也可以看作是 MOST 网络节点具体实现的功能结构。物理层对应的具体物理器件包括光纤、光纤接头和实现光电转换的收发器或电器电路。数据链路层则是所谓的网络接口控制器(Network Interface Controller,NIC)。网络服务(Network Service)作为应用层和网络接口控制器(数据链路层)之间的中间层,是设备能够与 MOST 网络互联的驱动程序,安装在被称为外部主控制器(External Host Controller,EHC)。新一代的 NIC 被称为智能网络接口控制器(INIC),它已经实现了网络服务的基础部分。

应用层:MOST 网络应用层主要是功能块(Function Block,FBlock)以及其相应的动态特性。功能块定义了由"属性(Properties)"和"方法(Methods)"构成的应用层协议接口。"属性"用于描述功能块的相关属性,"方法"用于执行相应的操作,利用"属性"和"方法",可以对整个 MOST 网络进行控制。

网络服务层:网络服务层可分为基础服务层和应用接口层两部分。基础服务层主要提供了管理网络状态、信息接收/发送驱动和流信道分配等底层服务;应用接口层提供与功能块的接口,包括命令解释等。网络服务层的组成如图 1-69 所示。

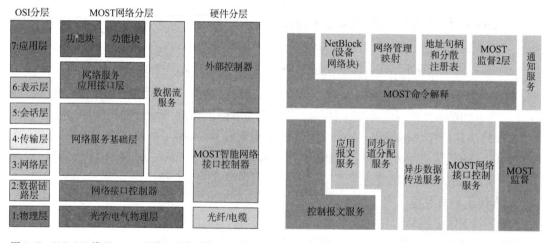

图 1-68 ISO/OSI 模型、MOST 网络和硬件分层对应关系　　图 1-69 网络服务层的组成

3)节点之间的功能关系

从应用的角度看,MOST 网络框架是以功能块为核心,功能块是一系列特定功能(Function)的集合。在 MOST 网络规范中,对功能块的组成和接口都做了详细的规定。MOST 网络规范定义了一些用于网络和节点管理的系统功能块(系统功能块是网络服务的一部分)和具有特定应用功能的应用功能块。这些功能块的定义给出了对某个功能进行操作的接口。有的功能块是每个节点都必须实现的,有的则是根据设备的特定功能选择性实现。站在应用的层面上讲,设备之间交换的信息就是对功能块的某个功能进行某项操作。

根据节点相互关系,可对 MOST 网络系统节点分为人机界面(Human Machine Interface,HMI)、控制器(Controller)和从机(Slave)3 个层次,如图 1-70 所示。

HMI 与音频放大器之间的通信遵循 MOST 网络通信协议。

HMI 的应用层对音频放大器的地址是不可见的,网络服务层完成对音频放大器的寻址及其他辅助信息的操作。

HMI 的 MOST 网络接口控制器,添加 HMI 的地址后将控制命令发送到接收节点。

音频放大器的 MOST 网络接口控制器根据本节点地址被寻址,而接收 HMI 的控制命令。

音频放大器的网络服务层根据功能块等信息对接收到的控制命令做初步分析,将分析结果及需要的操作传到应用层。

音频放大器的应用层根据控制命令做相应操作。

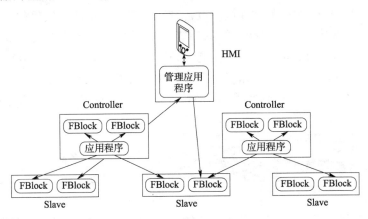

图 1-70　MOST 网络节点功能关系

4)数据链路层和物理层

数据链路层和物理层作为 MOST 网络多层结构中最底部的两层,分别定义了 MOST 总线传输的基本机制和传输介质。

(1)数据链路层:数据链路层定义了 MOST 总线传输的基本机制,包括帧的结构和时间主节点与从节点。每一帧数据由传播流媒体数据的同步数据区(Synchronous Data Area)、传播数据包的异步数据区(Asynchronous Data Area)和专门传输控制数据的控制信道(Control Channel)组成。流数据源(Source)和流数据接收器(Sink)之间可以建立称为信道(Channel)的静态连接。MOST25 的数据帧长度为 512 位,MOST50 的数据帧长度为 1024 位。MOST25 中,每一帧有 2 字节长度用于控制消息的传输,16 帧才能构成一个控制信息块(Block)。

所有的从节点都从传递的数据流中提取出时钟信号,所以所有节点在正常状态下是同步工作的。产生该时钟信号的节点称为时间主节点(Timing Master),通常情况下是由 HMI 充当这个角色的。其他节点都称为时间从节点(Timing Slave),通过锁相环(Phase Locking Loop,PLL)同步上该时钟脉冲。

(2)物理层:MOST25 采用塑料光纤传输介质,数据流的速率大约为 25Mb/s。利用曼彻斯特码进行调制光信号的传输。除了采用光信号传输外,为了扩大 MOST 网络的应用范围,MOST50 中可以采用双绞线作为传输介质。

2. MOST 网络应用层架构

在前面简单介绍 MOST 网络分层模型的基础上,本节将从应用层协议、功能块定义等方面对应用层架构做进一步的介绍。

1)应用协议

在 MOST 网络规范中,定义了一个实现 MOST 网络系统中功能块对应的应用相互交互的通信协议。该通信协议,通过 MOST 网络控制信道传输,也可用于异步信道的通信。

2）数据格式

MOST 网络应用协议的格式,如图 1-71 所示。

设备地址(DeviceId):表示接收者或发送者的地址。功能块标识符(FBlockId):描述功能块的类型,即功能块的属性,如音频设备、被控对象的属性等。小于 0xC0 的功能块标识符,MOST 组织已作了明确的定义;标识符 0xC0～0xEF(不包括 0xC8)之间的功能块由系统集成商定义;0xF0～0xFE 之间的功能块由设备制造商定义。功能块实例(InstId):用于区分同一类型的多个功能块。功能块标识符和功能块实例共同确定功能块地址。函数标识符(FktId):用于区分同一功能块中不同的功能。MOST 网络标准定义了 0x000～0x1FF 的函数标识符,0x200～0x3FF 之间的函数标识符根据相关功能块规范定义,0x400～0x9FF 之间的函数标识符可选择性定义。操作类型(OPType):表示同一函数中不同的操作。数据(Data):表示发送或接收的数据。表 1-5 指出了应用协议各部分具体说明。

| 设备地址 | 功能块标识符 | 功能块实例 | 函数标识符 | 操作类型 | 数据 |

图 1-71 MOST 网络应用协议格式

设备地址、功能块标识符和功能块实例构成编址域;函数标识符和操作类型构成函数域。

表 1-5 MOST 网络应用协议各部分说明

组成	描述	长度	说明
DeviceId	设备地址	16b	(1)在应用水平编程,不用物理地址; (2)0xFFFF 作为通配符,网络服务在确定设备的逻辑地址后加入正确值; (3)广播地址位 0x03C8,寻址所有设备; (4)接收的消息为发送的地址;发送的消息为接收者的地址
FBlockId	功能块标识符	8b	0xFF 作为通配符
InstId	功能块实例	8b	(1)一般功能块的实例编号从 0x01 开始一次递增; (2)0xFF 作为通配符
FktId	函数标识符	12b	功能描述
OPType	操作类型	4b	操作描述
Data	数据域	16b + 0～65535 bytes	(1)有 16b 用于指定参数长度; (2)描述功能的参数

3）动态行为

所谓的动态行为,是指 MOST 网络和节点处于某个状态,或者功能块收到某个指令后必须做出的相应的动作,与网络管理密切相关。

(1)属性查询:前面讲过,功能块可以是一个属性,那么这个属性是可以查询和修改的。如果要查询功能块的属性,过程如下:发送操作类型为 Get 的控制信息。当没有发生错误时,会返回操作类型为 Status 应答信息,属性的具体意义包含在这个消息的数据域里。如果错误,就会返回操作类型为 Error 的错误信息。

(2)方法:同样,功能块可以是一个方法,方法可用于开启一个动作,来改变功能块的状

第一章 汽车电子控制技术基础

态。如果要开启一个方法,发送操作类型为 Start 的控制信息,它不需要立刻返回结果,只有在出错时返回错误信息。

(3)通知机制:通知机制(Notification Mechanism)是 MOST 网络标准中定义的一种特殊的动态行为。如果功能块具有通知机制的功能:它的某些属性值在发生改变或者改变规定的数值时,可以不通过查询命令自动向其他节点通知包含该属性值的消息,而其他节点要做的是在其通知矩阵(Notification Matrix)中对自己感兴趣的属性进行登记。

(4)功能块:功能块说明书对功能块的具体组成进行了定义。每种类型的功能块由功能块标识决定,可用的编号个数为 256 个。MOST 规范定义了一些功能块,一部分用于系统管理,其余用于实现某些应用。表 1-6 为 MOST 网络规范对部分功能块标识的定义。

表1-6 MOST 网络规范对部分功能块标识的定义

类 型	名 称	功能块标识符	说 明
系统管理	NetBlock	0x01	设备网络块
	NetworkMaster	0x02	网络主节点
	ConnectionMaster	0x03	连接管理主节点
	AudioAmplifier	0x22	扬声器
音频	AuxIn	0x24	移动消费电子设备接口
驱动	DVDVideoPlayer	0x34	DVD 播放
视频	Display	0x60	显示
	Camera	0x61	照相

定义功能块时,需要规定功能块包含的函数,及函数的参数。

3. MOST 网络协议

本节以 MOST25 帧为例,通过介绍控制数据、同步数据和异步数据的传输,来了解 MOST 网络的协议。

1) MOST25 帧

在 MOST 总线的物理层,数据的结构是按照帧(Frame)组织的,如图 1-72 所示。帧的长度是固定的,对不同的 MOST 标准,帧的长度不一样。MOST25 帧的长度为 512 位,帧采样率为 44.1kHz 或者 48kHz。

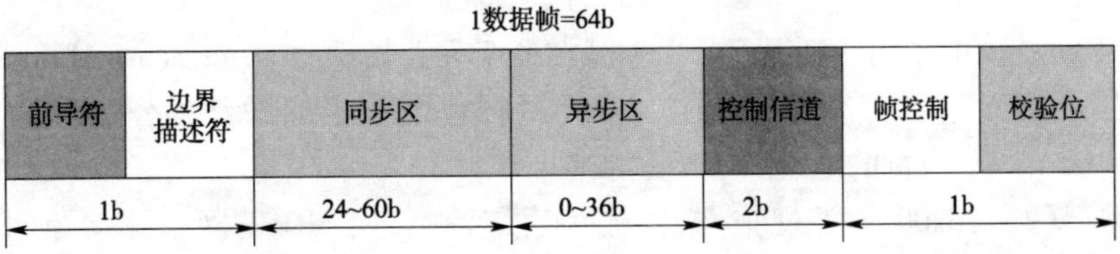

图 1-72 MOST25 帧的结构

每一帧的开始 4 位是前导符(Preamble),每个节点是利用前导符与网络同步的。接下来的 4 位是边界描述符(Boundary Descriptor),边界描述符由时间主节点确定,取值范围 6 ~ 15,表明后面数据段同步区与异步区各自所占的带宽。接下来是同步数据区和异步数据区,两个区共占用 60b,它们的分界靠边界描述符限定,以每 4b(1 quadlet)为单位进行调节,同步区的范围为 24 ~ 60b。紧接着就是 2b 的控制信道,控制数据可以利用控制信道进行传递。

最后一个字节为帧控制,其中最后一位传递的是帧奇偶校验位。

2)控制数据的传输

控制命令在控制信道中传送。控制命令在各层的映射,如图1-73所示。发送控制命令,控制命令以应用协议的形式存在于应用层;控制命令传到网络服务层,将添加设备地址,如果控制命令的数据长度大于12b,那么控制命令将被分段;控制命令传到数据链路层,将打包成控制报文的形式,控制报文将被分配到16个MOST帧中去,以数据块的形式发送出去。每个数据块的第一个帧的前导符具有特殊的格式。

图1-73中控制报文固定的长度为32b,各部分的意义如下。

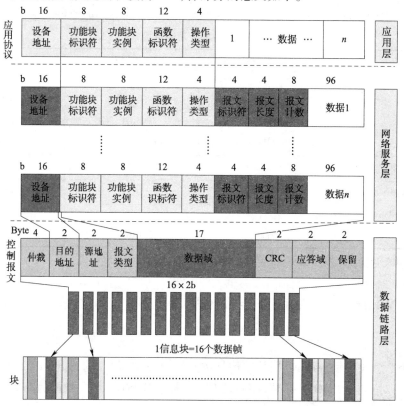

图1-73 控制命令到各层的映射

仲裁(4b):起始的两个帧来实现,根据载波监听多路访问(Carrier Sense Multiple Access,CSMA)机制由MOST网络接口控制器自动产生的仲裁数据,保证总线的公平分配。

地址(4b):4、5b为目的地址,6、7b为源地址。

报文类型(2b):0x00为常规报文,其他为系统消息,由MOST网络接口控制器自己解决,应用程序不可见。

数据(17b):这一部分实际上就是应用协议的数据格式。12b用于传递参数,当参数少于12b时,报文标识符为0,一个报文就能发送完一条完整的控制消息,如果数据格式参数多于12b,报文要分段发送,第一个报文的报文标识符为1,中间报文的报文标识符都为2,最后一个报文的报文标识符为3。12b参数数据中,如果是多段消息,第一个字节还要用于报文计数,传递参数的只有11b。

循环冗余校验(Cyclic Redundancy Check,CRC):用 2b 实现,使接收者确定接收的信息是否有误。

应答域(2b):接收消息方通过应答域将接收成功、缓冲区阻塞或 CRC 错误其中一种接收状态告诉发送方。

3) 异步数据的传输

异步数据在异步区传送。MOST 网络高层协议(MOST High Protocol,MPH)用来传输异步数据。MOST 网络高层协议的结构中,一个数据包中包含若干个数据块,一个数据块包含 256 个帧。

在数据链路层中,异步数据的传递过程为:数据区的可选长度有 1014b 和 48b 两种;准备好发送数据的节点必须等待令牌(Token);传输完一个数据帧后必须将令牌放回网络;由 MOST 网络接口控制器自动产生 CRC 来校验,如果有错误,需要更高层协议来实现重新发送。

4) 同步数据的传输

同步数据在同步区传送,与异步数据共享 60b 的数据域,它们之间的带宽由边界描述符确定。数据传输前,必须利用连接管理功能块通过控制信道建立连接。在智能网络接口控制器中利用套接字(Socket),以 4b 为单位,建立起数据传送专用的信道,配置完后,就可在建立的信道中分别写入和读取数据。在通道中采用分时多路访问(Time-division Multiple Access,TDMA)的方式进行连接。同步数据中既没有发送端地址也没有接收端地址,数据之间的通信完全由控制命令完成。

5) 编址

MOST 网络支持在数据链路层上的 4 种编址方式,如表 1-7 所示。地址的长度均为 16 位。

数据链路层编址　　　　　　表 1-7

地址	范围	说明
物理地址	0x0400 ~ 0x043F	(1) 从时间主节点的 0x0400 开始,其他节点在进入系统锁定后由时间主节点依次根据节点位置定义 (2) 环上最大的节点数为 64 (3) INIC 使用功能 NodePositionAddress 设置
逻辑地址	0x0100 ~ 0x013F(动态) 0x0140 ~ 0x02FF(静态) 0x0500 ~ 0x0FEF(静态)	(1) 所有节点初始逻辑地址为 0xFFFF,上电后,从时间主节点的 0x0100 开始,依次按节点的位置确定 (2) 可以在静态逻辑地址范围内静态分配 (3) INIC 使用功能 NodeAddress 设置
群组地址	0x0300 ~ 0x03C7 0x03C9 ~ 0x03FF	(1) 节点的群组地址 = 0x0300 + FBlockID (2) INIC 使用功能 GroupAddress 设置 (3) 群组地址的控制消息需要一个额外字节的校验和
广播地址	0x03C8	(1) 对所有节点寻址 (2) 广播地址的控制消息需要一个额外字节的校验和

4. 网络管理

除了具有应用功能(音频放大器等)的功能块外,还有一些用于网络管理的功能块,比如设备网络块,电源管理,网络主控块和连接管理块。每个设备必须都实现设备网络块。其他用于网络管理的功能块在一个系统中每一个只能出现一次。规范并没有指定哪个设备来实现这些功能。

(1)设备网络:设备网络块负责一个设备的管理,比如它有一个该设备上实现的所有的功能块的列表,以及管理者与该设备有关的所有地址。

(2)电源管理:电源管理负责 MOST 网络的启动和关闭,监视电源的状态。电源管理本身没有功能块,但有属于自己的功能块标识符。

(3)网络主节点和网络从节点:网络主节点(Network Master)会启动系统和管理网络状态。在环上的所有其他节点称为网络从节点(Network Slave)。

(4)连接管理:连接管理块负责同步信道连接的建立和断开,它的实现是可选的。连接管理的基本操作如图1-74所示。一个连接命令发起,启动连接管理功能块,建立连接过程。此过程中,在同步数据区分配必要的带宽,报告数据源和目的信道的数量。

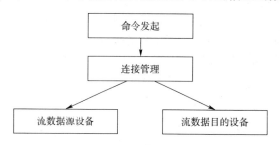

图1-74　连接管理基本操作

第二章　发动机电子控制系统

第一节　汽油发动机电控燃油喷射系统

汽油发动机燃油喷射技术最早是在航空发动机上使用,到20世纪50年代开始应用于赛车的二冲程发动机。1954年,德国奔驰汽车公司在其生产的300BL四冲程发动机上使用了燃油喷射技术。以上都是机械控制汽油缸内喷射,1958年,奔驰公司推出了进气管内喷射式220SE发动机。最初的机械控制燃油喷射技术实际上就是使用了由发动机驱动的喷射泵,其最大的缺点是安装性差、性能提高有限、成本高。电控燃油喷射技术的研究与开发始于20世纪50年代,1953年美国本迪克斯(Bendix)公司开始着手开发电子控制燃油喷射装置(Electrojector),并在4年后公布了他们的成果。德国博世(Bosch)公司购买了本迪克斯的专利并加以改进,于1967年推出了D-Jetronic电控燃油喷射装置。1968年,德国大众汽车公司首次将博世公司研制的D-Jetronic应用于轿车上。此后,美国、日本等国的汽车公司也纷纷在自己生产的轿车上装用电子控制燃油喷射装置。1972年,博世公司又推出了博世L-Jetronic电控燃油喷射装置和K-Jetronic机械控制燃油喷射装置。1980年,美国通用(GM)和福特(Ford)公司又推出了单点喷射式电子控制汽油喷射装置(SPI)。近几年来,性能更好、技术要求更高的缸内喷射式电子控制燃油喷射技术也已在研究与开发之中。由于传统的化油器其结构原理本身的原因,使得化油器式发动机的油耗降低和排污控制水平进一步提高受到了限制。因此,被性能更高的电控燃油喷射装置取代是必然的。如今,电控燃油喷射式发动机的应用已基本普及。

一、汽油发动机电控燃油系统分类

到目前为止,汽车上使用的电控燃油喷射装置有多种结构形式,下面以不同的分类方法予以概括。

1. 按喷油和供油量的控制方式不同分

按喷油和供油量的控制方式大致可分为3类。①机械控制方式。通过油路中的压力油顶开喷油器实现喷油,由空气流量计的感知板根据进气管空气流量动作,并通过柱塞式比例阀的联动来控制喷油量。这种机械控制方式在工作过程中喷油器连续喷油,通过控制喷射流量来调节空燃比。②机电混合控制方式。实际上是机械控制方式的改进型,增设了一个由电子控制器控制的电液流量调节器,使其适应性和控制功能得以提高。③电子控制方式。电子控制器根据发动机各传感器输入的信号产生适当的喷油控制脉冲,控制电磁阀式喷油器喷油,其组成与原理如图2-1所示。电子控制方式工作中为间歇喷油,其喷油压力一定,通过喷油的时间(喷油控制脉冲的宽度)来控制喷油量。

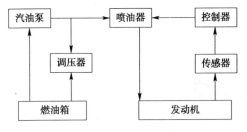

图 2-1　电子控制燃油喷射原理框图

2. 按喷油器的位置不同分

1）缸内喷射式

喷油器安装在发动机汽缸盖上,汽油直接喷射到汽缸内。这种喷射方式其喷油的压力高,喷射的时间要求很严,且喷油器要承受高温、高压,其结构较为复杂。因此,缸内喷射式是在早期的机械控制燃油喷射装置中被采用。近年来,人们又致力于研究开发缸内喷射式电子控制燃油喷射装置,其目的使发动机能满足更高的动力性、经济性和排放控制要求。

2）缸外喷射式

缸外喷射式又分单点喷射(SPI)和多点喷射(MPI)两种形式,如图 2-2 所示。

(1)单点喷射式(SPI)。燃油喷射装置有一个或两个喷油器,安装在节气门体处,因此,也被称之为节气门体式燃油喷射装置。SPI 的控制精度稍低于 MPI,但执行机构简单、成本较低、工作可靠性相对较高。从 20 世纪 80 年代开始,SPI 在一些汽车上得到了应用。

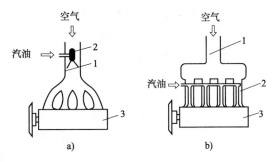

图 2-2　单点喷射与多点喷射示意图
a)单点喷射(SPI);b)多点喷射(MPI)
1-节气门;2-喷油器;3-发动机

(2)多点喷射式(MPI)。燃油喷射装置有与发动机汽缸数相等的喷油器,安装在进气门处的进气歧管上。这种喷射方式燃油的控制精度、喷油变化灵敏度等均优于单点喷射,是目前广泛采用的燃油喷射装置。多点喷射又有同时喷射、分组喷射和单独喷射等 3 种控制方式(图 2-3)。

同时喷射方式:按发动机转动节拍各缸喷油器同时喷油,可只用一个喷油器驱动电路,结构简单,空燃比的控制精度相对较低。分组喷射方式:将喷油器分成两组或 3 组,按发动机转动节拍各组交替同时喷油。分组同时喷射方式其控制精度有所提高,但增加了喷油器驱动电路,且需要分组汽缸识别信号,控制电路相对要复杂一些。独立喷射方式:各缸喷油器按照发动机汽缸的工作顺序喷油,各缸独立喷射可相对于各缸的每次燃烧所需喷油量都设定一个最佳的喷射时刻,因此,可以展宽稀薄空燃比界限,进一步降低油耗。这种喷射方式需要汽缸识别信号及与汽缸数相等的喷油器驱动电路,因此,其控制电路的结构更为复杂。

3. 按博世(Bosch)公司的命名方式分

德国的博世公司生产的燃油喷射装置最具代表性,应用也较广泛,许多其他公司生产的燃油喷射装置也是由博世公司的产品演变而成。因此,燃油喷射装置按照博世公司的命名方式分类也比较流行。按博世公司的命名方式,燃油喷射装置主要分为三大系列,即 K 型、D 型和 L 型。

(1)K 型。即博世公司的 K-Jetronic。是一种机械控制单点连续喷射式燃油喷射装置。

(2)KE 型。即 K 型的改进型,是一种机电混合式燃油喷射装置。

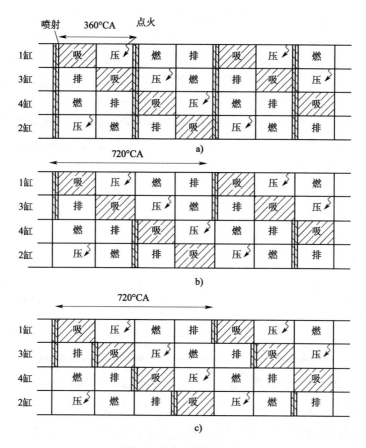

图 2-3 多点喷射控制方式
a)同时喷射方式；b)分组喷射方式；c)单独喷射方式

（3）D 型。即博世公司的 D-Jetronic。一种压力型（速度密度）空气流量检测方式的电子控制燃油喷射系统，用压力传感器检测进气管的压力，并再根据发动机的转速推算出进入发动机的空气量。属此类燃油喷射装置的有：丰田公司的 EFI-D、本田公司的 PGM-FI、大发公司的 EFI、通用公司的 MFI、福特公司的 PFI 等。

（4）L 型。即博世公司的 L-Jetronic。一种流量型（质量流量）空气流量检测方式的电子控制燃油喷射系统，直接用空气流量传感器检测进气流量确定发动机的进气量。与之同种类型的如丰田公司的 EFI、马自达公司的 EGI、铃木公司的 EPI、美国通用公司的 SFI 和 TPI 等。

二、喷油量的控制

喷油量的控制亦即喷油器喷射时间的控制，要使发动机在各种工况下都处于良好的工作状态，必须精确地计算基本喷油持续时间和各种参数的修正量，其目的使发动机燃烧混合气的空燃比符合要求。尽管发动机型号不同，基本喷油持续时间和各种修正量的值不同，但其确定方式和对发动机的影响却是相同的。

1. 起动喷油控制

在发动机起动时，由于转速波动大，无论 D 型燃油喷射系统中的进气压力传感器还是 L

型燃油喷射系统中的空气流量计,都不能精确地测量进气量,进而确定合适的喷油持续时间,因此,起动时的基本喷油时间不是根据进气量(或进气压力)和发动机转速计算确定的,而是 ECU 根据起动信号和当时的冷却液温度,由内存的冷却液温度—喷油时间图(见图 2-4 找出相应的基本喷油时间,然后加上进气温度修正时间和蓄电池电压修正时间,计算出起动时的喷油持续时间,如图 2-5 所示。

由 THW 信号查冷却液温度—喷油时间图得出基本喷油时间,根据进气温度传感器 THA 信号对喷油时间进行修正。由于喷油器的实际打开时刻较 ECU 控制其打开时刻存在一段滞后,如图 2-6 所示,造成喷油量不足,且蓄电池电压越低,滞后时间越长,故需对电压进行修正。

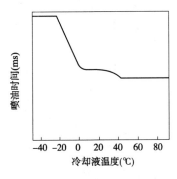

图 2-4 冷却液温度—喷油时间图

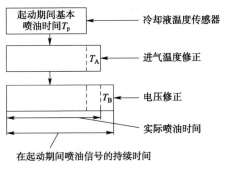

图 2-5 喷油时间的确定

2. 起动后的喷油控制

发动机转速超过预定值时,ECU 确定的喷油信号持续时间满足下式:

喷油信号持续时间 = 基本喷油持续时间 × 喷油修正系数 + 电压修正值

式中,喷油修正系数是各种修正系数的总和。

1) 基本喷油时间

D 型 EFI 系统的基本喷油时间可由发动机转速信号(Ne)和进气管绝对压力信号(PIM)确定。D 系统的 ECU 内存有一个基本喷油时间三维图(三元 MAP 图),如图 2-7 所示。它表明了与发动机各种转速和进气管压力对应的基本喷油时间。

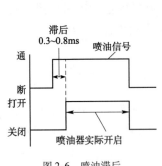

图 2-6 喷油滞后

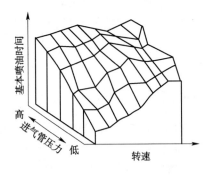

图 2-7 基本喷油时间三维图

根据发动机转速信号和进气管压力信号确定喷油量,是以进气量与进气管压力成正比为前提的,这一前提只在理论上成立。实际工作中,进气脉动使充气效率变化,进行再循环的排气量的波动也影响进气量测量的准确度。因此,由 MAP 图计算的仅为基本喷油时间,ECU 还必须根据发动机转速信号对喷油时间进行修正。

L 型 EFI 系统的基本喷油时间由发动机转速和空气量信号确定。这个基本喷油时间是实现既定空燃比(一般为理论空燃比:$A/F=14.7$)的喷射时间。

2)起动后各工况下喷油量的修正

在确定基本喷油时间的同时,ECU 由各种传感器获得发动机运行工况信息,对基本喷油时间进行修正。

(1)起动后加浓。发动机完成起动后,点火开关由起动(STA)位置转到接通点火(ON)位置,或发动机转速已达到或超过预定值,ECU 额外增加喷油量,使发动机保持稳定运行。喷油量的初始修正值根据冷却液温度确定,然后以一固定速度下降,逐步达到正常。

(2)暖机加浓。冷机时,燃油蒸发性差,为使发动机迅速进入最佳工作状态,必须供给浓混合气。

在冷却液温度低时,ECU 根据冷却液温度传感器(THW)信号相应增加喷射量,由图 2-8 可见,冷却液温度在 -40℃时加浓量约为正常喷射量的两倍。

暖机加浓还受节气门位置传感器中的怠速触点(IDL)接通或断开控制,根据发动机转速,ECU 使喷油量有少量变化。

(3)进气温度修正。发动机进气密度随发动机的进气温度而变化,ECU 根据 THA 信号修正喷油持续时间,使空燃比满足要求。通常以 20℃为进气温度信号的标准温度,低于 20℃时,空气密度大,ECU 增加喷油量,使混合气不致过稀;进气温度高于 20℃时,空气密度减小,ECU 使喷油量减少,以防混合气太浓。增加或减少的最大修正量约为 10%。由进气温度修正曲线可见,修正约在进气温度 -20~60℃之间进行,如图 2-9 所示。

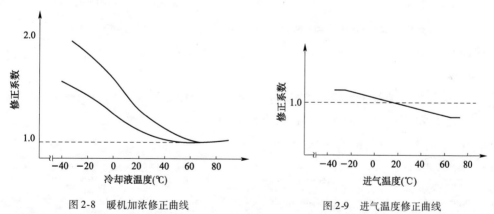

图 2-8 暖机加浓修正曲线   图 2-9 进气温度修正曲线

(4)大负荷加浓。发动机在大负荷工况下运转时,要求使用浓混合气以获得大功率。ECU 根据发动机负荷增加喷油量。

发动机负荷状况可以根据节气门开度或进气量的大小确定,故 ECU 可根据进气压力传感器、空气流量计、节气门位置传感器输送的信号判断发动机负荷状况,决定相应增加的燃油喷射量。大负荷的加浓量约为正常喷油量的 10% ~ 30%。有些发动机的大负荷加浓量还与冷却液温度信号(THW)有关。

(5)过渡工况空燃比控制。发动机在过渡工况下运行时(即汽车加速或减速行驶),为获得良好的动力性、经济性、响应性,空燃比应作相应变化,即需要适量调整喷油量。

使 ECU 检测到相应工况的信号有:进气管绝对压力(PIM)或空气量、发动机转速(Ne)、车速(SPD)、节气门位置、空挡起动开关(NSW)和冷却液温度(THW)。

(6)急速稳定性修正(只用于 D 型 EFI 系统)。在 D 型 EFI 系统中,决定基本喷油时间的进气管压力,在过渡工况时,相对于发动机转速将产生滞后。节气门以下进气管容积越大,急速时发动机转速越低,这种滞后时间越长,急速就越不稳定。进气管压力变动,发动机转矩也变动。由于压力较转速滞后,转矩也较转速滞后,造成发动机转速上升时,转矩也上升;转速下降时,转矩也下降。

为了提高发动机急速运转的稳定性,ECU 根据 PIM 和 Ne 信号对喷油量作修正。随压力增大或转速降低,增加喷油量;随压力减少或转速增高,减少喷油量,如图 2-10 所示。

3)断油控制

(1)减速断油发动机在高速下运行急减速时,节气门完全关闭,为避免混合气过浓、燃料经济性和排放性能变差,ECU 停止喷油。当发动机转速降到某预定转速之下或节气门重新打开时,喷油器投入工作,如图 2-11 所示。冷却液温度低或空调机工作需要增加输出功率时,断油和重新恢复喷油的转速较高。

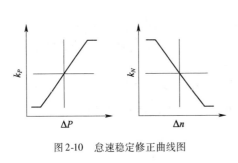

图 2-10 急速稳定修正曲线图

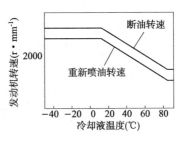

图 2-11 减速断油控制

(2)发动机超速断油。为避免发动机超速运行,发动机转速超过额定转速时,ECU 控制喷油器停喷。

(3)汽车超速行驶断油。某些汽车在汽车运行速度超过限定值时,停止喷油。ECU 根据节气门位置、发动机转速、冷却液温度、空调开关、停车灯开关及车速信号完成上述断油控制。

4)异步喷射

(1)起动喷油控制。在有些电控汽油喷射系统中,为了改善发动机的起动性能,在起动时使混合气加浓。除了一般正常的曲轴转一周喷一次油外,在起动信号 STA 处于接通状态时,ECU 从 G(G1 或 G_2)信号后探测到第一个 Ne 信号开始,以一个固定喷油持续时间,同时向各缸增加一次喷油。

(2)加速喷油控制。发动机从急速工况向起步工况过渡时,由于燃油惯性等原因,会出现混合气稀的现象。为了改善起步加速性能,在普通电控燃油喷射系统中,ECU 根据 IDL 信号从接通到断开时,增加一次固定喷油持续时间的喷油。在综合控制的系统中,ECU 在 IDL 信号从接通到断开后探测到第一个 Ne 信号时,增加一次固定喷油持续时间的喷油。

在有些发动机中,当节气门急速开启或进气量突然变大时(急加速),为了提高加速响应特性,仅在加速期间,在同步喷射的基础上再加上异步喷射。

三、发动机电控燃油系统组成

电子控制燃油喷射系统由供油系统、空气供给系统和电子控制系统3部分组成。一典型的电子控制燃油喷射系统构成如图2-12所示。

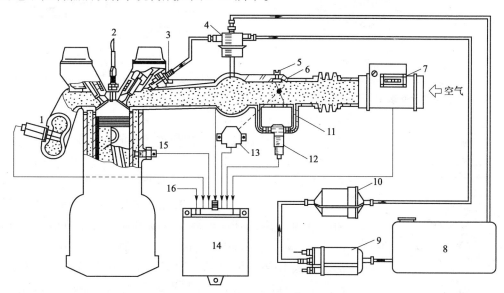

图2-12 电子控制燃油喷射系统的构成

1-氧传感器;2-火花塞;3-喷油器;4-燃油压力调节器;5-怠速调整螺钉;6-怠速旁通道;7-空气流量传感器(热丝式);8-燃油箱;9-燃油滤清器;10-燃油泵;11-怠速辅助空气通道;12-怠速调节电磁阀;13-节气门位置传感器;14-电子控制器;15-发动机冷却液温度传感器;16-燃油泵电动机连接导线

1. 燃油供给系统

燃油供给系统主要由燃油箱、燃油泵、燃油滤清器、燃油压力调节器及喷油器等组成。工作时,电动燃油泵将燃油箱的汽油源源不断地泵出,经燃油滤清器滤除去杂质和水分后,在由燃油压力调节器的调节作用下,使喷油器内的燃油压力始终保持为一定值。喷油器在电子控制器的控制脉冲作用下间歇喷油,将适量的燃油喷入进气管,与空气混合形成空燃比适当的可燃混合气。

1)燃油泵

燃油泵主要由直流电动机和油泵组成,根据其油泵的结构与原理不同,燃油泵可分为滚柱式、叶片式(涡轮式)、齿轮式等。图2-13所示为滚柱式燃油泵的结构图。燃油泵中安全阀的作用是防止供油管路中的油压过高,而单向阀的作用是在燃油泵停止工作时,使燃油管路中保持一定的油压,以便在发动机再次起动时能及时供油而易于起动。燃油泵有油箱内、油箱外两种安装形式,滚柱式燃油泵的自吸能力较强,因此,有安装在燃油箱内的,也有安装在油箱外面的。自吸能力较差的燃油泵(比如叶片泵)一般都采用内装形式。

滚柱式燃油泵所泵出的燃油脉动较大,因此,有的燃油喷射系统在输油管路中串接一个燃油脉动缓冲器(图2-14),以减小输油输出管路中燃油的脉动。

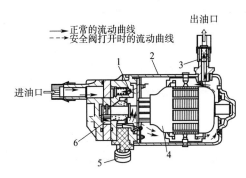
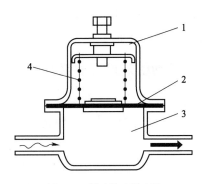

图 2-13 滚柱式燃油泵
1-安全阀;2-泵壳;3-单向阀;4-电动机;5-燃油泵电动机插接器;6-滚柱式燃油泵

图 2-14 燃油脉动缓冲器
1-大气室;2-膜片;3-燃油室;4-弹簧

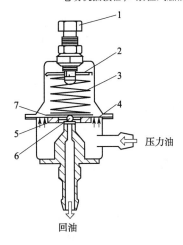

图 2-15 绝对压力调节器
1-调节螺钉;2、7-弹簧座;3-弹簧;4-膜片;5-阀托盘;6-阀球

2)燃油压力调节器

燃油压力调节器的作用使喷油器的喷油压力稳定,以保证控制器通过喷油时间控制空燃比的精确度。燃油压力调节器有绝对压力调节和相对压力调节两种形式。

(1)绝对压力调节器。其结构如图 2-15 所示。当燃油压力超过调定值时,压力油就会推动膜片上移而使出油阀开启,部分压力油经出油阀、回油管流回燃油箱,使油压降低。当燃油压力低于调定的压力时,弹簧力使膜片下移而关闭出油阀,油压又会回升。绝对压力调节器通过膜片根据油压变化的振动,使燃油压力稳定在一个恒定值。通过调节螺钉改变弹簧的张力即可调整压力调节器的绝对压力调节值。绝对压力调节器的不足是当进气管的压力发生变化时,喷油压力与进气管的压力差就会随之改变,从而导致喷油量发生变化。为此,采用这种压力调节器,其电子控制器需根据进气管压力的变化对喷油器的喷油时间作适当的修正。

(2)相对压力调节器。如图 2-16 所示,与绝对压力调节器的主要区别在于膜片的弹簧侧通过一真空管与进气歧管相通,使得进气歧管压力的变化对弹簧侧的作用力产生影响。如果进气歧管的压力降低了 Δp,就会在燃油管的压力比原设定的值低 Δp 时就推动膜片上移而使出油阀被打开,也就是说,喷油器的喷油压力也降低了 Δp。由于喷油压力随进气歧管的压力变化而相应改变,使得喷油器的喷油压力与进气歧管的压力差保持恒定,因此,采用相对压力调节器时,进气歧管压力的变化不会对喷油量造成影响。

3)喷油器

喷油器是电磁阀类执行器,其作用是根据电子控制器的喷油脉冲信号将适量的燃油喷射到进气歧

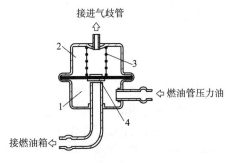

图 2-16 相对压力调节器
1-燃油室;2-真空室;3-弹簧;4-出油阀

管中。喷油器的结构类型较多,有适用于多点喷射和单点喷射两种不同的喷油器,两种喷油器又各有不同的结构形式。比如,用于多点喷射的喷油器按其阀的结构不同分,主要有针阀式、球阀式和片阀式 3 种;按喷口数量分,则有单喷口、双喷口和多喷口等几种结构类型;按其电磁线圈的电阻不同分,则有低电阻型(一般为2~3Ω)和高电阻型(一般为 13~17Ω)两种。

图 2-17 是一种适用于多点喷射的针阀式喷油器,其工作原理如下。电磁线圈通电,产生的电磁力使铁芯克服弹簧力而移动,与铁芯为一体的针阀被打开,压力油便从喷口喷出。电磁线圈断电,其电磁力消失,铁芯在弹簧力作用下迅速复位,针阀关闭,喷油器立即停止喷油。

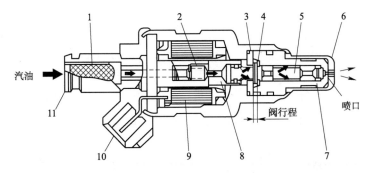

图 2-17　喷油器的结构

1-滤网;2-弹簧;3-调整垫片;4-凸缘部;5-针阀;6-壳体;7-阀体;8-阀行程;9-铁芯;10-电磁线圈;11-油管接头

4)无回油管汽油供给系统

(1)普通汽油供给系统的问题。用安装在发动机附近的回油管将汽油压力调节器控制的多余汽油引回油箱,使得流回燃油箱的汽油有较多的时间和空间吸收发动机的热量,其温度较高,流入燃油箱后,将导致油箱内油温升高,因而带来如下问题:

①加速了油箱内燃油蒸发速度,使得油箱内燃油蒸气压力升高,增加了燃油蒸发排放控制系统的工作负荷。

②热机起动时,由于泵入供油管路的汽油温度较高,部分汽油汽化而使喷油量减少,从而导致发动机的热机起动性能下降。

③由于回油经供油管路、燃油分配管后再经回油管路流回燃油箱,燃油泵运行损耗功率较大。

(2)无回油管汽油供给系统的结构特点。无回油管供油系统是将电动燃油泵、汽油滤清器、油压调节器及相应的油管等集成在一起,安装在汽油箱内。无回油管汽油供给系统在燃油箱外无回油管,工作时,在汽油箱内进行燃油压力的调节,多余的汽油在油箱内就完成了回流,通过供油管向连接各喷油器的燃油分配管提供恒定压力的汽油。

无回油管汽油供给系统避免了温度较高的回油进入油箱而导致油温升高,减小了油箱内燃油蒸发速度,降低了蒸发排放控制系统的工作负荷,并可提高热机起动性能。此外,无回油供油系统油箱外的连接件少,便于安装,并可减少燃油的渗漏损失。

无回油管汽油供给系统已在部分汽车上得到了应用,提高了汽油箱的燃油存储容量,但汽油滤清器不能单独更换。

2. 空气供给系统

空气供给系统主要由空气滤清器、进气管道、节气门及节气门体、怠速辅助空气通道及怠速调节电磁阀、进气歧管等组成。在汽缸进气行程真空吸力作用下,适量的空气经空气滤清器滤清后,经节气门和(或)怠速通道到进气歧管,与喷油器喷出的汽油混合后从进气门进入汽缸。

在汽车运行时,空气的流量由节气门开度控制。发动机处于怠速工况时,节气门关闭,空气由怠速旁通道和怠速辅助通道进入汽缸。通过怠速调节螺钉改变怠速旁通道的通气量,可调整发动机的怠速;电子控制器通过控制怠速调节电磁阀,可调节怠速辅助空气通道的空气流量,以实现发动机怠速的自动控制。

3. 电子控制系统

1) 燃油喷射电子控制系统的组成

不同车型上使用的电子控制燃油喷射系统的组成及电路结构不完全相同,一种采用量板式空气流量传感器。

2) 冷起动喷油器控制电路

冷起动喷油器一般只有一个,安装在进气总管处,由热时间开关控制,或用热时间开关与ECU共同控制。

3) 燃油喷射系统电源控制电路

电子控制器主电源由点火开关通过主继电器控制,另有一个直接连接蓄电池的电源,以便在点火开关关断时,使储存故障信息和学习修正参数的RAM继续保持通电。电子控制器电源控制电路结构形式如图2-18所示。

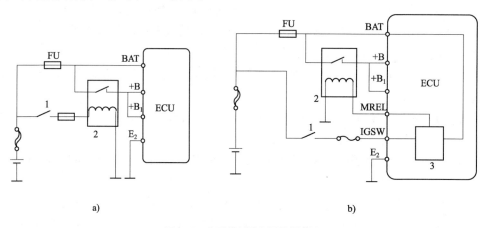

图2-18 电子控制器电源控制电路
a) 点火开关直接控制; b) 点火开关与ECU控制
1-点火开关; 2-主继电器; 3-主继电器控制电路

图2-18b所示的主继电器受ECU控制,点火开关接通时,ECU的IGSW端子通电,通过ECU内部主继电器控制电路使ECU的MREL端子通电,接通主继电器线圈而使其触点闭合,使ECU主电源接通。这种控制方式可使ECU在点火开关关断后的2s左右的时间内,通过内部的主继电器控制电路能继续维持MREL端子通电,可使ECU的电源在点火开关断开后仍能保持2s左右的时间。

4）燃油泵控制电路

对燃油泵控制电路的要求是：在发动机起动时，燃油泵立即投入工作；在发动机正常工作时，使燃油泵保持正常工作；发动机一旦熄火，应使燃油泵立即停止工作。空气流量传感器带燃油泵开关的燃油泵控制电路如图2-19所示。起动时，由起动开关接通燃油泵继电器线圈 L_2 电路，使触点 K_2 闭合，燃油泵即开始通电工作；起动后，起动开关断开，但空气流量传感器内的燃油泵开关闭合，使 L_1 通电，燃油泵继电器触点 K_2 保持闭合，燃油泵保持正常工作。发动机熄火时，空气流量传感器内的燃油泵开关随即断开，燃油泵继电器线圈断电，使触点 K_2 断开，燃油泵立即停止工作。

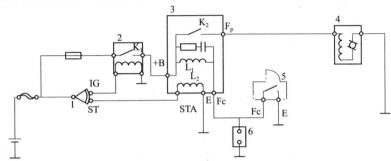

图2-19 由燃油泵开关控制的燃油泵控制电路

1-点火开关；2-主继电器；3-燃油泵继电器；4-燃油泵；5-空气流量传感器中的燃油泵开关；6-燃油泵诊断插座

由 ECU 控制的燃油泵控制电路如图2-20所示。发动机工作时，ECU 接收到发动机转速传感器的电信号，并通过内部控制电路使燃油泵继电器线圈 L_1 通电，触点 K_2 保持闭合，燃油泵正常通电工作；发动机熄火时，发动机转速传感器无信号输入，ECU 内部电路立即使 L_1 断电，K_2 断开，燃油泵立即停止工作。

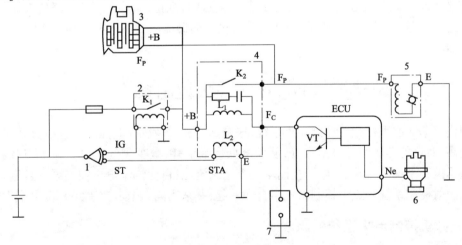

图2-20 由 ECU 控制的燃油泵控制电路

1-点火开关；2-主继电器；3-故障诊断插座；4-燃油泵继电器；5-燃油泵；6-发动机转速传感器；7-ECU

5）喷油器控制电路

喷油器的驱动方式有电压驱动和电流驱动两种方式。电压驱动高电阻值的喷油器其动态响应较差。减少喷油器电磁线圈的匝数，使其电感量减小，可提高喷油器的动态响应速度,但由于使喷油器的阻抗也减小了,会使电磁线圈的工作电流过大而容易过热损坏。因此,电压驱动的低电阻型喷油器,在其驱动电路中需串联附加电阻,用以降低其工作电流。电流驱动方式的特点是电流上升很快,可使喷油器阀迅速全开,然后控制电路又使电流减小至仅能维持喷油器阀打开的电流,以防止电磁线圈过热。电流驱动的喷油器控制电路如图2-21所示。

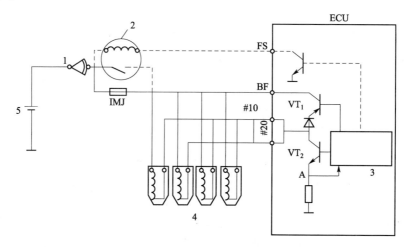

图2-21 电流驱动喷油器控制电路
1-点火开关;2-安全主继电器;3-喷油器驱动电路;4-喷油器;5-蓄电池

接通点火开关时,喷油器通过安全主继电器(或INJ熔断丝)与蓄电池相连接。当喷油控制脉冲到来时,喷油器驱动电路使VT_1导通,喷油器电磁线圈的电流迅速上升,并使喷油器阀迅速全开。蓄电池电压为14V时,其峰值电流可达到8A。喷油器电磁线圈电流的上升使A点的电位升高至设定值时,喷油器驱动电路使VT_1截止,而后在驱动电路的控制下,VT_1不断地导通或截止,其变化频率为20kHz,使通过喷油器电磁线圈的电流约为2A左右,以保持喷油器阀的全开状态。

第二节 电子点火控制系统

现代汽车普遍采用微机控制点火系统,这是因为利用微机控制点火不仅点火能量大、控制精度高,而且能够燃烧稀薄混合气,从而降低燃油消耗、减少废气排放。为了充分利用发动机电子控制系统的传感器、电子控制单元等系统资源,目前汽车电子控制系统普遍将发动机燃油喷射控制系统与点火控制系统组合在一起,并采用同一个电控单元ECU进行控制。

一、微机控制点火系统的组成

微机控制点火系统主要由凸轮轴位置(上止点位置)传感器CIS、曲轴位置传感器CPS、空气流量(负荷)传感器AFS、节气门位置(负荷)传感器TPS、冷却液温度传感器CTS、进气温度传感器IATS、车速传感器VSS、爆震传感器DS、各种控制开关、电控单元ECU、点火控制器、点火线圈以及火花塞等组成,桑塔纳2000GSi型轿车微机控制直接点火系统组成如图2-22所示。

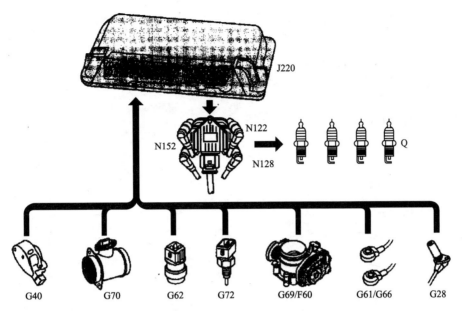

图 2-22　桑塔纳 2000GSi 型轿车微机控制直接点火系统组成

G40-凸轮轴位置传感器;G70-空气流量传感器;G62-冷却液温度传感器;G72-进气温度传感器;G69-节气门位置传感器;F60-怠速触点开关;G61、G66-爆震传感器;G28-曲轴位置传感器;J220-电控单元;N152-点火控制组件;N122-点火控制器;N128-点火线圈;Q-火花塞

1. 传感器

传感器用来检测与点火有关的发动机工作和状况信息,并将检测结果输入 ECU,作为计算和控制点火时刻的依据。虽然各型汽车采用的传感器的类型、数量、结构及安装位置不尽相同,但是其作用都大同小异,而且这些传感器大多与燃油喷射系统、怠速控制系统等共用。

2. 电子控制单元（ECU）

现代汽车发动机大多数都采用集中控制系统,其中微机控制点火系统仅是电子控制器的一个子系统。电子控制单元 ECU 既是燃油喷射控制系统的控制核心,也是点火控制系统的控制核心。在 ECU 的只读存储器 ROM 中,除存储有监控和自检等程序之外,还存储有由台架试验测定的该型发动机在各种工况下的最佳点火提前角。随机存储器 RAM 用来存储微机工作时暂时需要存储的数据,如输入/输出数据、单片机运算得出的结果、故障代码、点火提前角修正数据等,这些数据根据需要可随时调用或被新的数据改写。CPU 不断接收上述各种传感器发送的信号,并按预先编制的程序进行计算和判断后,向点火控制器发出最佳点火提前角和点火线圈初级电路导通时间的控制信号。

3. 点火控制器

点火控制器又称为点火电子组件、点火器或功率放大器,是微机控制点火系统的功率输出级,它接受 ECU 输出的点火控制信号并进行功率放大,以便驱动点火线圈工作。

微机控制点火系统采用的点火线圈、火花塞等部件的结构原理与电子点火系统基本相同,故不赘述。

二、微机控制点火系统的控制原理

微机控制点火系统的控制原理如图 2-23 所示,曲轴位置传感器 CPS 向 ECU 提供发动机转速、曲轴转角信号,转速信号用于计算确定点火提前角,转角信号用于控制点火时刻(点火提前角)。空气流量传感器 AFS 和节气门位置传感器 TPS 向 ECU 提供发动机负荷信号,用于计算确定点火提前角。冷却液温度信号 CTS、进气温度信号 IATS、车速信号 VSS、空调开关信号 A/C 以及爆震传感器 DS 信号等等,用于修正点火提前角。

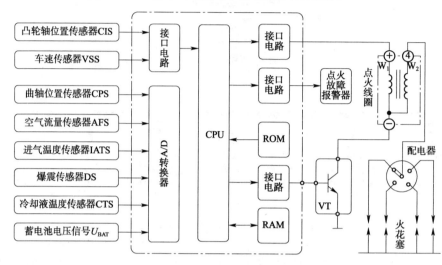

图 2-23　微机控制点火系统的控制原理

发动机工作时,CPU 通过上述传感器把发动机的工况信息采集到随机存储器 RAM 中,并不断检测凸轮轴位置传感器信号(即标志位信号),判定是哪一缸即将到达压缩上止点。当接收到标志信号后,CPU 立即开始对曲轴转角信号进行计数,以便控制点火提前角。与此同时,CPU 根据反映发动机工况的转速信号、负荷信号以及与点火提前角有关的传感器信号,从只读存储器中查询出相应工况下的最佳点火提前角。在此期间,CPU 一直在对曲轴转角信号进行计数,判断点火时刻是否到来。当曲轴转角等于最佳点火提前角时,CPU 立即向点火控制器发出控制指令,使功率三极管 VT 截止,点火线圈初级电流切断,次级绕组产生高压,并按发动机点火顺序分配到各缸火花塞跳火点着可燃混合气。

三、微机控制点火系统点火提前角的确定

汽油发动机的可燃混合气在汽缸内燃烧不是瞬时完成的,需要先经诱导期,然后才能进入猛烈的明显燃烧期。因此,要使发动机发出最大的功率,混合气不应在压缩行程上止点处点火而应适当地提早一些。通常把发动机发出功率最大和油耗最少的点火提前角称为最佳点火提前角。点火提前角大小直接影响发动机的输出功率、油耗、排放等。发动机工况不同,需要的最佳点火提前角也不相同,怠速时的最佳点火提前角是为了使怠速运转平稳、降低有害气体排放量和减少燃油消耗量;部分负荷时的最佳点火提前角是为了减少燃油消耗量和有害气体排放量,提高经济性和排放性能;大负荷时的最佳点火提前角是为了增大输出转矩,提高动力性能。

微机控制的点火提前角 θ 由初始点火提前角 θ_i、基本点火提前角 θ_b 和修正点火提前角 θ_c 组成,即:

$$\theta = \theta_i + \theta_b + \theta_c$$

1. 初始点火提前角 θ_i

初始点火提前角又称为固定点火提前角，其值大小取决于发动机类型，并由曲轴位置传感器的初始位置决定，一般为上止点前 6°～12°，如桑塔纳 2000GLi 型轿车为上止点前 8°，在下列情况时，实际点火提前角等于初始点火提前角：

(1) 发动机起动时转速变化大，空气流量不稳定，进气量传感器输出的流量信号就不稳定，点火提前角不能准确控制，所以采用固定的初始点火提前角进行控制；

(2) 发动机转速低于 400r/min 时；

(3) 检查初始点火提前角有 3 个条件：一是诊断插座测试端子短路；二是怠速触点 IDL 闭合；三是车速低于 2km/h 以下。

2. 基本点火提前角 θ_b

基本点火提前角是发动机最主要的点火提前角，是设计微机控制点火系统时确定的点火提前角。由于发动机本身的结构复杂，影响点火的因素较多，理论推导基本点火提前角的数学模型比较困难，而且很难适应发动机的运行状态。因此，国内外普遍采用台架试验方法，利用发动机最佳运行状态下的实验数据来确定基本点火提前角。

首先测试发动机转速与最佳点火提前角的特性，试验时节气门全开（排除真空度的影响），在每一转速下，逐渐增加点火提前角，直至得到最大功率为止，此时对应的点火提前角即为该转速下的最佳点火提前角。用同样方法测出不同转速下的最佳点火提前角，即可绘出一族转速与最佳点火提前角的特性曲线。然后测试发动机负荷（真空度）与最佳点火提前角的特性，将发动机固定在某一转速，调节真空度大小，在每一真空度下将点火提前角逐渐增加，直到测得最大功率为止。改变发动机转速，用同样方法测出不同真空度下的最佳点火提前角，即可绘一族发动机负荷与最佳点火提前角的特性曲线。综合考虑发动机油耗、转矩、排放和爆震等因素，对试验结果进行优化处理后，即可获得如图 2-24 所示的以转速和负荷为变量的三维点火特性脉谱图。将脉谱图以数据形式存储在

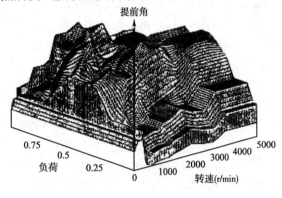

图 2-24　三维点火特性脉谱图

ECU 的只读存储器 ROM 中，汽车行驶时，微机根据发动机转速信号和负荷信号（由空气流量和节气门位置传感器确定），即可从 ROM 中查出相应的基本点火提前角来控制点火。

3. 修正点火提前角 θ_c

为使实际点火提前角适应发动机的运转状况，以便得到良好的动力性、经济性和排放性能，必须根据相关因素（冷却液温度、进气温度、开关信号等）适当增大或减小点火提前角，即对点火提前角进行必要的修正。修正点火提前角的项目有多有少，主要有暖机修正和怠速修正。

(1) 暖机修正：暖机修正是指节气门位置传感器(TPS)的怠速触点 IDL 闭合、发动机冷却液温度变化时，对点火提前角进行的修正。当冷却液温度低时，应当增大点火提前角，以促使发动机尽快暖机；当冷却液温度升高后，点火提前角应相应减小。

(2) 怠速修正：怠速修正是为了保证怠速运转稳定而对点火提前角进行的修正。发动机

怠速运转时,由于负荷变化ECU会将怠速转速调整到设定的目标转速。如动力转向开关或空调开关接通,发动机实际转速低于规定的目标转速时,ECU将根据转速之差,相应地减小点火提前角,使怠速运转平稳,防止发动机怠速熄火。

四、微机控制点火系统的控制过程

1. 点火提前角控制

为了说明微机控制点火系统的工作过程,下面以桑塔纳2000GSi型轿车四缸发动机点火时刻控制为例说明。设发动机判缸信号在第1缸上止点前88°AC时产生、曲轴转速2000r/min时最佳点火提前角为上止点前300°AC转角,控制过程如图2-25所示。

由凸轮轴位置传感器和曲轴位置传感器结构原理可知,凸轮轴位置传感器产生的判缸信号下降沿输入ECU时,表明第1缸活塞处于压缩上止点前88°AC位置,如图2-25a)所示。当ECU接收到判缸信号下降沿后,将对曲轴位置传感器(CPS)输入的转速与转角信号进行计数。

已知条件:点火提前角BTDC30°;发动机转速2000r/min;导通角90°AC(7.5ms)。计数开始时的信号称为基准信号,由ECU内部电路控制,曲轴每旋转180°产生一个基准信号。因为曲轴位置传感器第一个凸齿信号在判缸信号下降沿后7°时产生,所以基准信号对应于第1缸活塞压缩上止点前81°位置,如图2-25b)所示。

点火提前角大小直接影响点火性能,提前角过大会导致发动机产生爆震,提前角过小又会导致发动机过热,所以必须精确控制,一般精确到1°。由于桑塔纳2000GSi型轿车凸轮轴位置传感器凸齿和小齿缺信号均占30°曲轴转角,因此,需要将曲轴位置传感器信号转换为1°信号。目前ECU内部晶振频率一般设定为$F = 6$ MHz,周期为$T = 1/F = 0.00016$ ms,当发动机以2000 r/min使曲轴转过3°经历的时间为0.25 ms(计时器 = 0.25 ms),所以每0.083 ms曲轴转过角度为1°,相当于518.75个晶振周期(0.083 ms/0.00016 ms = 518.75),即ECU内部晶振每产生518.75个时钟脉冲信号,相当于曲轴转角1°,如图2-25c)所示。因为点火提前角为上止点前300°,所以ECU计数到第51个1°信号(即从接收到CIS信号7°+51°=58°)后,在第52个1°信号时向点火控制器发出指令,使功率三极管截止,如图2-25d)所示,切断点火线圈初级电流,次级绕组产生高压电并送到火花塞电极上跳火,从而将点火提前角控制在第1缸压缩上止点前300°。因为基准信号每180°产生一个,所以同理可按发动机汽缸1-3-4-2的工作顺序将点火提前角控制在压缩上止点前30°。

2. 点火导通角控制

点火导通角是指点火线圈初级电路的功率三极管导通期间,发动机曲轴转过的角度。导通角的控制方法是:ECU首先根据电源电压高低,在存储器存储的导通时间脉谱图中查询导通时间,然后根据发动机转速确定导通角的大小。

设电源电压为14 V时,导通时间为7.5 ms。发动机转速为2000 r/min,则7.5 ms相当于曲轴转角为(360°×2000/60000)×7.5 = 90°,即在上述发动机工作条件下,功率管VT从导通至截止,必须保证90°曲轴转角。因为四缸发动机跳火间隔角度为180°曲轴转角,所以在功率管截止期间,需要曲轴转过的角度 = 跳火间隔角度-导通角 = 180°-90° = 90°。实际控制时,ECU从发出功率管截止指令开始对1°信号进行计数,计数90次(180°-90° = 90°)1°信号后,在第91个1°信号上升沿到来时向点火控制器发出指令,使三极管导通(ON),接通点火线圈初级电流,保证导通角具有90°,如图2-25d)所示。

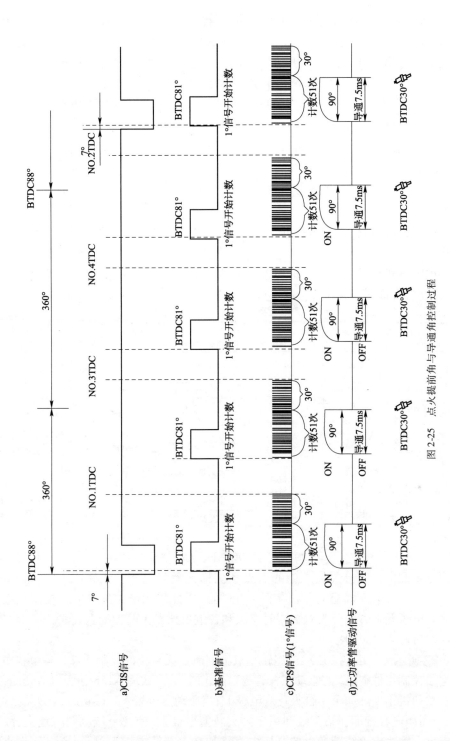

图 2-25　点火提前角与导通角控制过程

五、微机控制点火系统配电方式及其控制

微机控制点火系统点火线圈高压电分配方式可分为机械配电方式和电子配电方式两种。机械配电方式是指由分火头将高压电分配至分电器盖旁电极,再通过高压线输送到各缸火花塞上的传统配电方式。桑塔纳2000GLi、红旗CA7220E型轿车和切诺基吉普车点火系统都采用了这种配电方式。机械配电方式存在以下缺点:

(1)分火头与分电器盖旁电极之间必须保留一定间隙才能进行高压电分配,因此,必然损失一部分火花能量,同时也是一个主要的无线电干扰源;

(2)为了抑制无线电的干扰信号,高压线采用了高阻抗电缆,也要消耗一部分能量;

(3)分火头、分电器盖或高压导线漏电时,会导致高压电火花减弱、缺火或断火;

(4)曲轴位置传感器转子由分电器轴驱动,旋转机构的机械磨损会影响点火时刻的控制精度;

(5)分电器安装的位置和占据的空间,会给发动机的结构布置和汽车的外形设计造成一定的困难。

电子配电方式是指在电控单元ECU和点火控制器的控制下,点火线圈的高压电按照一定的点火顺序,直接加到火花塞上的直接点火方式。常用电子配电方式如图2-26所示。

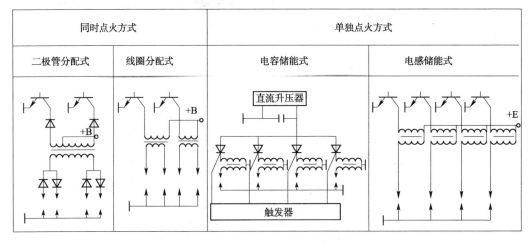

图2-26 高压电子配电方式的类型

采用电子配电方式分配高压电的点火系统称为无分电器点火系统DIS(Distributorless Ignition Sytem),由于机械配电方式存在上述缺点,因此采用电子配电方式控制点火的汽车越来越多。电子配电方式分为双缸同时点火和各缸单独点火两种配电方式。

1. 双缸同时点火控制

图2-27所示为桑塔纳2000GSi型轿车双缸同时点火系统的控制原理。当电控单元发出指令使电子控制组件N152的驱动三极管VT_1截止时,点火线圈N128初级电流切断,高压电直接加在发动机第1缸和第4缸火花塞电极上;当驱动三极管VT_2截止时,点火线圈N初级电流切断,高压电直接加在第3缸和第2缸火花塞电极上,使两个汽缸同时跳火,故称为双缸同时点火。因为点火线圈产生的高压电直接加在火花塞电极上跳火,所以称为直接点火系统。

双缸同时点火时,一个汽缸处于压缩行程末期,是有效点火;另一个汽缸处于排气行程末期,是无效点火,其缸内温度较高而压力很低,击穿火花塞电极间隙需要的电压很低,对有效点火该缸的击穿电压和火花放电能量影响很小,而对于另一缸则是无效点火。曲轴旋转一转后,两缸所处行程恰好相反。

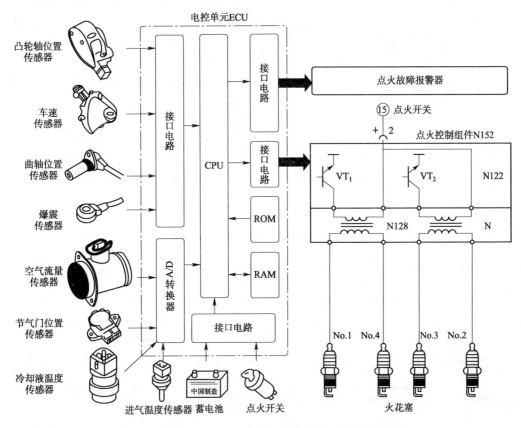

图 2-27　桑塔纳 2000GSi 型轿车双缸同时点火系统的控制原理

双缸同时点火时,高压电的分配有二极管分配和点火线圈分配两种形式。

1) 二极管分配高压双缸同时点火的控制

利用二极管分配高压电的双缸同时点火电路原理如图 2-28 所示。点火线圈由两个初级绕组和一个次级绕组构成,次级绕组的两端通过 4 只高压二极管与火花塞构成回路。4 只二极管有内装式(安装在点火线圈内部)和外装式两种。对于点火顺序为 1-3-4-2 的发动机,1、4 缸为一组,2、3 缸为另一组。点火控制器中的两只功率三极管分别控制一个初级绕组,两只功率三极管由电控单元 ECU 按点火顺序交替控制其导通与截止。

当电控单元 ECU 将 1、4 缸的点火触发信号输入点火控制器时,功率三极管 VT_1 截止,初级绕组 A 中的电流切断,次级绕组中就会产生高压电动势,方向如图 2-28 中实线箭头方向所示。在该电动势的作用下,二极管 D_1、D_4 正向导通,1、4 缸火花塞电极上的电压迅速升高直至跳火,高压放电电流经图中实线箭头所指方向构成回路;D_2、D_3 反向截止,不能构成放电回路,因此,2、3 缸火花塞电极上无高压火花放电电流而不能跳火。

当 ECU 将 2、3 缸点火触发信号输入点火控制器时,三极管 VT_2 截止,初级绕组 B 中的电流切断,次级绕组产生高压电动势,方向如图 2-28 中虚线箭头方向所示。此时二极管 D_1、D_4 反向截止,D_2、D_3 正向导通,因此,2、3 缸火花塞电极上的电压迅速升高直至跳火,高压放电电流经图中虚线箭头所指方向构成回路。

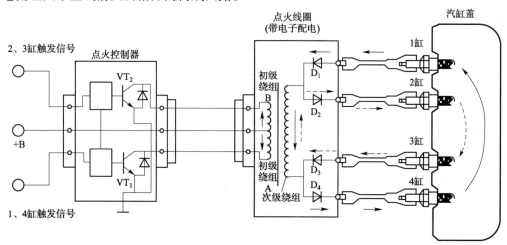

图 2-28 二极管分配高压电的同时点火电路原理图

2) 点火线圈分配高压双缸同时点火的控制

利用点火线圈直接分配高压的同时点火电路原理如图 2-29 所示。点火线圈组件由两个(4 缸发动机)或 3 个(6 缸发动机)独立的点火线圈,每个点火线圈供给成对的两个火花塞工作(4 缸发动机的 1、4 缸和 2、3 缸分别共用一个点火线圈;6 缸发动机 1、6 缸、2、5 缸和 3、4 缸分别共用一个点火线圈)。电子点火控制器中配有与点火线圈数量相等的功率三极管,分别控制一个点火线圈工作。点火控制器(ICM)根据电控单元(ECU)输出的点火控制信号,按点火顺序轮流触发功率三极管导通、截止,从而控制每个点火线圈轮流产生高压电,再通过高压线直接输送到成对的两缸火花塞电极间隙上跳火点着可燃混合气。

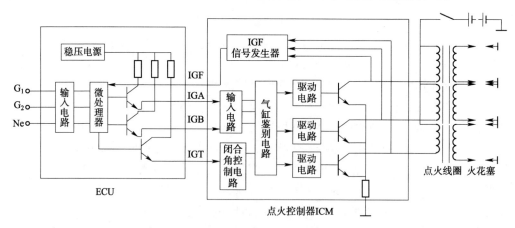

图 2-29 点火线圈分配高压电的同时点火电路原理图

在部分点火线圈分配高压电,同时点火系统中点火线圈次级回路中连接有一只高压二极管,该高压二极管的作用是:防止次级绕组在初级电流接通时产生的电压(约为 1000 V)加到火花塞电极上而导致误跳火。

在初级绕组电流接通瞬间,次级绕组可产生1000 V 左右的感应电动势。在传统的机械配电方式中,分火头与旁电极之间的间隙阻碍了这一电压直接加在火花塞电极两端,因此,无论发动机是在什么行程工作,火花塞都不会跳火。在点火线圈分配高压直接点火系统中,除了火花塞电极间隙之外,没有其他附加间隙,因此,当初级电流接通时,次级绕组产生的1000 V 左右的电压,就会直接加在火花塞电极间隙上。如果此时汽缸处于进气行程接近终了或压缩行程刚刚开始状态,由于缸内压力低,又有可燃混合气体,那么1000 V 左右的电压就有可能击穿火花塞电极间隙而产生火花跳火。

上述非正常跳火现象称为误跳火,会影响发动机正常工作。为了避免这种误跳火,在点火线圈次级绕组回路中串接一只反向击穿电压较高的二极管,利用二极管的反向截止功能,使初级电流接通时次级绕组产生的感应电动势不能形成放电回路,火花塞电极之间就不会有火花放电电流,因此也就不可能引起误跳火。有的直接点火系统在点火线圈与火花塞之间的高压回路中保留3~4 mm 间隙,其作用与高压二极管相同。

2. 单独点火的控制

点火系统采用单独点火方式时,如图2-30所示,每一个汽缸都配有一个点火线圈,且直接安装在火花塞上方,其基本组成和工作原理与同时点火方式相同。单独点火的优点是省去了高压线,点火能量损耗进一步减少;此外,所有高压部件都可安装在发动机汽缸盖上的金属屏蔽罩内,点火系对无线电的干扰可大幅度降低。

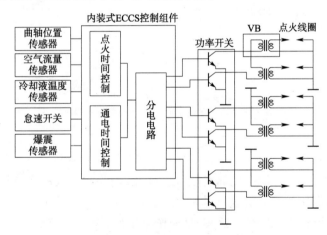

图2-30 无分电器单独点火的控制结构图

六、爆震控制

1. 爆震控制系统的组成

带有爆震控制的点火提前角闭环控制系统如图2-31所示,由传感器、带通滤波电路、信号放大电路、整形滤波电路、比较基准电压形成电路、积分电路、提前角控制电路和点火控制器等组成。

爆震传感器是点火提前角闭环控制系统必不可少的传感器,用于检测发动机是否发生爆震。每台发动机一般安装1~2个。带通滤波器只允许发动机爆震信号(频率为6~9 kHz 的信号)或接近爆震的信号输入ECU 进行处理,其他频率的信号则被衰减。信号放大器的作用是对输入 ECU 的信号进行放大,以便整形滤波电路进行处理。接近爆震的信号经过整形滤波和比较基准电路处理后,形成判定是否发生爆震的基准电压 U_B。爆震信号经过整形滤波和积分电路处理后,形成的积分信号用于判定爆震强度。

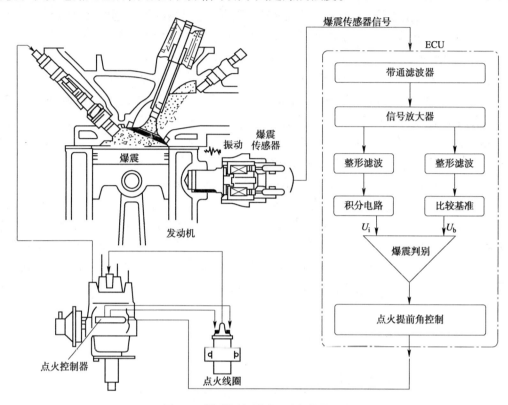

图 2-31 爆震控制系统的组成与控制原理

2. 爆震判别与控制

发动机爆震一般仅在大负荷、中低转速(小于 3000 r/min)时产生,由于爆震传感器输出电压的振幅随发动机转速高低不同而有很大的变化,因此判定发动机是否发生爆震不能根据爆震传感器输出电压的绝对值进行判别,常用的方法是将发动机无爆震时的传感器输出电压与产生爆震时的输出电压进行比较,从而作出是否爆震的判定结论。

1) 基准电压的确定

判定爆震的基准电压通常利用发动机即将爆震时的传感器输出信号电压来确定。首先对传感器输出信号进行滤波和半波整流,利用平均电路求得信号电压的平均值,然后再乘以常数倍即可形成基准电压,平均值的倍数由设计制造时试验确定。因为发动机转速升高时,爆震传感器输出电压的幅值增大,所以基准电压不是一个固定值,其值将随发动机转速升高而增大。

2) 爆震强度的判别

发动机爆震的强度取决于爆震传感器输出信号电压的振幅和持续时间。爆震信号电压值超过基准电压值的次数越多,爆震强度越大;反之,超过基准电压值的次数越少,说明爆震强度越小。

3)爆震控制过程

发动机工作时,汽缸体振动频繁剧烈,为使监测得到的爆震信号准确无误,在监测爆震过程中,并非随时都在进行,而是在发出点火信号后的一定范围内进行,这是因为发动机产生爆震的最大可能性是在点火后的一段时间内。

爆震控制系统是一个闭环控制系统,发动机工作时,ECU根据各传感器信号,从存储器中查寻出相应的点火提前角控制点火时刻,控制结果由爆震传感器反馈到ECU输入端,由ECU对点火提前角进行修正。

爆震传感器的信号输入ECU后,ECU便将积分值U_i与基准电压值U_B进行比较。当积分值U_i高于基准电压U_B时,ECU立即发出指令,控制点火时刻推迟,一般每次推迟0.5°~1.5°曲轴转角,直到爆震消除。爆震强度越大,点火时间推迟越多;爆震强度越小,点火时间推迟越少。当积分值U_i低于基准电压U_B时,说明爆震已经消除,ECU又递增一定量的提前角控制点火,直到再次产生爆震为止。

第三节 发动机怠速控制系统

一、怠速控制系统分类

怠速控制系统有多种形式,现以不同的分类方法予以概括。

1.按进气量的调节方式分

根据怠速控制系统进气量调节方式的不同,可将怠速控制系统分为两大类。

①节气门直动式。电子控制器通过控制执行机构直接操纵节气门,以节气门开度的改变来实现怠速的控制(图2-32a)。这种控制方式工作可靠性好,控制位置的稳定性也良好。其缺点是动态响应性较差,执行机构较为复杂且体积较大,因此,目前使用比较少。

②旁通空气式。电子控制器通过怠速控制阀改变怠速辅助空气通道的空气流量来实现怠速的控制(图2-32b)。这种控制方式动态响应好,结构简单且尺寸较小,目前较为常见。

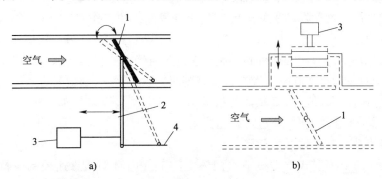

图2-32 怠速进气量调节方式
a)节气门直动式;b)旁通空气式
1-节气门;2-节气门操纵臂;3-怠速控制执行器;4-加速踏板拉杆

2.按怠速控制阀的结构原理分

①步进电机式。以步进电动机为动力,电子控制器通过控制步进电动机的转动来驱动

空气阀的开启和关闭。

②开度电磁阀式。以电磁阀通电产生的电磁力来驱动空气阀的开度。根据空气阀的运动方式不同,开关电磁阀又可分为直动式和转动式两种。

③开关电磁阀式。电磁阀部分与开度电磁阀并无大的差别,主要的不同点是其工作方式。开关式电磁阀只有打开和关闭两种状态,工作时阀以一定的频率开闭,通过阀的开闭比来控制怠速空气流量。

3. 按空气阀的控制方式分

①直接控制式。由电磁阀或步进电动机直接驱动空气阀,实现怠速空气量的控制。

②间接控制式。通常是由电磁阀控制膜片式辅助空气阀的气压,再由空气阀的动作来改变怠速空气通道的截面积。间接控制的怠速控制阀结构比较复杂,目前使用相对较少。

二、怠速控制系统组成

怠速控制系统主要由传感器、ECU 和执行元件 3 部分组成,如图 2-33 所示。

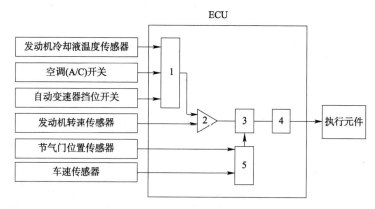

图 2-33 怠速控制系统的组成与原理

1-目标转速;2-比较电路;3-控制量计算;4-驱动电路;5-怠速状态判断

传感器的功用是检测发动机的运行工况和负载设备的工作状况,ECU 则根据各种传感器的输入信号确定一个怠速运转的目标转速,并与实际转速进行比较,根据比较结果控制执行元件工作,调节进气量,使发动机的怠速转速达到所确定的目标转速。在怠速以外的其他工况下,若系统对发动机实施怠速控制,会与驾驶员通过节气门踏板对进气量的调节发生干涉。因此,在怠速控制系统中,ECU 需要根据节气门位置信号和车速信号确认怠速工况,只有在节气门全关、车速为零时,才进行怠速控制。

1. 节气门直动式怠速控制执行器

一种安装于单点喷射式发动机节气门体上的节气门直动式怠速控制执行器如图 2-34 所示。它由两部分组成。

①直流电动机。怠速控制执行器的动力部分,由 ECU 通过驱动电路控制其转动。

②传动机构。起增矩减速的作用,并将电动的旋转运动变为节气门操纵臂限位片的直线运动。

当 ECU 输出怠速调整控制信号时,通过驱动电路使电动机通电,并转动与控制信号脉冲相应的转角,经传动机构的传动后,使节气门操纵臂限位片移动,从而改变了怠速时节气门的开度。

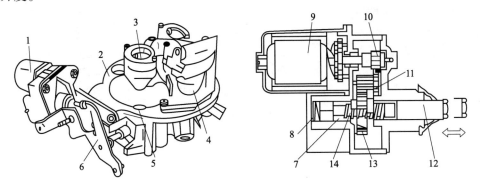

图 2-34　节气门直动式怠速控制执行器
1-怠速控制执行器;2-节气门体;3-喷油器;4-压力调节器;5-节气门;6-节气门操纵臂;7-防转动六角孔;8-弹簧;9-直流电动机;10、11、13-减速齿轮;12-传动轴;14-蜗杆

2. 步进电动机式怠速控制阀

1) 结构

步进电动机式怠速控制阀主要由步进电动机、蜗杆机构和空气阀等组成(图2-35)。步进电动机的转子与蜗杆组成蜗杆机构,当步进电动机转子在怠速控制信号的控制下转动时,蜗杆作直线移动,通过阀杆带动空气阀上、下移动,使空气阀开启或关闭。

2) 电路原理

步进电动机式怠速控制阀的典型控制电路如图2-36所示。

当需要调整怠速时,怠速控制系统通过ECU内部的步进电动机驱动电路使步进电动机的4个绕组依次通电,使步进电动机转动,将空气阀调整移动至适当的位置。主继电器控制电路的作用是当点火开关关断时,使ECU继续通电2s,以便使ECU完成起动初始位置的设定。在点火开关断开后的这2s时间里,步进电动机在ECU的控制下转动,使空气阀开启至最大,为下次起动作好准备。

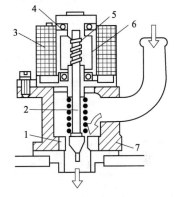

图 2-35　步进电动机式怠速控制阀
1-空气阀阀座;2-阀杆;3-定子绕组;4-轴承;5-蜗杆;6-转子;7-空气阀阀体

3. 直动电磁阀式怠速控制阀

直动电磁阀式怠速控制阀如图2-37所示。直动电磁阀式怠速控制阀的电磁线圈通电后产生的电磁力吸引阀杆克服弹簧力作轴向移动,直至电磁力与弹簧力相平衡。这种怠速控制阀的开度通常是由ECU通过控制电磁阀线圈的电流实现。电磁阀电流消失,阀在弹簧力的作用下复位(关闭)。ECU通过控制电磁阀线圈的电流实现。电磁阀电流消失,阀在弹簧力的作用下复位(关闭)。

4. 转动电磁阀式怠速控制阀

1) 结构

转动电磁阀式怠速控制阀有两种形式,一种是转子为永久磁铁,电磁线圈在定子上;另一种是定子为永久磁铁,电磁线圈绕在转子中。图2-38所示的是定子为永久磁铁,转子中绕有两组绕组的转动电磁阀式怠速控制阀。

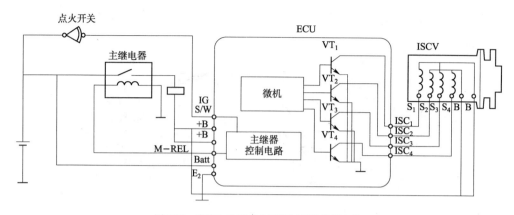

图 2-36 步进电动机式怠速控制阀的控制电路

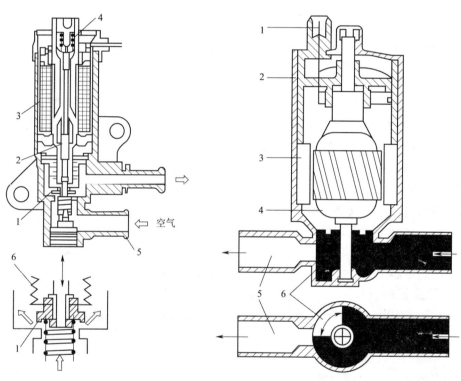

图 2-37 直动电磁式怠速控制阀
1-阀座；2-针阀；3-电磁线圈；4-弹簧；
5-吸入口；6-波纹管

图 2-38 转动电磁式怠速控制阀
1-插头；2-壳体；3-永久磁铁；4-转子；5-空气通道；
6-旋转阀

2) 电路原理

转动电磁阀式怠速控制阀的控制电路如图 2-39 所示。ECU 中微机输出的怠速控制占空比信号经驱动电路(反相器及 VT_1、VT_2)后，输出同频反相的电磁阀控制脉冲 ISC_1、ISC_2。转子的两个绕组中，其中一个通电使阀打开，另一个通电使阀关闭。当需要调整怠速时，微机通过改变控制信号的占空比，使两个绕组的通电时间发生变化，从而使阀的开启程度发生改变。

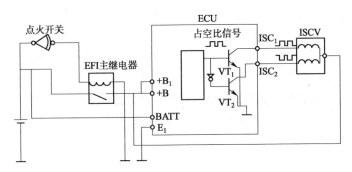

图 2-39 转动电磁式怠速控制阀的控制电路

5. 开关电磁阀式怠速控制阀

开关电磁阀式怠速控制阀只有开和关两种状态,即电磁线圈通电时,阀被打开,电磁线圈断电时,阀就关闭。开关电磁阀式怠速控制阀的结构如图 2-40 所示。开关电磁阀式怠速控制阀有两种控制方式。

1) 占空比控制方式

ECU 输出的是频率固定,但占空比变化的怠速控制信号,通过调整电磁阀的开闭比率实现怠速的控制。开关电磁阀式怠速控制阀占空比控制方式的控制电路如图 2-41 所示。

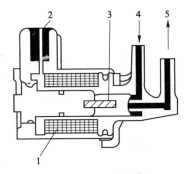

图 2-40 开关电磁式怠速控制阀
1-电磁线圈;2-接线端子;3-阀;4-来自空气滤清器的空气;5-至进气管的空气

2) 开关控制方式

ECU 输出的控制信号只有高电平和低电平两种状态,控制电磁阀的通电或断电。因此,开关控制方式的电磁阀式怠速控制阀只有打开(高怠速)和关闭(正常怠速)两种工作状态。

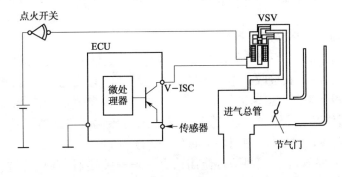

图 2-41 开关电磁式怠速控制阀的控制电路

三、怠速控制系统工作过程

不同的车系,怠速控制系统的具体控制内容会有一些差别。

1. 怠速稳定控制

发动机怠速稳定控制实际上是一种转速反馈控制。在微机存储器中,存储有发动机在不同状态下的最佳稳定怠速参数(目标转速)。当发动机处于怠速工况时,怠速控制系统不断地监测发动机的转速,与当前发动机状态下的目标转速进行比较,当发动机怠速出现波动,偏离了设定的目标转速时,ECU输出控制脉冲使怠速控制执行器动作,将发动机的怠速调节在设定的目标转速范围之内。

这种发动机转速反馈式怠速稳定控制可实现快速暖机高怠速控制。在发动机温度低时,设定的目标转速较高,当发动机冷机起动后,就可以在较高的稳定怠速下运转,可使发动机迅速达到正常的工作温度,即实现了发动机快速暖机控制过程。随着发动机温度的上升,控制的目标转速逐渐降低,发动机的转速也逐渐下降至正常的怠速。

怠速稳定控制所需的传感器信号有以下几种。

(1)发动机转速传感器,提供发动机在怠速工况下的发动机转速信号。

(2)节气门位置传感器,提供节气门关闭信号,是ECU判断发动机是否处于怠速工况的基本信号。

(3)发动机冷却液温传感器,提供发动机温度信号,ECU根据此信号选定目标转速。

(4)车速传感器,提供汽车行驶速度信号,当车速低于2km/h,且节气门关闭时,ECU作出"发动机处于怠速工况"的判断,进入怠速控制程序。

(5)空调开关,提供空调关断信号,只有在空调不使用时,ECU才进入发动机转速反馈式怠速稳定控制。

2. 高怠速运行控制

高怠速运行控制可分发动机负荷高怠速控制和转速变化预见性高怠速控制两种情况。

1)发动机负荷高怠速控制

在节气门处于关闭位置(发动机在怠速工况),但需要发动机带动一定的负荷以较高的转速下运转时,ECU输出控制信号,使怠速控制执行器动作,将发动机的怠速调高至某一值。比如,在使用汽车空调、蓄电池亏电等情况下,怠速控制系统通过高怠速运行控制,使发动机在一个较高的怠速下运行,以保证在发动机怠速工况下的空调系统正常工作和及时向蓄电池补充电能。

2)转速变化预见性高怠速控制

在发动机怠速工况时,为避免发动机驱动的附加装置的阻力矩突然增大而导致发动机怠速下降甚至熄火,ECU在接收到附加装置阻力矩增大的有关电信号时,输出控制信号,通过怠速控制执行器预先调大怠速进气量。怠速控制系统高怠速运转控制除了利用发动机转速传感器、节气门位置传感器、车速传感器、发动机冷却液温度传感器等得到发动机转速、怠速工况及发动机温度信息外,还用到如下的开关信号。

(1)空调开关,提供汽车空调是否使用信息。若开关接通,ECU将进行高怠速运转控制,以使发动机有适当的功率输出,带动空调压缩机正常运转。

(2)蓄电池电压,提供蓄电池是否亏电或蓄电池负荷是否很高的信息。若亏电或负荷很高,ECU将进行高怠速运转控制,以便在怠速工况下使发电机能向蓄电池充电。

(3)自动变速器挡位开关,提供自动变速器是否从N挡或P挡挂上运行挡位(D挡或R挡、3位、2位)信息。若挂入相应挡位,ECU将进行高怠速运转控制,以避免自动变速器油泵因挂上运行挡后阻力增大而引起发动机转速下降。

(4)尾灯继电器或后窗降雾继电器等,向怠速控制系统提供电器负荷增大信号,ECU根据这些用电设备继电器接通信号进行电器负荷增大判断,并进行高怠速控制,以避免发电机负荷增大而引起发动机转速下降。

3. 其他怠速控制

（1）起动时怠速控制阀的控制。在发动机起动时，ECU 控制怠速控制阀至开度最大位置，以使发动机起动容易。起动后，ECU 根据发动机转速及温度信号，逐渐减少怠速控制阀的开度。起动时怠速控制阀控制所用到的传感器及开关信号有以下两个。

①发动机转速传感器，提供发动机怠速工况下的转速信号。

②点火开关，提供发动机起动信号和起动后信号。

（2）活性炭罐电磁阀工作时怠速控制阀的控制。在一些汽车上，怠速控制系统还根据活性炭罐控制阀的开启情况来调整怠速通道的通气量，以避免发动机怠速产生波动。除用于怠速工况判别的节气门位置传感器外，该稳定怠速控制所用到的传感器信号有以下两个。

①发动机转速传感器，提供发动机怠速工况下的发动机转速信号。

②活性炭罐电磁阀，提供活性炭罐电磁阀开启信号，当活性炭罐电磁阀通电时，ECU 控制怠速控制阀的开度以稳定怠速。

（3）怠速偏离修正控制。怠速偏离修正控制也就是怠速控制系统的学习修正控制。当因发动机部件老化等外部原因使发动机的怠速偏离原设定值时，ECU 控制怠速控制阀预置一个开度，将发动机的怠速修正到设定的值。

第四节 发动机进气控制系统

一、发动机可变配气相位控制系统

四行程发动机在工作过程中，吸入新鲜空气，排除高温废气。这种进气和排气的全过程，称为换气过程。在高速运转的发动机中，每个循环的进排气过程时间极短，在这极短的时间内，被吸入的可燃混合气越多，废气排的越干净、越彻底，发动机发出的功率就可能越大。反之，发出的功率就越小，发动机的动力性和经济性就会下降。因此，需要适时开启和关闭进排气门。

传统发动机配气系统的气门开启和关闭时刻都固定不变的，这种配气系统很难满足发动机在多种工况对配气的需要，不能满足发动机在各种转速工况下均输出强劲动力的要求。鉴于此，现代发动机要求配气相位能够根据发动机的工作情况及时做出调整，以保证在任何转速范围都能获得较大的功率。

可变配气正时系统利用油压来调整凸轮轴转角，对气门正时进行优化。从而提高功率输出、改善燃料消耗率和减少废气排放。

可变配气正时系统结构如图 2-42 所示，该系统可在一定曲轴转角范围内对凸轮轴进行变动，从而对气门正时进行控制，以获得最适合发动机状态的气门正时（根据来自传感器的信号）。

1. 可变配气正时系统组成

可变气门正时系统的构造部件包含着可通过调整进气凸轮轴转角的可变正气正时系统控制器和一个控制油压的凸轮轴正时机油控制阀。凸轮轴正时机油控制阀是控制油压的。

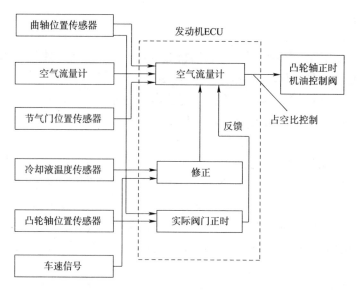

图 2-42 可变配气正时系统结构示意图

1）可变正气正时系统控制器

控制器由定时链条驱动的外壳和固定在凸轮轴上的叶片组成,结构如图 2-43 所示。

由来自凸轮轴提前或者延迟侧的通道转送的油压使得可变正气正时系统控制器的叶片沿圆周方向旋转,从而连续不断地改变气门正时角度。

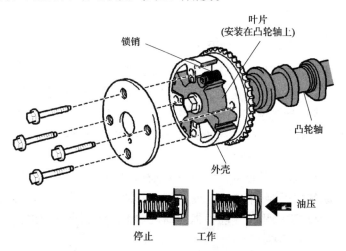

图 2-43 可变配气正时系统结构示意图

当发动机停止工作时,进气凸轮轴被调整（移动）到最大延迟状态以维持再次起动性能。在发动机起动后,油压并未立即传至可变配气正时系统控制器时,锁销便锁定可变配气正时系统控制器的动作机械,以防撞击产生噪声。

2）凸轮轴正时机油控制阀

凸轮轴正时机油控制阀是顺应于发动机 ECU 的占空控制而控制滑阀位置和分配用于可变正气正时系统控制器流到提前侧或延迟侧的油压。发动机停止工作时,进气气门正时是在最大延迟角度上。

2. 可变配气正时系统工作原理

凸轮轴正时机油控制阀是根据发动机ECU输出的电流量,来选择流向可变正气正时系统控制器的通道。可变正气正时系统控制器应用油压使凸轮轴旋转到提前、延迟或保持气门正时所适当位置。

发动机ECU根据发动机转速、进气量、节气门位置和冷却液温度来计算出各种运行条件下的最佳气门正时,以便控制凸轮轴正时机油控制阀。此外,发动机ECU使用凸轮轴位置传感器和曲轴位置传感器输出的信号用来计算实际气门正时,并进行反馈控制以达到机油控制阀的目标气门正时。

1)凸轮轴旋转提前

由发动机ECU所控制的凸轮轴正时机油控制阀的所处位置如图2-44所示时,油压作用于气门正时提前侧的叶片室,使进气凸轮轴向气门正时的提前方向旋转。

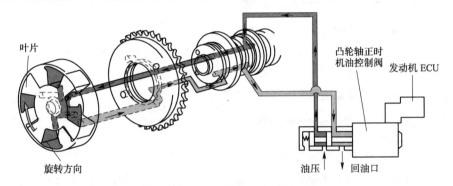

图2-44 凸轮轴旋转提前图

2)凸轮轴旋转延迟

由发动机ECU所控制的凸轮轴正时机油控制阀的所处位置如图2-45所示时,油压作用于气门正时延迟侧的叶片室,使进气凸轮轴向气门正时的延迟方向旋转。

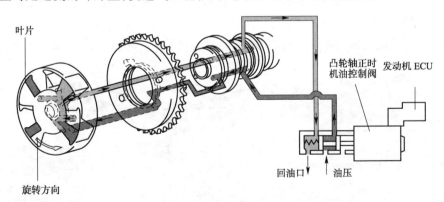

图2-45 凸轮轴旋转延迟图

3)凸轮轴旋转保持

发动机ECU根据具体的运作参数进行处理,并计算出目标气门正时角度,当达到目标气门正时角度以后,凸轮轴正时机油控阀通过关闭油道来保持油压,如图2-46所示,是保持现在的气门正时状态。

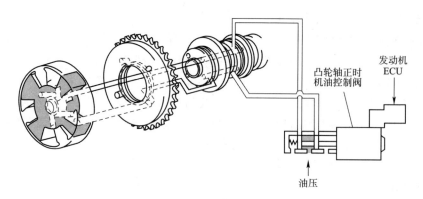

图 2-46　凸轮轴旋转保持图

二、发动机可变气门升程控制系统

1. 发动机可变气门升程控制系统概述

可变气门升程技术可以在发动机不同转速下匹配合适的气门升程,使得发动机低转速下转矩输出充足,而高转速时输出功率强劲。低转速时系统使用较小的气门升程,这样有利于增加缸内紊流提高燃烧速度,增加发动机的低速转矩,而高转速时使用较大的气门升程则可以显著提高进气量,进而提升高转速时的功率输出。以下为几种典型的发动机可变气门升程控制系统应用的实例。

2. 可变气门正时升程电子控制系统

可变气门正时升程电子控制系统由发动机电子控制单元(ECU)控制,ECU 接收发动机传感器(包括转速、进气压力、车速、水温)的数据、参数并进行处理,输出相应的控制信号,通过电磁阀调节摇臂活塞液压系统,从而使发动机在不同的转速工况下由不同的凸轮控制,影响进气门的开度和时间。

当发动机在中、低转速时,三根摇臂处于分离状态,普通凸轮推动主摇臂和副摇臂来控制两个进气门的开闭,气门升量较小。此时虽然中间凸轮也推动中间摇臂,但由于摇臂之间是分离的,所以两边的摇臂不受其控制,也不会影响气门的开闭状态,如图 2-47 所示。

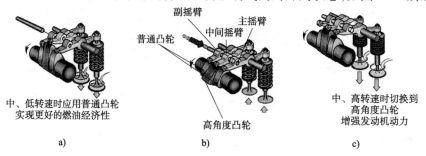

图 2-47　I-VTEC 工作原理

发动机达到某一个设定的转速时,电脑即会指令电磁阀启动液压系统,推动摇臂内的小活塞,使 3 根摇臂锁成一体,一起由高角度凸轮驱动,这时气门的升程和开启时间都相应的增大了,使得单位时间内的进气量更大,发动机动力也更强。当发动机转速降到某一转速时,摇臂内的液压也随之降低,活塞在复位弹簧作用下退回原位,3 根摇臂分开。

三、发动机进气增压控制系统

1. 增压控制系统功能及类型

根据发动机进气压力的大小,控制增压装置的工作,已达到控制进气压力、提高发动机动力性和经济性的目的。

根据增压装置使用的动力源不同,增压装置可分为废气涡轮增压和动力增压两种类型。

2. 工作原理

当 ECU 检测到进气压力在 0.098MPa 以下时,释压电磁阀关闭。涡轮增压器出口引入压力空气,废气进入涡轮室的通道打开,排气旁通道口关闭,此时废气流经涡轮室使增压器工作。当 ECU 检测到的进气压力高于 0.098MPa 时,释压电磁阀打开,关闭进入涡轮室的通道,同时排气旁通道口打开,关闭进入涡轮室的通道,同时排气旁通道口打开,废气不经涡轮室直接排除,增压器停止工作。直到进气压力降至规定的压力时,ECU 又将释压阀关闭,切换阀又将进入涡轮室的通道口打开,废气涡轮增压器又开始工作。

3. 废气涡轮增压器转速控制系统

有些增压控制系统中,通过控制增压器的转速来控制增压压力。ECU 根据发动机的运行工况(加速、爆燃、冷却液温度、进气量等信号),确定增压压力的目标值,并通过进气管压力传感器来检测发动机的实际增压压力值。废气涡轮增压器转速控制系统如图 2-48 所示。

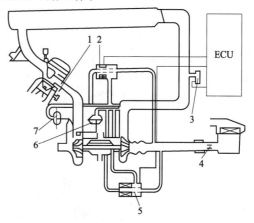

图 2-48 废气涡轮增压器转速控制系统
1-爆燃传感器;2-切换阀控制电磁阀;3-进气管绝对压力传感器;4-空气流量计;5-喷嘴环控制电磁阀;6-喷嘴环驱动气室;7-切换阀驱动气室

4. 涡轮增压系统的特点

(1) 增压发动机对高海拔地区有很强的适应力,由于增压器在高工况下增压力有富余,因此可以用放气阀晚关的方法来提高空气密度,从而减缓发动机功率的下降。增压发动机控制单元都有海拔高低传感器,一般安装在其内部。

(2) 增压发动机的排气温度都非常高,在经过较长时间的高速行驶,往往排气歧管温度很高,颜色通红,这属于正常现象,但要注意发动机短时间运转,排气温度很高就不正常,要检测是否有混合气过浓,燃烧点火不正常而造成的发动机后燃现象。

(3) 涡轮增压器的最高转速有 100000r/min 左右,因此涡轮增压器的转速上升和下降需要较长时间,和发动机转速相比,有非常大的滞后。为了解决这个滞后问题,在发动机增压器控制上增加了高工况放气、低工况旁通的办法,所以在发动机控制系统图上有了放气阀、内循环阀和增压压力传感器等控制元件。

(4) 涡轮增压器安装有浮油轴承。因此安装新涡轮增压器后,使发动机怠速运行 1min 以上,不要立刻提高转速,以确保涡轮增压器的浮油轴承建立其正常润滑油膜。

5. 涡轮增压系统的内循环工作原理

机械式空气内循环阀安装在增压器前,它是由真空打开,用来卸掉节气门前多余的空气,避免发动机产生喘振。因此当功率不足或由于负荷变化产生的发动机抖动时,需要检查内循环系统。发动机控制单元在超速切断、怠速和部分负荷时打开,防止进气管进气过量。

四、发动机可变进气道控制系统

发动机可变进气道技术包括:可变长度进气管和可变截面积进气管。

发动机可变长度的进气管是指在不同的负荷,用不同长度的进气管。发动机进排气过程是一个周期性的脉动过程,进排气系统中存在着强烈的压力波动,利用压力波来提高进气门关闭前的进气压力,可以得到增大进气充量的效果,被称为动态效应,也称惯性增压;长度一定的进气管只能在某一转速区域得到最佳充量系数,传统的发动机进气系统不能兼顾高低速性能,即只能在某一狭窄的转速范围内得到较高的充量系数,而在其他转速范围内充量系数则要降低。而可变长度进气管在高、中、低速都能得到好的充气效率。

谐振控制进气系统从而提高了从低速到高速的所有转速范围内的动力性。该系统使用进气控制阀把进气歧管分成两段。从而就能改变进气歧管的有效长度,使它符合发动机的转速和节气门的开度。

1. 可变长度进气管系统构成

系统的主要部件有:进气控制阀、真空罐、真空开关阀等,如图2-49。

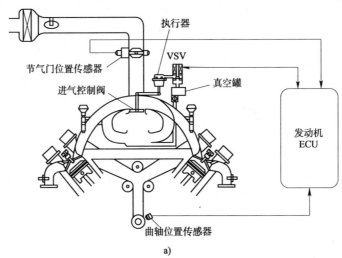

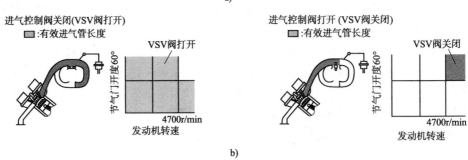

图2-49 可变长度进气管系统结构图
a)结构图;b)可变长度进气管

1)进气控制阀

进气控制阀在进气室中,它可以打开和关闭,从而可使进气歧管变成两段,达到改变有效长度。

2)真空开关阀(VSV)

依照发动机 ECU 的主皆振控制进气系统信号,VSV 是控制真空力,而真空力是操作进气控制阀的执行器的动力源。

3)真空罐

真空罐有一个内装式单向阀,并且它有储备真空作用,即使在低真空条件下也能使执行器以便于完全关闭进气控制阀。

2. 可变长度进气管系统工作原理

当发动机 ECU 打开 VSV 时(即进气控制阀关闭时),将配与长脉动循环。真空力被作用于执行器的膜片室,它关闭了进气控制阀,这一转动,从而延伸了进气歧管的有效长度,并改善进气效果和由于进气脉动的效果提高了进气压力和密度。

中速范围内的动力性。当发动机 ECU 关闭 VSV 时(即进气控制阀打开时),将配与短脉动循环。大气压力作用于执行器的膜片室,它打开了进气控制阀,当进气控制阀打开时,使得进气歧管的有效长度缩短,达到最大进气填充效率以增加高速范围内的动力性。

可变截面积进气管发动机是指节气门将进气通道部分关闭,从而增加了进气的速度,速度的加快使得进入的空气产生惯性,从而在燃烧室内形成涡流,这使得进入的空气可以更充分地跟燃料混合进行燃烧。可变进气道技术的实质是在发动机的工作过程中,改变传统的单一的进气模式,组织变化的进气方式,使进入缸内的充量大小和运动形式适合变化的发动机运行工况,从而提高发动机性能,降低排放水平。

第五节　汽车排放控制系统

一、汽车排放控制系统分类

发动机的燃烧情况良好与否对降低发动机废气污染起着极大的作用,而采用电子控制汽油喷射以达到最佳的空燃比和良好的雾化,用电子控制点火以达到最佳的点火时间和足够的点火能量,都是为了使发动机能及时、充分、完全地燃烧,都可有效降低发动机的排气污染。因此,笼统地讲,发动机的燃油喷射控制系统、电子点火控制系统及发动机怠速控制系统等都可以归为汽车排放控制的范畴。当然,燃油喷射控制、电子点火控制及怠速控制等不仅仅是为了控制汽车的排放,本节所涉及的汽车排放控制是除上述电子控制系统以外的一些用于减少汽车排放的控制装置。

目前汽车排放控制装置种类较多,根据控制的方式不同,可将它们分为 3 类。

(1)机内净化。从进气系统入手,通过改善混合气的质量,使燃烧产生的有害成分降低。这一类的排放控制装置有:进气温度自动控制装置、废气再循环控制装置、混合比加浓式减速废气净化装置、进气歧管真空度控制阀等。

(2)机外净化。对发动机排出的废气进行再净化处理,将废气中所含的 CO、HC 和 NOx

等有害气体转化为无害的水(H_2O)、二氧化碳(CO_2)和氮(N_2)等气体。这一类的排放控制装置有:热反应器、氧化催化剂转化器、三元催化转化器、二次空气供给装置等。目前广泛使用的发动机废气净化装置是三元催化转化装置。

(3)污染源封闭循环净化。对曲轴箱气体及燃油箱燃油蒸发等 HC 排放源实施封闭化处理,以阻断向大气排放 HC。这类控制装置有:曲轴箱强制通风装置、活性炭罐等。

现代汽车为能达到严格的排放控制要求,往往同时使用几种排放控制装置。

二、废气再循环控制系统组成

典型的电子控制 EGR 系统如图 2-50 所示。

1. EGR 阀

EGR 阀膜片的一边(下部)通大气,装有弹簧的另一边为真空室,其真空度由 EGR 电磁阀控制。增大真空室的真空度,使膜片克服弹簧力上拱,阀的开度就增大,废气再循环流量也就增加。当上部失去真空度时,膜片在弹簧力的作用下向下拱而使阀关闭,阻断废气再循环。安装有 EGR 阀开度传感器的 EGR 阀如图 2-51 所示。EGR 阀开度传感器一般为电位计式传感器,其测量杆与 EGR 阀的膜片相连接,EGR 阀开度变化时,通过膜片带动测量杆移动,使电位计输出相应的电信号。

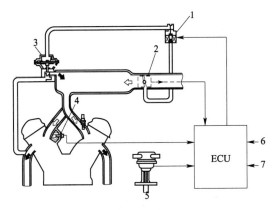
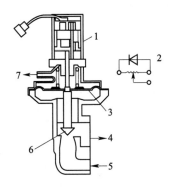

图 2-50 电子控制 EGR 系统
1-EGR 电磁阀;2-节气门位置传感器;3-EGR 阀;4-冷却液温度传感器;5-发动机转速与曲轴位置传感器;6-起动信号;7-氧传感器信号

图 2-51 装有 EGR 阀开度传感器的 EGR 阀
1-EGR 阀开度传感器;2-EGR 阀开度传感器电路原理;3-膜片;4-废气出口;5-废气入口;6-阀体;7-通 EGR 电磁阀

2. EGR 电磁阀

EGR 电磁阀有 3 个通气口(图 2-52),EGR 电磁阀不通电时,弹簧将阀体向上压紧,通大气阀口被关闭。这时 EGR 电磁阀使进气歧管与 EGR 阀真空室相通;当 EGR 电磁阀线圈通电时,产生的电磁力使阀体下移,阀体下端将通进气歧管的真空通道关闭,而上端的通大气阀口打开,于是就使 EGR 阀的真空室与大气相通。

3. EGR 控制系统工作过程

ECU 根据各有关传感器的信号确定的废气再循环流量后,通过输出相应的占空比脉冲信号,控制 EGR 电磁阀在相应的占空比下工作,将 EGR 阀的真空室的压力调制在相应的值,使 EGR 阀有相应的开度。

当需要增大废气再循环流量时,ECU 输出的占空比减小,EGR 电磁阀相对的通电时间减小,EGR 阀真空室通进气歧管的相对时间增大,其真空度增大而使阀开度增大,使废气再循环流量相应增加。

当 EUC 输出占空比为 0 的信号(持续低电平)时,EGR 电磁阀断电。这时,EGR 阀真空室与进气歧管持续相通,其真空度达到最大(直接取决于进气歧管的真空度),阀的开度最大,废气的再循环流量也达到最大。

当不需要废气再循环时,ECU 输出占空比为 100% 的信号(持续高电平),使 EGR 电磁阀常通电,EGR 阀真空室与大气常通,阀关闭,阻断了废气再循环。

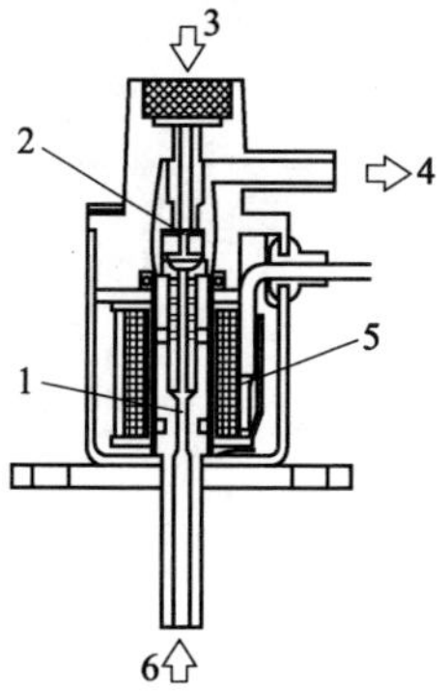

图 2-52 EGR 电磁阀
1-空气通道;2-阀体;3-通大气;4-去 EGR 阀;5-电磁阀线圈;6-通进气歧管

三、废气再循环控制系统工作过程

电子控制废气再循环系统的组成如图 2-53 所示。

ECU 根据各传感器的信号判断发动机的工况与状态,以确定是否需要废气再循环或再循环流量的大小,并输出占空比可变的控制脉冲,通过控制 EGR 电磁阀的占空比来调节 EGR 阀的开度,以实现最佳的 EGR 率控制。

为实现非线性的最佳 EGR 再循环流量控制,在 EGR 电子控制系统的存储器中储存各工况下的最佳废气再循环流量值,通常以电磁阀占空比参数的方式储存(图 2-54),ECU 根据各传感器信号,直接查找并计算得到最佳的 EGR 电磁阀占空比值,并输出相应的占空比脉冲信号。

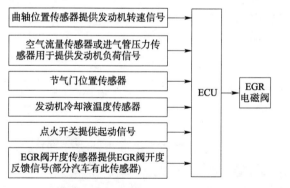

图 2-53 EGR 电子控制系统的组成

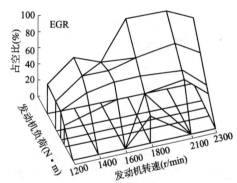

图 2-54 电子控制 EGR 控制特性

有的 EGR 电子控制系统通过 EGR 阀开度传感器反馈 EGR 阀开度信息,相应的在 ECU 的存储器中储存的是发动机各工况下的 EGR 阀开度参数。工作时,ECU 根据各传感器信号查找并计算得到最佳的 EGR 阀开度,并与当前 EGR 阀开度比较。如果不相等,ECU 将调整占空比控制脉冲,将 EGR 阀的开度调整至最佳状态。

废气再循环电子控制系统有关的传感器信号及其作用如下。

(1)发动机转速传感器。提供发动机转速信号,是 ECU 计算 EGR 率的重要参数之一。此外,当发动机转速低于 900r/min 或高于 3200r/min 时(高低限值因车型而不同),ECU 输出持续高电平控制信号,使 EGR 电磁阀关闭,发动机进气管无废气再循环。

(2)空气流量传感器或进气压力传感器。提供发动机负荷信息,是 EUC 确定 EGR 率的另一重要参数。

(3)发动机冷却液温度传感器。提供发动机温度信号,在发动机温度低时,ECU 输出控制信号,不进行废气再循环。

(4)节气门位置传感器。提供发动机怠速信号,当发动机处于怠速工况时,ECU 输出控制信号,不进行废气再循环。

(5)点火开关。提供发动机起动信号,在起动发动机时,ECU 输出控制信号,不进行废气再循环。

四、燃油蒸发排放控制系统组成

典型的燃油蒸发排放控制系统如图 2-55 所示。

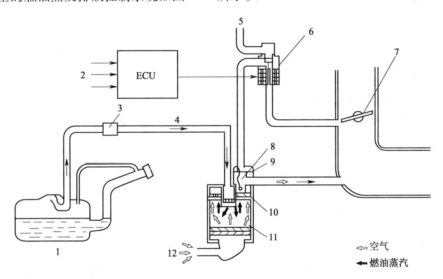

图 2-55 电子控制式炭罐通气量控制系统

1-燃油箱;2-传感器信号;3-单向阀;4-通气管路;5-接进气缓冲器;6-炭罐通气电磁阀;7-节气门;8-主通气口;9-炭罐通气阀;10-定量通气小孔;11-炭罐;12-新鲜空气

(1)活性炭罐。活性炭罐中装有活性炭,活性炭可吸附汽油箱中的汽油蒸气,但这种吸附力不强,当有空气流过时,蒸气分子又会脱离,随空气一起进入进气歧管。

(2)活性炭罐通气阀。阀的上部为真空室,其真空度由活性炭罐通气电磁阀控制。当真空度增大时,阀膜片向上拱,主通气口通气量增加。

(3)活性炭罐通气电磁阀。三通气口的活性炭罐通气电磁阀其结构和工作原理与 EGR 电磁阀相似,其作用是根据 ECU 输出的占空比控制脉冲工作,调整活性炭罐通气阀的开度。

有二通气口的活性炭罐通气电磁阀,其结构和工作原理与开关电磁式怠速控制阀相似,使用这种活性炭罐通气电磁阀的系统一般无活性炭罐通气阀,直接通过活性炭罐通气电磁阀的开关占空比来控制通气量,其控制系统如图 2-56 所示。

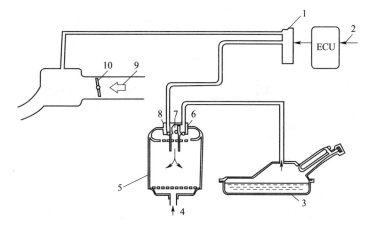

图 2-56 二通气口的活性炭罐通气量控制
1-炭罐通气电磁阀;2-传感器信号输入;3-燃油箱;4-新鲜空气;5-炭罐;6、7、8-单向阀;9-进气流;10-节气门

五、燃油蒸发排放控制系统工作过程

1. 活性炭罐的作用

燃油箱中的汽油蒸发,汽油蒸气的压力达到设定值时,就会从油箱盖的排气阀排出,造成对大气的 HC 污染。燃油箱用通气管与活性炭罐连接,其作用就是将汽油箱中的汽油蒸气收集于罐中,并在发动机工作时,通过流经的空气将汽油蒸气送入进气管参与燃烧(图 2-46),以免汽油箱中的汽油蒸气直接排放到大气中而造成空气污染。

2. 活性炭罐通气量控制的作用

要使活性炭罐能随时收集汽油箱中的汽油蒸气,必须及时将活性炭罐中的汽油蒸气"驱走",同时,携带活性炭罐汽油蒸气的这部分气体进入进气管后,不应对发动机的正常工作造成负面影响。活性炭罐通气量控制就是在保证活性炭罐能正常起作用的同时,发动机能正常地工作。

3. 活性炭罐通气控制原理

较早的燃油蒸发排放控制系统利用节气门处的真空度直接控制膜片式通气阀来控制活性炭罐通气量(参见图 2-57)。这种控制方式的控制精度较低,已被电子通气量控制装置所取代,其控制系统的基本组成如图 2-58 所示。

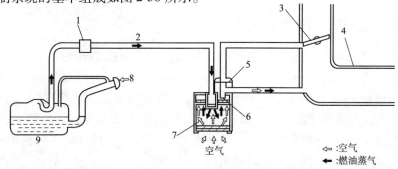

图 2-57 活性炭罐的作用
1-燃油蒸气单向阀;2-通气管;3-节气门;4-进气歧管;5-膜片式通气阀;6-定量通气孔;7-活性炭罐;8-油箱盖;9-燃油箱

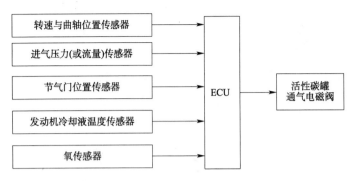

图 2-58 活性炭罐通气电子控制系统组成

EUC 根据有关传感器的信号判断发动机工况与状态,并输出相应的控制脉冲,通过控制活性炭罐通气电磁阀的开关占空比来调节活性炭罐通气阀的开度,使流经活性炭罐进入进气管的空气流量适应发动机工况、状态变化的需要。活性炭罐通气电子控制系统有关的传感器信号及相应作用如下所述。

(1)发动机转速与曲轴位置传感器,提供发动机转速信号。在发动机转速高时,ECU 输出控制脉冲使活性炭罐通气阀开度加大,以增加活性炭罐通气量,使活性炭罐中的汽油蒸气能及时净化掉。当发动机不工作(无转速信号)时,ECU 使活性炭罐通气阀关闭,活性炭罐无空气流通。

(2)进气管压力(或空气流量)传感器,提供发动机负荷信号。当发动机负荷大时,ECU 也使活性炭罐通气阀开度加大。

(3)发动机冷却液温度传感器,提供发动机工作温度信号。当发动机工作温度低于 60℃ 时,活性炭罐通气阀完全关闭,使活性炭罐无空气流通。

(4)节气门位置传感器,提供发动机怠速信号。当发动机处于怠速工况时,ECU 使活性炭罐通气阀开度很小,使活性炭罐通气量减少,以免造成混合气过稀而使发动机怠速不稳。

(5)氧传感器,反馈混合器空燃比状态信号。ECU 根据氧传感器的反馈信号调整活性炭罐通气阀的开度,以避免混合气过浓或过稀。

第六节　发动机其他电子控制技术

一、发动机电子节气门控制系统

传统的节气门与加速踏板之间通过拉索(杆)连接,节气门的开度完全由驾驶员通过加速踏板来控制。这种机械控制方式只能使发动机电子控制系统完全按驾驶员对加速踏板的操作控制发动机的工作,不能确保发动机的工作状态与汽车的运行情况形成最佳的匹配。电子节气门控制系统使加速踏板与节气门之间无机械连接,而是通过传感器、电子控制器及节气门驱动装置实现电子控制方式的连接,可使发动机节气门的开度不完全取决于驾驶员对加速踏板的操纵,控制系统可根据发动机的工况、汽车的行驶状态等对节气门的开度进行实时调节,使发动机在最适当的状态下工作,从而提高了汽车的动力性、安全性及舒适性。电子节气门开始只是在某些高级轿车上有应用,现已出现在国内外生产的家用轿车上。

1.电子节气门控制系统的组成

电子节气门控制系统主要由节气门总成、加速踏板位置传感器和电子控制器等组成,如图 2-59 所示。

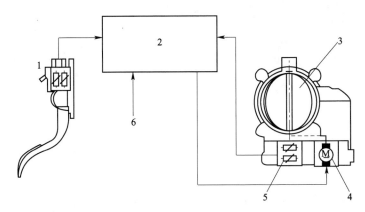

图 2-59 电子节气门的组成
1-加速踏板位置传感器;2-电子控制器;3-节气门;4-电动机;5-节气门位置传感器;6-其他传感器信号

加速踏板位置传感器通常采用双电位计式传感器,安装在加速踏板总成内部,用于检测加速踏板的位置变化。双电位计式加速踏板位置传感器同时输出两个大小同向变化,但变化斜率不同的电压信号,可提高测量精度,使电子控制器对节气门开度的控制更加精准。加速踏板位置传感器安装在发动机舱内时,加速踏板与传感器之间通过一根拉索连接。加速踏板位置传感器通常采用双电位计式传感器,安装在加速踏板总成内部,用于检测加速踏板的位置变化。双电位计式加速踏板位置传感器同时输出两个大小同向变化,但变化斜率不同的电压信号,可提高测量精度,使电子控制器对节气门开度的控制更加精准。加速踏板位置传感器安装在发动机舱内时,加速踏板与传感器之间通过一根拉索连接。

节气门位置传感器采用无触点的双电位计式传感器,安装在节气门总成内,用于将节气门的位置信息反馈给电子控制器。节气门位置传感器双电位计的两个电压信号通常是相向改变,当节气门开度改变时,节气门位置传感器的一个信号电压增大,另一信号电压则减小。节气门位置传感器设双电位计的目的也是为了提高电子控制器对节气门位置的控制准确度。

电子控制器根据加速踏板位置传感器及其他相关传感器的信号进行最佳节气门开度判断,并输出控制信号,控制节气门驱动装置,将节气门调整到适当开度。电子节气门控制器通常是发动机电子控制器中的一个控制模块,由相应的控制程序和驱动电路组成。

节气门驱动装置由电动机和机械传动机构组成,其作用是按照电子控制器的指令动作,及时调节节气门的开度。

2.电子节气门控制系统工作原理

1)电子节气门控制系统的工作方式

电子节气门控制系统的工作方式如图 2-60 所示。发动机工作时,加速踏板位置传感器将反映加速踏板位置的电信号输送给电子控制器,电子控制器根据此位置信号判断驾驶员的驾车意图,并参考发动机转速传感器、进气压力传感器及其他相关传感器的电信号,得到最佳的节气门开度参数,然后与当前的节气门位置进行比较。当节气门的开度与最佳开度参数不一致时,便输出控制信号,控制节气门驱动装置工作,将节气门调整到适当的开度。

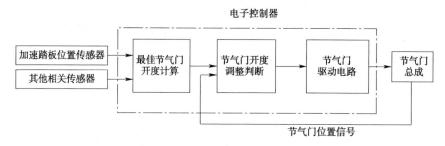

图 2-60 电子节气门控制系统的工作方式

2）电子节气门总成的结构与工作原理

电子节气门总成用来执行来自电子控制器的指令，迅速调节节气门开度，以控制发动机的进气量；与此同时，输出反映节气门当前位置的电信号，以使电子控制器能实时监控节气门的开度。

电子节气门总成由节气门、节气门驱动执行器和节气门位置传感器等构成。

电子控制器通过输出脉宽可变的控制信号来控制直流电动机的通电时间，电动机通电转动时，通过齿轮传动机构驱动节气门转过相应的转角。电子控制器通过改变直流电动机电流的方向，实现节气门开度的增大或减小控制。

节气门位置传感器（2个电位计）的滑片与节气门同轴，当节气门转动时，电位计滑片同步转动，使电位计的输出电压随节气门的位置变化而改变。

3. 电子节气门控制系统的特点

电子节气门控制系统根据驾驶员操纵加速踏板的情况、发动机的运行工况及汽车的行驶状况等对节气门进行控制，可使踏板行程大小与电子节气门开度不一致，以实现发动机的不同模式控制。

1）加速踏板特性控制可使节气门的开度响应

满足驾驶员不同的踏板感觉需要。加速踏板特性大致可分为运动模式、标准模式和经济模式。运动模式使驾驶员有加速踏板很灵敏的感觉，该控制模式下使节气门的响应以汽车的加速反应迅速为目的；经济模式则使驾驶员有加速踏板比较"迟缓"的感觉，该控制模式下对节气门的控制以经济性为目标。

2）以舒适性为目标的车速控制

在加速踏板位置突然改变时，电子节气门控制系统对节气门的响应进行适当的调整，以避免汽车突然的加速或减速，使车内乘员无前冲或后仰的感觉。

3）发动机转速限制控制

当发动机转速超过设定的限值时，电子节气门控制系统可及时减小节气门开度，以避免发动机超速运转。

4）发动机起动控制

在起动发动机时，电子节气门控制系统自动将节气门调整到发动机最容易起动的位置。

5）三元催化器加热时的转矩补偿控制

当发动机冷机起动后，三元催化器加热器通电工作时，电子节气门控制系统将节气门开度作适当的修正，以确保发动机的正常运转。

6)发动机怠速控制

电子节气门装置响应发动机怠速控制系统的控制指令,进行发动机怠速稳定控制、发动机高怠速控制和发动机快速暖机控制等。

二、发动机自动起停技术

1. 发动机自动起停技术概述

发动机自动起停就是在车辆行驶过程中临时停车(例如等红灯)的时候,自动熄火。当需要继续前进的时候,系统自动重起发动机的一套系统。英文名称STOP&START简称STT。STT智能节油系统是一套控制发动机起动和停止的系统。

它是通过在传统发动机上植入具有怠速起停功能的加强电动机,使汽车在满足怠速停车条件时,发动机完成熄灭不工作。当整车再需要起动前进时,怠速起停电动机系统迅速响应驾驶员起动命令,快速起动发动机,瞬时衔接,从而大大减少油耗和废气排放。STT智能节油系统是一套控制发动机起动和停止的系统。该系统通过电脑判断车辆的状态,例如车辆在红灯、拥堵路段等停滞状态,电脑可以控制发动机自动停止运行,并且停止运行阶段,并不影响车内空调、音响等设备的使用。通过此项技术在一般路况条件下可以节约5%的燃油,而在拥堵路段中最高可以节约15%左右的燃油。据权威机构测试,此项技术的使用将使一辆普通轿车每年节省10%至15%的燃料。

2. 发动机自动起停技术发展历史

这项技术早在20世纪70年代中期就已经出现。当时丰田在皇冠轿车上对这一技术进行过实用性测试,只要车辆停稳后1.5s,发动机就会自动断油熄火,而这也成为日后自动起停发展的理论及设计雏形。这台皇冠车在东京的城市交通中进行了长时间的测试,证明这一技术能带来10%左右的节油效果。而在此之后,大众、菲亚特、雪铁龙等众多品牌都开始涉足这一技术,但直到2006年自动起停功能才开始了普及之路,究其原因是欧盟日益严苛法规限制,让众多汽车企业不得不想办法节能减排。

3. 起停系统的种类

1)分离式起动机/发电机起停系统

采用分离式起动机和发电机的起停系统很常见。这种系统的起动机和发电机是独立设计的,发动机起动所需的功率是由起动机提供,而发电机通过为蓄电池充电,来保证起动机的电能。

2)集成起动机/发电机起停系统

集成起动机/发电机是一个通过永磁体内转子和单齿定子来激励的同步电动机,能将驱动单元集成到混合动力传动系统中。这套装置采用了可逆变原理即将传统汽车上的发电机和起动电动机功能合成在一起,当汽车行驶时充当发电机,产生电能,当汽车起动时又充当起动机。

(1)汽车在加速或爬坡时可以提供一部分辅助力矩,这样可以灵活高效地利用车载能源,对电动汽车性能的提高有很大帮助。

(2)回馈电能。汽车在减速或者制动时,可以将动能转换为电能,对蓄电池进行充电,这样节约了能源,进一步提高了燃油经济性。

3)智能起停系统

前面介绍的两种起停系统是单纯起动机来起动发动机的,SISS智能起停系统(现在称为i-stop技术),主要是通过在汽缸内进行燃油直喷,燃油燃烧产生的膨胀力来重起发动机的,发动机上的传统起动机在发动机起动时起到辅助作用。

使用SISS技术,发动机在最短0.35s的时间内就能起动,比单纯使用起动机或电动机的系统要快一倍。

4)滑行起停系统

目前现有的起停系统只能在车辆完全停下来时才关闭发动机,而滑行起停系统在车辆滑行时即可关闭发动机(如高速下坡道),同时,在自动挡车型中使用控制系统自动控制离合器,将发动机与传动系统分离,以延长滑行距离。当滑行中驾驶员操作加速踏板或制动踏板时,发动机会迅速起动。虽然现有的发动机控制系统可以使发动机在车辆带挡滑行时停止喷油,但由于发动机和传动系统并未分离,滑行距离不长;而在空挡滑行时,发动机仍会喷油,尽管可以长距离滑行但并不能达到节油的目的。因此,滑行起停系统可以将这两种工况的优势结合起来,通过熄火的方式达到节油的目的,同时令车辆滑行距离更长。

4. 起停系统构成

起停系统硬件构成所必需的零件有:离合器/空挡开关或传感器、具备深度放电能力的蓄电池、蓄电池传感器(LIN/CAN)、可频繁起动的起动机、起停控制开关和指示灯、智能发电机、DC-DC converter、坡度传感器等,如图2-61所示。

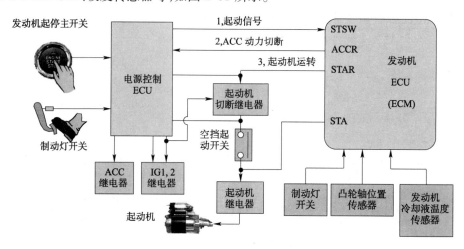

图2-61 起停系统硬件构成图

(1)起停主开关,仪表板上的起停控制按钮。

(2)仪表指示灯,组合仪表上起停指示灯。

(3)左前门开关,判断驾驶员状态,如是否在车内。

(4)制动真空度传感器,判断制动系统真空度是否足够,以决定是否启用起停系统。

(5)离合器顶部开关/离合器底部开关,判断离合器是否被踩下,确定是否进入起停模式。

(6)空挡传感器,判断车辆是否处于空挡。

(7)蓄电池及传感器,发动机在起动过程中电流较大,蓄电池放电很快,频繁起停对蓄电池要求高,因此采用与以往不同的蓄电池,AGM蓄电池被大量使用,AGM蓄电池是指隔板采用的是超细玻璃棉材料的蓄电池。

常规蓄电池与 AGM 蓄电池的区别：AGM 蓄电池是密封的，蓄电池盖上有排气阀，正常使用过程中，不需要补水。常规蓄电池是非密封的，打开注液盖可以看到电解液，使用中需经常补水。

①循环充电能力比铅酸蓄电池高 3 倍，具有更长的使用寿命。

②在整个使用寿命周期内具有更高的电容量稳定性。

③低温起动更加可靠。

④ECU 如何估算蓄电池状态：

AGM 蓄电池＋电流传感器：电流传感器输出电流、电压、温度信号，由 ECU 内部蓄电池模型计算蓄电池目前状态。

AGM 蓄电池＋蓄电池传感器：蓄电池传感器内部集成蓄电池模型，直接输出蓄电池状态参数。

（8）起动电动机，增强型的起动电动机以保证可以耐受短时间内多次停车的工况，这种起动电动机的耐久测试一般超过 25 万次不出故障，远超普通起动电动机。

（9）ECU 不用说，与非自动起停的 ECU，需要增加硬件和针脚，修改软件。

（10）发动机起动齿圈强度须加强，以达到起停系统的要求。

5．发动机自动起停技术原理

起停系统的工作原理是，当车辆因为拥堵或者路口遇红灯停止行进。驾驶员踩下制动踏板，停车摘挡。这时候，Start/Stop 系统自动检测：发动机空转且没有挂挡；防锁定系统的车轮转速传感器显示为零；电子蓄电池传感器显示有足够的能量进行下一次起动。满足这 3 个条件后，发动机自动停止转动。而当信号灯变绿后，驾驶员踩下离合器，随即就可以起动"起动停止器"，并快速地起动发动机。在自动挡车型上，只要一松开制动踏板，或者转动转向盘，发动机又会立即自动点火，立即又可以踩加速踏板起步，整个过程变速器都处于 D 挡状态。

6．起停系统工作条件

下列条件起停系统不工作：

（1）起停系统零部件故障。蓄电池传感器 EBS、驾驶员车门/前舱盖开关故障、制动真空度传感器故障、离合器开关故障、起动机控制电路和继电器故障、车速传感器故障等。

（2）发动机故障禁止起停。冷却液温度传感器、发动机不能同步、节气门故障、炭罐故障、转速传感器故障等。

（3）逻辑禁止起停功能。驾驶员不在驾驶座上、蓄电池电量低、制动真空度过低、起动机起动频次超限、故障检测未完成、发动机冷却液温度过高或过低、催化器正处于加热状态等。

（4）当车速低于一定条件值，空挡、离合器松开且没踩加速踏板时，起停系统自动停止工作。

（5）其他原因。如驾驶员改变意图、故障处理、AT/AMT 油压问题等。

7．起停系统缺点

（1）发动机频繁起动是有可能造成很大程度的积炭；这个起停是有温度条件的，低温积炭会比较严重，但充分热机，起动时多喷不了多少燃油，而且起动后立即前行，转速上升，多喷的燃油很快就被烧掉了，另外你知道吗？长期急速，积炭也很严重。

（2）严重堵车时会遇到车辆反复走走停停的状态，如果每次都进行停车起动，对起动机寿命等都有不利影响，所以会自动暂时屏蔽起停功能，直到车辆驶出拥堵路段，能够连续行驶一段时间以上再进行恢复。

（3）起停系统会对发动机有磨损，起动过程由于加速度较大，会对汽车零部件造成冲击。

（4）起停技术会增加维护成本，因为有额外的零部件就有可能损坏，售后和维护确实需要费用。

（5）起停系统确实造成车辆起步较其他车辆慢半拍，如驾驶员提前动作能够消除部分不利因素。

第七节　柴油发动机电控燃油喷射系统

高压共轨（Common Rail）电喷技术是指在高压油泵、压力传感器和电子控制单元（ECU）组成的闭环系统中，将喷射压力的产生和喷射过程彼此完全分开的一种供油方式。它是由高压油泵将高压燃油输送到公共供油管（Rail），通过公共供油管内的油压实现精确控制，使高压油管压力（Pressure）大小与发动机的转速无关，可以大幅度减小柴油机供油压力随发动机转速变化带来的不利影响，高压共轨系统利用较大容积的共轨腔将油泵输出的高压燃油蓄积起来，并消除燃油中的压力波动，然后再输送给每个喷油器，通过控制喷油器上的电磁阀实现喷射的开始和终止。其主要特点可以概括如下：共轨腔内的高压燃油直接用于喷射，可以省去喷油器内的增压机构；而且共轨腔内是持续高压，高压油泵所需的驱动力矩比传统油泵小得多。通过高压油泵上的压力调节电磁阀，可以根据发动机负荷状况以及经济性和排放性的要求对共轨腔内的油压进行灵活调节，尤其优化了发动机的低速性能。通过喷油器上的电磁阀控制喷射定时、喷射油量以及喷射速率，还可以灵活调节不同工况下预喷射和后喷射的喷射油量以及与主喷射的间隔。

一、电控柴油喷射系统分类

最先出现的是电控喷油泵技术，而后又发展了电控泵喷嘴技术和高压共轨喷射技术，后两种技术是现在最主要的柴油机电控喷射技术。其中，电控泵喷嘴技术的喷油压力非常高，可以达到200MPa，并且泵和喷嘴装在一起，所以只需要很短的高压油引导部分，泵喷嘴系统也可以实现很小的预喷量，其喷油特性是三角形的，并采用了分段式预喷射，这是很符合柴油机的要求（大众公司的TDI发动机就是使用这种技术）。但电控泵喷嘴技术的喷油压力受柴油机转速影响，使用蓄压系统的高压共轨技术可以解决这个问题。它的喷油压力低于泵喷嘴系统，能达到160MPa。

1. 位置控制系统

第一代柴油机电控燃油喷射系统也称位置控制系统，它用电子伺服机构代替机械调速器控制供油滑套位置以实现供油量的调整。其特点是保留了传统的喷油泵—高压油管—喷油器系统，只是对齿条或滑套的运动位置由原来的机械调速器控制改为计算机控制。使控制精度和响应速度得以提高。其优点是柴油机的结构几乎不需要改动，生产继承性好，便于对现有柴油机进行升级换代。缺点是"位置控制"系统响应慢、控制频率低、控制自由度小、控制精度还不够高,喷油压力也无法独立控制。这类技术已发展到可以同时控制定时和预喷射的 TICS 系统。保留传统喷射系统的基本结构,只是将原有的机械控制机构用电控元件取代,在原机械控制循环喷油量和喷油定时的基础上,改进更新机构功能,使用直线比例式和旋转式电磁执行机构控制油量调节齿杆(或拉杆)位移和提前器运动装置的位移,实现循环喷油量和喷油定时的控制,使控制精度和响应速度较机械式控制方式得以提高。

系统技术特征与系统特点:

(1)数字控制器通过执行机构的连续式位置伺服控制,对喷射过程实现间接调节,故相对其他电控燃油喷射系统,执行响应较慢、控制频率较低和控制精度不太稳定。

(2)不能改变传统喷射系统固有的喷射特性,电控可变预行程直列泵虽能对喷油速率起到一定的调节作用,但却使直列泵机构复杂性加大。

(3)柴油机的结构几乎无须改动即可改造成位置控制式喷射系统,故生产继承性好,便于对现有机器进行升级改造。

(4)由于燃油泵输送和计量机构基本不变,喷油系统参数受柴油机转速影响大,很难实现喷油规律控制,凸轮机构、柱塞套的应力和变形限制了喷油压力的进一步提高。

2. 时间控制方式

供油量的"位置控制"特点是用模拟量来控制执行元件工作,通过对喷油泵油量控制机构的定位来得到所需的供油量。不论采用何种类型的电子调速器,总是需要由部分机械装置来完成对喷油泵供油量的调节,也会降低控制精度和响应速度,所以继供油量"位置控制"之后出现了"时间控制"。

时间控制系统有许多比纯机械式或第一代系统优越的地方,但其燃油喷射压力仍然与发动机转速有关,喷射后残余压力不恒定。另外电磁阀的响应直接影响喷射特性,特别是在转速较高或瞬态转速变化很大的情况下尤为严重,而且电磁阀必须承受高压,因此对电磁阀提出了很高的要求。

3. 时间—压力控制方式

第二代柴油机电控燃油喷射系统中最典型的是电控共轨式燃油喷射系统。在电控共轨式燃油喷射系统中,对喷油量的控制采用"时间—压力控制"或"压力控制",使用最多的是"时间—压力控制"方式。

在该系统中,ECU 通过设置传感器、电控单元、高速电磁阀和相关电/液控制执行元件等,组成数字式高频调节系统,有电磁阀的通、断电时刻和通、断电时间控制喷油泵的供油量和供油正时。

共轨控制式电控燃油喷射系统不再采用传统的柱塞泵脉动供油原理。共轨式电控喷射系统具有公共控制油道(共轨管),高压油泵只是向公共油道供油以保持所需的共轨压力,通过连续调节共轨压力来控制喷射压力,采用压力时间式燃油计量原理,用电磁阀控制喷射过程。

该系统根据柴油机运行工况的不同,不仅可以适时地控制喷油量与喷油定时,使其达到与工况相适应的最优数值,而且还使得喷油压力和喷油速率的控制成为可能。且系统的控制自由度及精度得到了大幅度提高。

系统技术特征:

(1)不再采用传统的柱塞泵脉动供油原理,使用高压油泵+共轨油管。

(2)采用压力时间式燃油计量原理,用电磁阀控制喷射过程。

(3)可以柔性控制喷油压力、喷油量和喷油定时,喷油速率的控制也成为可能。

4. 压力控制方式

在后期开发的柴油机电控共轨式燃油喷射系统中,为降低对供油压力的要求,喷油量的控制采用控制喷油压力的方法实现,即喷油量的"压力控制"方式。

喷油器喷孔尺寸一定,喷油时间一定,控制喷油压力即可控制喷油量;而在增压活塞和柱塞尺寸一定时,喷油压力(即增压压力)取决于共轨中的油压,共轨中的油压是由ECU根据各种传感器信号通过燃油压力调节阀来控制的,所以将此种喷油量控制方式称为"压力控制"方式。在系统中,ECU根据实际的共轨压力信号对共轨压力进行闭环控制。

二、电子控制共轨系统的控制功能及喷射方式

1. 电子控制共轨系统的控制功能

1)调节喷油压力(共轨压力)

利用共轨压力传感器测量共轨内的燃油压力,从而调整供油泵的供油量,控制共轨压力。共轨压力就是喷油压力。此外,还可以根据发动机转速、喷油量的大小与设定了的最佳值(指令值)始终一致地进行反馈控制。

2)调节喷油量

以发动机的转速及节气门开度信息等为基础,由计算机计算出最佳喷油量,通过控制喷油器电磁阀的通电、断电时刻直接控制喷油参数。

3)调节喷油率

根据发动机运行的需要,设置并控制喷油率:预喷射、后喷射、多段喷射等。

4)调节喷油时间

根据发动机的转速和负荷量参数,计算出最佳喷油时间,并控制电子控制喷油器在适当的时刻开启,在适当的时刻关闭等,从而准确控制喷油时间。

2. 喷射方式

电子控制共轨系统燃油喷射方式有3种:一段喷油法、二段喷油法和多段喷油法。

1)一段喷油法

一段喷油法是在一个工作循环中只有一次喷射,即主喷射。应用于早期的电子控制柴油机喷射系统。

2)二段喷油法

二段喷油法是指在主喷油之前有一个喷油量相当小的预喷过程,即预喷射加主喷射。

在主喷射之前进行的预喷射(时间间隔约1 ms)可以使燃烧噪声明显降低,这是一项已经实用化了的技术。但是,由于预喷射会导致PM排放增加,因此可以使预喷射段靠近主喷射段,从而降低PM排放。

3)多段喷油法

多段喷油法是将每一个工作循环中的喷油过程分成若干段来进行,每段喷油均是相互无关、各自独立的,其主要目的是控制燃烧速度。多段喷油法一般包括引导喷射、预喷射、主喷射、后喷射和次后喷射等多段。在多段喷射过程中,电磁阀必须完成多次开启、关闭动作,

因此驱动能量和消耗能量成了问题。

在主喷射前后的预喷射、后喷射中,由于喷油的间隔相互靠近,因此前段喷射会对后段喷射的喷油量带来影响。解决的办法是:利用喷油压力和喷油间隔,修正后续的喷油量指令。

在多段喷油构成中,各段喷油的作用如图2-62所示。

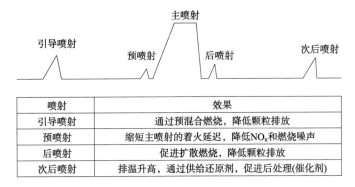

喷射	效果
引导喷射	通过预混合燃烧,降低颗粒排放
预喷射	缩短主喷射的着火延迟,降低NO_x和燃烧噪声
后喷射	促进扩散燃烧,降低颗粒排放
次后喷射	排温升高,通过供给还原剂,促进后处理(催化剂)

图2-62　多段喷射的作用

三、电子控制共轨系统组成

电子控制高压共轨系统,从功能方面分析,可以分成电子控制和燃料供给两大分系统。其基本组成如图2-63所示。

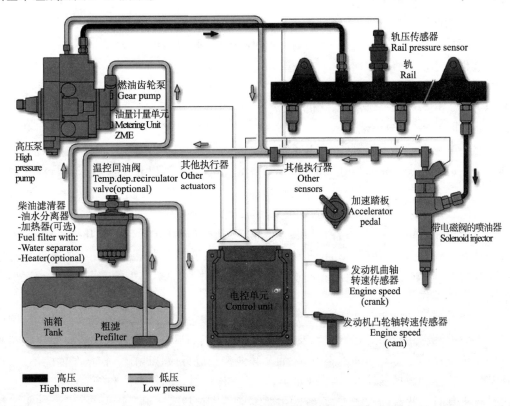

图2-63　电子控制共轨系统的组成

柴油共轨喷射系统由液力系统和电子控制系统构成。其中液力系统又分低压液力系统和高压液力系统。低压液力系统包括油箱、输油泵、燃油滤清器、低压油管等；高压液力系统包括高压泵、高压油轨、喷油器、高压油管等。

电子控制系统（Electronic Diesel Control,简称 EDC）传感器、电控单元（Electronic Control Unit,简称 ECU）、执行器，包括带电磁阀的喷油器、压力控制阀、预热塞控制单元、增压压力调节器、废气循环调节器、节流阀、线束等。

喷油器、高压泵、高压油轨、电控单元为柴油共轨系统四大核心的部件。

喷油器是将燃油雾化并分布在发动机燃烧室的部件。共轨喷油器的喷油时刻和持续时间均经电控单元精确计算后给出信号，再由电磁阀控制。

高压泵的作用是将燃油由低压状态通过柱塞将其压缩成高压状态，以满足系统和发动机对燃油喷射压力和喷油量的要求。

高压油轨的作用是存储燃油，同时抑制由于高压泵供油和喷油器喷油产生的压力波动，确保系统压力稳定。高压油轨为各缸共同所有，其为共轨系统的标志。

电控单元就像发动机的大脑，它收集发动机的运行工况参数，结合已存储的特性图谱进行计算处理，并把信号传递给执行器，实现发动机的运行控制、故障诊断等功能。

四、电子控制共轨系统工作原理

1. 燃油供给系统的工作原理

低压泵从油箱中抽出燃油，经柴油滤清器到高压燃油泵，加压后送到蓄压器，由限压阀调整压力，使蓄压器中的压力保持不变，ECM 控制电磁阀的开启。

2. 高压共轨系统的工作原理

燃油经过低压油泵吸出后经过油水分离器、柴油滤清器后被输送到高压油泵，此时燃油压力约为 0.2MPa，进入高压油泵一部分燃油通过其中的安全阀进入油泵的润滑和冷却油路后，返回了油箱。一部分燃油进入高压泵，经过加压到约 135MPa 后进入蓄压器，通过其上的轨压传感器和泵上的流量限制阀，调节 ECM 设计的油轨压力。之后，燃油进入喷油器，一路喷入燃烧室进行燃烧，另一路在喷油期间从针阀的导向部分泻出和从控制套筒与柱塞的缝隙处泄露处多余的燃油，一起经过回油管流回油箱。由于电控系统闭环运行的特性，喷油量的大小仅由燃油压力和电磁阀开启时间的长短来确定。

在电子控制共轨系统中，由各种传感器（如发动机转速传感器、节气门开度传感器、各种温度传感器等）实时检测出发动机的实际运行状态，由微型计算机根据预先设计的计算程序进行计算后，定出适合于该运转状态的喷油量、喷油时间、喷油率模型等参数，使发动机始终都能处于最佳工作状态。

空气质量流量计检测空气质量流量。在涡轮增压并带增压压力调节的发动机中，增压压力传感器检测增压压力。在低温和发动机处于冷态时，ECU 可根据冷却液温度传感器和空气温度传感器的数值对喷油始点、预喷油及其他参数进行最佳匹配。根据车辆的不同，还可将其他传感器和数据传输线接到 ECU 上，以适应日益增长的安全性和舒适性要求。

计算机具有自我诊断功能，对系统的主要零部件进行技术诊断，如果某个零件产生了故障，诊断系统会向驾驶员发出警报，并根据故障情况自动做出处理；或使发动机停止运行，即所谓故障应急功能,或切换控制方法,使车辆继续行驶到安全的地方。

在高压电子控制共轨系统中,供油压力与发动机的转速、负荷无关,是可以独立控制的。由共轨压力传感器测出燃油压力,并与设定的目标喷油压力进行比较后进行反馈控制。

五、柴油喷射控制

柴油喷射控制主要是喷油量控制、喷油时间控制、喷油压力控制和喷油率控制。

1. 喷油量控制

根据各种传感器的信息,ECU 计算出目标喷油量;为了得到目标喷油量,计算出喷油装置需要多长的供油时间,并向驱动单元发送驱动信号;根据 ECU 送来的驱动信号,喷油装置中的电磁阀开启或关闭,控制喷油装置供油开始、供油结束的时间,或只控制供油结束时间,从而控制喷油量。

在电子控制燃油喷射系统中,目标喷油量特性已经数值化,绘成三维图形(即 MAP 图),所以,可以得到喷油量特性。

1) 基本喷油量控制

基本喷油量控制由发动机转速和加速踏板位置决定。不同的发动机要求不同的转矩特性,为了得到不同的转矩特性通常是通过控制喷油量来实现的。

基本喷油量特性全程调速特性、两极调速特性和等速特性。等速特性与发动机负荷无关,始终保持恒定的转速,该特性广泛地应用于发电机用发动机中。在机械式调速系统中调速率约为3%;负荷变化,转速随之变化。但在电子控制燃油系统中,通过发动机转速的反馈控制,可以得到恒定不变的转速。

2) 怠速喷油量控制

在怠速工况下,发动机产生的转矩和发动机自身的摩擦转矩平衡,维持稳定的转速。

如果在低温下工作,润滑油的黏度大,发动机的摩擦阻力大。怠速工况下,发动机转速不稳,乘车者感到不舒服;而且,发动机起动时容易失速。相反,如果发动机怠速转速高,则发动机噪声大,燃油消耗率高。为解决上述问题,即使发动机负荷转矩发生了变化,还要保证维持目标转速所需要的喷油量,这就是怠速转速自动控制功能。

发动机怠速控制对实际转速和发动机的目标转速,由发动机的冷却液温度、空调压缩机的工作状态和负荷等状态决定即进行比较,根据两者的差值求得回复到目标转速时所必需的喷油量从而进行反馈控制。

3) 起动喷油量控制

汽车加速踏板和发动机转速决定基本喷油量,冷却液温度等决定补偿喷油量,比较两者的关系之后,控制起动喷油量。

4) 不均匀油量补偿控制

在发动机运转过程中,由于各缸爆发压力不均匀,曲轴旋转速度变化引起发动机振动。特别是在低转速的怠速状态下,乘车者会感到不舒服。各缸喷油量不均匀,各缸内燃烧的差异等引起各缸间的转速不均匀。因此,为了减少转速波动,需要检出各个汽缸的转速波动情况。为了使转速均匀平稳。则需要逐缸调节喷油量,使喷到每一个汽缸内的燃油量最佳化。这就是不均匀油量补偿控制。检出各缸每次爆发燃烧时转速的波动,再和所有汽缸的平均转速比较,根据比较结果,分别给各个汽缸补偿相应的喷油量。

5)恒定车速喷油量控制

汽车在高速公路上长距离行驶时,驾驶员为了维持车速一直要操纵加速踏板,很容易疲劳。对此,不要驾驶员操纵加速踏板而维持定速行驶的控制过程就是恒定车速控制。

2.喷油时间控制

电子控制燃油系统中喷油时间的控制,根据各个传感器的信息,在ECU的演算单元中计算出目标喷油时间;喷油装置中的电磁阀从ECU接收驱动信号,控制流入或流出提前器的工作油。由于工作油对提前机构的作用,改变了燃油压送凸轮的相位角,或提前,或延迟,从而控制喷油时间。同样地,如果将FCU中目标喷油时间值用数据表示成三维图形(MAP图),则可得到自由的喷油时间特性。

为实现发动机中的最佳燃烧,必须根据运行工况和环境条件经常地调节喷油时间。该项功能就是最佳喷油时间控制功能,根据发动机的转速决定基本喷油时间,同时,还要根据发动机的负荷、冷却液温度、进气压力等对基本进气时间进行修正,决定目标喷油时间。

3.喷油压力控制

共轨式燃油喷射系统中喷油压力的控制,根据各个传感器的信息,ECU演算单元经过演算后定出目标喷油压力。根据装在共轨上的压力传感器的信号,ECU计算出实际喷油压力,并将其值和目标压力值比较,然后发出命令控制供油泵,升高或降低压力。将ECU中的目标喷油压力特性用具体数据表示成三维图形,即所谓MAP图,可以得到最佳喷射压力特性。

4.喷油率控制

喷油规律是影响排放的主要因素,理想的规律是喷油初期要求缓慢,速率不能太高,目的是减少滞燃期内可燃混合气量,降低初期燃烧速率,以降低最高燃烧温度和压力升高率抑制NO的产生和降低燃烧的噪音,预喷射式实现初期缓慢燃烧的方法。

喷射中期才有高喷射压力和高喷射目的是加快燃烧速度,防止产生微粒和提高燃烧效率。主喷射发生在中期。燃烧后期要求迅速结束喷射,防止在较低喷油压力和喷油速率下燃油雾化变差,导致不完全燃烧,造成排放增加,后喷射可有效降低排放物,使未燃烧的可燃物进一步烧干净。共轨柴油机中,采用多次喷射,使燃油规律优化。

需要若干次驱动喷油装置的电磁阀才能完成,根据传感器的信息,ECU演算单元计算出喷油参数。喷射参数中最重要的是:预喷射油量和预喷油时间间隔。这些参数值根据发动机的运行情况具有其相应的最佳值。将这些最佳值作为目标最佳预喷油量和目标最佳预喷油时间,具体数据表示在三维图形中,即可实现喷油率最佳控制。

第三章　自动变速器电子控制系统

第一节　自动变速器电子控制系统概述

一、自动变速器的发展概况

传统的手动变速器虽能满足汽车行驶动力性和经济性的基本要求，但存在以下不足：换挡操作劳动强度大，且容易引起驾驶员的紧张、疲劳及注意力分散而增加汽车行驶的不安全因素；手动变速器换挡时，传动系和发动机都不可避免承受换挡所引起的冲击力，对发动机和传动系统的使用寿命都会有一定的影响；换挡操作时所带来的行车不平稳，还影响了乘客的舒适性；此外，换挡的最佳时机不易把握，这又会影响汽车的行驶动力性和经济性。为解决普通手动变速器的不足，各国的汽车设计师们研制了各种各样的自动变速器，以适应汽车行驶安全、舒适及节能的要求。

1939年，美国通用汽车公司首先在其生产的Oldsmobile轿车上装用了液力偶合器与行星齿轮组成的液力变速器。这种在一定范围内具有自动变速作用的变速器被认为是现代自动变速器的雏形。20世纪40年代末50年代初，开始出现根据车速和节气门开度自动控制换挡的液力控制换挡自动变速器，使自动变速器进入了迅速发展时期，自动变速器在汽车上的应用也越来越多。20世纪70年代末，电子控制技术开始应用于汽车变速器。日本丰田汽车公司研制成功了世界上第一台电子控制变速装置，并在1976年实现了批量生产。但由于这种电子控制自动变速器其控制精度和自由度方面效果并不十分理想，因此包括日本在内的许多国家又把主要精力转向微机控制变速器的研究和开发上。20世纪70年代末以来，以微机为控制核心的电子控制自动变速器得到了迅速的发展。

二、自动变速器的分类

在自动变速器的发展过程中，曾经出现过换挡仍需手动操作的半自动变速器。主要有两种类型：：一种是自动离合器加手动换挡变速器的组合形式，因此也被称之为自动离合器式变速器；另一种是具有自动变速功能的液力变矩器加换挡用离合器再加辅助手动变速器组合形式，被称之为选择式自动变速器。半自动变速器实际上是自动变速器发展过程中的一个过渡形式，目前汽车上已很少采用。全自动变速器（简称自动变速器）无须离合器操作，并能自动加减挡。全自动变速器有多种结构形式，现以不同的分类方法加以概括。

1. 按变矩的方式分

1）液力传动式自动变速器

由液力变矩器和齿轮组承担动力传递和变速，其中液力变矩器实现一定范围内的无级变矩,齿轮组实现有级变速。这是目前使用最广泛的自动变速器。

2)机械传动式自动变速器

由机械传动装置中的离心式自动离合器和依据车速、节气门开度来改变V型传动带轮作用半径来实现无级变速。

3)电传动式自动变速器

由发电机将发动机输出的机械能转换为电能,并输送给驱动车轮的电动机,通过控制器控制电动机的转速而实现无级变速。

2. 按自动变速器换挡的控制方式分

1)液压控制的液力传动式自动变速器

换挡控制方式是通过机械手段将节气门开度和车速参数转化为液压控制信号,使阀板中各控制阀按照设定的换挡规律控制换挡执行机构动作,实现自动换挡,其控制过程如图3-1所示。

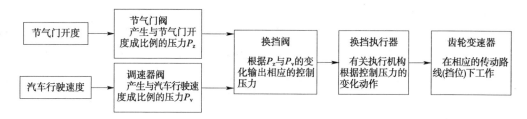

图3-1 液压控制自动换挡过程

2)电子控制的液力传动式自动变速器

主要通过各个传感器将发动机转速、节气门开度、车速、发动机温度、自动变速器油温等参数转变为电信号,输入自动变速器ECU,ECU根据这些电信号确定变速器换挡控制信号。ECU输出的换挡信号控制相应的换挡电磁阀动作,并通过换挡阀产生相应的液压控制信号,使有关的换挡执行机构动作,实现自动换挡。电子控制换挡过程如图3-2所示。

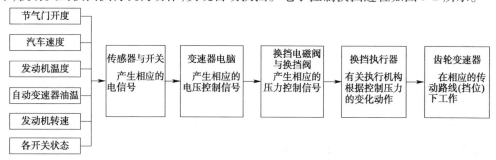

图3-2 电子控制自动换挡过程

3)电子控制的机械式自动变速器

由电子控制器直接控制节气门的开度、离合器的接合及齿轮变速器的换挡,以实现自动换挡。

3. 按自动变速器前进挡位的多少分

按自动变速器前进挡位分则有2挡、3挡、4挡自动变速器。现在的自动变速器一般为4前进挡,4挡为超速挡。

4. 按变速器齿轮组部分的结构类型不同分

按自动变速器齿轮组部分的结构不同可分为：普通齿轮（平行轴）式和行星齿轮式两种。由于行星齿轮机构结构紧凑，又能获得较大的传动比，因此目前的自动变速器普遍采用行星齿轮结构类型。

三、电子控制自动变速器的基本组成及特点

1. 电子控制式自动变速器的基本组成

现代汽车普遍采用的电子控制自动变速器，是由液力变矩器与行星齿轮机构组合实现动力传递和变速，可将其分成液力传动、机械辅助变速和自动控制三大功能部分，其基本组成如图3-3所示。

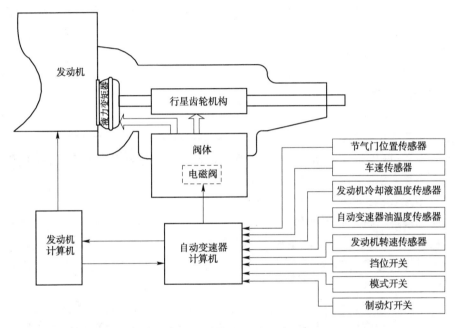

图3-3 电控自动变速器的基本组成

1）液力传动装置

液力变矩器通过液力传递动力，将发动机飞轮输出的功率输送给行星齿轮机构。液力变矩器可在一定的范围内实现增矩减速和无级变速，在必要时还可通过其锁止离合器锁止液力变矩器来提高传动效率。

2）辅助变速装置

目前普遍采用的行星齿轮式变速器包括行星齿轮变速机构和换挡执行机构两部分，其作用是进一步增矩减速，通过变换挡位实现不同的传动比，以提高汽车的适应能力。一般有3个或4个前进挡，一个倒挡。行星齿轮机构与液力变矩器相配合，就形成了更大范围内的变速。

3）自动控制系统

自动控制系统包括电子控制系统和液压控制系统（自动变速器阀体）两部分。自动变速器ECU根据各传感器及有关开关的输入信号产生相应的电控信号控制各电磁阀的动作，再

通过换挡阀及阀体中的各油路转换为相应的控制油压,从而实现对换挡执行机构、油压调节装置及液力变矩器锁止装置等的自动控制。

2. 电子控制自动变速器的特点

相比于传统的手动机械式变速器,这种自动变速器具有如下的优点。

1) 驾驶操作简化

提高了行车安全性在汽车起步和运行时,自动变速器无须离合器操作和手动换挡操作,减少了驾车操作的劳动强度,可使驾驶员集中精力注意路面交通情况,因此,行车的安全性得以提高。

2) 提高了发动机和传动系统的使用寿命

由于自动变速器在自动换挡过程中无动力中断,换挡平稳,减小了发动机和传动系统零件的动载荷;此外,液力变矩器这个"弹性元件"可以吸收动力传递过程中的冲击和动载荷。因此,采用自动变速器的汽车发动机和传动系统零件的使用寿命比采用机械式变速器的要长。

3) 提高了汽车的动力性

自动变速器在起步时,由于液力变矩器可连续自动变矩,可使驱动轮上的牵引力逐渐增加,换挡时动力不中断,发动机可维持在一稳定的转速,因此可使汽车的起步、加速性能力提高,汽车的平均车速也可提高。

4) 提高了汽车的通过性能

液力变矩器可以在一定的范围内自动变速来适应汽车行驶阻力的变化,在必要时又可自动换挡以满足牵引力的需要,因此显著提高了汽车的通过性能。

5) 减少了废气污染

手动换挡过程常常伴有供油量急剧变化,发动机转速变化较大的情况,容易导致燃烧不完全,使得发动机废气中有害物质增加。自动变速器由于有液力传动和自动换挡,在换挡过程中发动机可保持在稳定的转速,发动机的燃烧条件不会恶化,因此可减少发动机排放的废气对大气的污染。

液力传动式自动变速器其液力传力效率较低,因此液力自动变速器的油耗要高于机械变速器。但由于自动变速器可以使换挡适时,换挡过程中发动机仍可在理想的状态下稳定运转,因此在需要频繁换挡的市区行驶,自动变速器汽车就比较省油。尤其现代汽车自动变速器采用电子控制换挡,可按照最佳油耗规律控制自动换挡,加之采用了超速挡和变矩器锁止控制等,使电控自动变速器汽车的油耗有了明显的下降。自动变速器的缺点是结构较为复杂、成本较高,对维修技术水平要求要高一些。

第二节 液力自动变速器电子控制系统

一、液力自动变速器电子控制系统结构

电子控制系统的作用是监测汽车行驶工况、发动机工况,并根据检测的结果和设定的控制程序输出控制信号,控制有关电磁阀的动作,以实现对自动变速器的换挡、变矩器锁止及变速器油路等的自动控制。自动变速器电子控制系统的基本组成如图3-4所示。

第三章 自动变速器电子控制系统

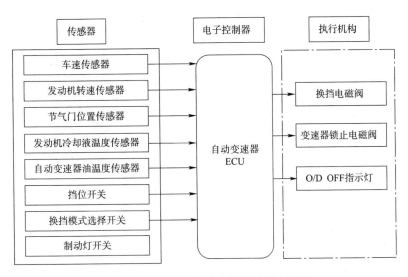

图 3-4 自动变速器电子控制系统的基本组成

1. 传感器与控制开关

自动变速器电子控制系统通常有如下传感器和开关信号。

(1) 车速传感器。车速传感器一般安装于自动变速器输出轴处,用于检测变速器输出轴的转速,ECU 根据此信号计算得到汽车的行驶速度,它是自动变速器换挡控制的主要参数之一。车速传感器多采用磁感应式,也有一些车型采用光电式、霍尔效应式、舌簧式等不同的结构形式的车速传感器。

(2) 节气门位置传感器。节气门位置传感器将节气门的位置参数转变为电信号,是自动变速器 ECU 控制自动换挡的另一主要参数。自动变速器一般采用线性节气门位置传感器。

(3) 自动变速器输入轴转速传感器。自动变速器输入轴转速传感器用于检测变速器输入轴的转速,其结构原理与车速传感器相同。变速器输入轴转速信号是自动变速器 ECU 控制换挡的参考信号之一,它可使 ECU 的换挡控制过程更为精确。ECU 根据变速器输入轴转速信号和发动机转速信号可准确计算变矩器的传动比,实现对液压油路的压力调节过程和变矩器锁止控制过程的优化控制,以进一步提高汽车的行驶性能和改善换挡感觉。

(4) 自动变速器油温度传感器。自动变速器油温度传感器的温度敏感元件一般为温度系数为负的热敏电阻,用于检测自动变速器油的温度,是 ECU 进行换挡控制、自动变速器油压力调节和变矩器锁止控制的参考信号。

(5) 超速挡开关(O/D)。此开关用于接通或断开自动变速器超速挡控制电路。当接通此开关时,自动变速器超速挡控制电路通路,在前进挡下变速器最高可升入Ⅳ挡(超速挡);而在此开关断开时,超速挡控制电路断路,在前进挡下,变速器最高只能升至Ⅲ挡,限制自动变速器进入超速挡。

(6) 模式选择开关。模式选择开关用于选择自动变速器的控制模式,以满足不同的使用要求。模式开关由驾驶员手动控制,选择不同的模式,ECU 就按照不同的换挡规律进行换挡控制。自动变速器通常设有经济模式(Econmy)、普通模式(Normal)、动力模式(Power)。

有的自动变速器由 ECU 根据汽车行驶工况和发动机工况等自动选择换挡规律,因此这种汽车自动变速器就无模式选择开关。

(7) 保持开关。保持开关的作用是锁定自动变速器的自动换挡,因此也被称为挡位锁定开关。当接通此开关时,自动变速器就不能进行自动换挡,换挡由驾驶员通过操纵手柄手动操作进行。将操纵手柄置于 D 位、S 位(或 2 位)、L 位(或 1 位)时,变速器就分别保持在 Ⅲ 挡、Ⅱ 挡、Ⅰ 挡。

(8) 挡位开关。挡位开关用于检测变速器操纵手柄的挡位,它安装在自动变速器手动阀的摇臂轴上,内部有与被测挡位数相对应的触点。挡位开关的主要作用是:①当变速器操纵手柄在空挡(N 位)或驻车挡(P 位)时,挡位开关将起动开关电路接通,使发动机得以起动;而当变速器操纵手柄在其他的任一个挡位时,起动开关电路断开,发动机不能起动,以保证自动变速器的使用安全(因而挡位开关也称之为空挡起动开关)。②当变速器操纵手柄在 N 位和 P 位以外的某一挡位时,相应的触点被接通,ECU 提供变速器操纵手柄挡位的信号,使 ECU 按照该挡位的控制程序自动控制变速器的工作。

(9) 强制降挡开关。强制降挡开关也被称之为自动跳合开关或降挡开关,用于检测加速踏板是否超过节气门全开的位置。当检测到加速踏板的位置超过了节气门全开的位置时,强制降挡开关便接通,向 ECU 提供信息,ECU 便按照这种情况下的设定程序控制换挡,并使变速器自动下降一个挡位,以提高汽车的加速性。

2. 自动变速器电子控制器(ATECU)

自动变速器电子控制器根据各个传感器及控制开关的信号和其内部设定的控制程序,通过运算和分析,向各个执行元件输出控制信号,从而实现对自动变速器的控制。自动变速器电子控制器通常与其他的控制系统 ECU 互相传递所需的信号,以实现各个控制系统的互相协调控制。一些车型的自动变速器控制与发动机电子控制系统共用一个 ECU 进行控制,使得自动变速器和发动机的控制相互匹配得更好。

3. 电控执行机构

自动变速器电子控制系统的执行机构主要是各种电磁阀,它将 ECU 输出的电控信号转变为相应的液压控制信号,使有关的液压执行元件动作,从而完成自动变速器的各项自动控制。

二、自动变速器的自动换挡控制

自动换挡控制是使汽车在行驶过程中,自动选择最佳的时刻换挡,以使汽车的动力性和经济性最优化。

1. 最佳换挡点的确定

ECU 主要根据发动机节气门的开度和车速确定换挡时刻,输出换挡控制信号。在不同的节气门开度下,最佳的换挡车速是不同的。比如,当汽车在平坦的路面上缓慢加速时,行驶阻力较小,节气门的开度较小,升挡的车速可以低一些,即较早地升入高挡,以使发动机在较低的转速下运行(避免了转速太高),从而可降低汽车的油耗;当汽车急加速或上坡时,行驶的阻力较大,节气门的开度较大,这时为保证汽车有足够的动力,升挡的车速应适当提高,以使发动机在较高的转速下运行,输出较大的功率,从而可提高汽车的加速性和爬坡能力。

不同节气门开度下的最佳换挡车速参数被储存在 ROM 中,这些最佳换挡点的标准数据也称之为自动换挡图,图 3-5 所示为其一例。

汽车的行驶条件千变万化,在不同条件下对汽车的使用要求也有所不同,因此,在 ECU 的 ROM 存储器中,储存有变速器操纵手柄和模式选择开关处于不同位置时的自动换挡图,以供 ECU 在工作中选用。

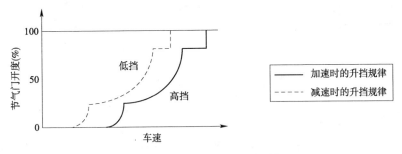

图 3-5　自动变速器自动换挡图例

2. 自动换挡控制过程

自动换挡控制过程如图 3-6 所示。工作中,ECU 根据节气门位置传感器和车速传感器的信号计算得到节气门开度和车速参数,再根据挡位开关和模式开关的位置从 ECU 的 ROM 存储器中取得自动换挡图的标准参数并进行比较,确定是否达到设定的最佳换挡点。当比较结果为达到了设定的最佳换挡点时,ECU 就向换挡电磁阀输出换挡控制信号,以实现自动换挡。

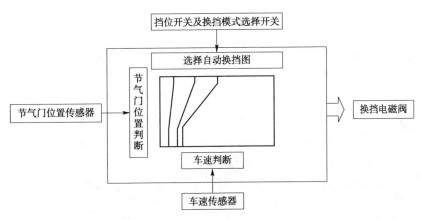

图 3-6　自动换挡控制过程

3. 自动模式选择控制

新型的电子控制自动变速器取消了手动模式选择开关,采用了 ECU 自动模式变换控制,ECU 根据各个传感器的信号判断汽车的行驶状况和驾驶员的操作方式,然后自动选择经济模式(普通模式)或动力模式进行换挡控制,以满足不同的行车条件下的驾车要求。ECU 辨别驾驶员的操作方式主要是根据变速器操纵手柄的位置和加速踏板踩下的速率来判断。ECU 自动选择换挡模式原理如下。

当变速器操纵手柄在前进挡时,ECU 根据加速踏板踩下的速率(节气门开启速率)来确定换挡模式,但在不同的车速和节气门开度下,使换挡模式转换的加速踏板踩下速率都是不同的。为此,将车速和节气门开度划分为若干小区(图3-7),每一个车速与节气门开度小区域都确定了一个节气门开启速率值,这些数值作为ECU判断是否转变换挡模式的标准参数而存入ECU的ROM存储器中。工作中,ECU根据各传感器的信号得到了车速、节气门开度及加速踏板踩下速率参数,并与该车速与节气门开度小区域的节气门开启速率标准值进行比较,如果实测的节气门开启速率高于标准值,ECU就自动选择动力模式;如果加速踏板踩下速率小于该小区域内的节气门开启速率标准值,ECU就选择经济模式。各个小区域的节气门开启速率标准值从左到右、从上到下逐渐增大。因此车速越低或节气门开度越大,就越容易选择动力模式。

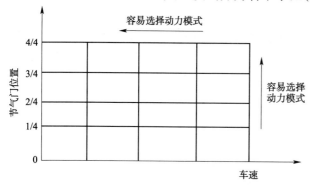

图3-7 自动换挡模式选择原理

当变速器操纵手柄在前进低挡(S位或L位)时,ECU只选择动力模式。

当变速器操纵手柄在前进挡,ECU处于动力模式换挡控制状态的情况下,一旦节气门的开度小于1/8,ECU就立即由动力模式转换为经济模式。

三、主油路油压力控制

主油路的自动变速器油压力稳定装置是主油路压力调节阀,而自动变速器油压力的高、低自动调整则需通过对反馈油压的控制来实现。自动变速器ECU主要根据节气门的开度、挡位、自动变速器油温度及换挡等信号,计算得到相应的主油路油压值,并通过输出相应的占空比脉冲电压来控制油压调整电磁阀(脉冲式电磁阀)的开、关比率,实现对主油路油压的调整。

1. 节气门开度变化时对主油路油压的控制

节气门开度增大时,发动机功率增大,变速器传递转矩相应增大,换挡执行元件油压需相应升高。因此,需调高主油路的油压。工作时,ECU根据节气门开度传感器的信号,通过计算分析后,向主油路压力调整电磁阀输出相应占空比的脉冲信号,将主油路油压控制在适当的目标值。节气门开度与主油路油压的关系如图3-8所示。

2. 挡位变化时对主油路油压的控制

包括倒挡油压增大控制、低速挡油压增大控制和换挡过程油压减小控制。这些控制往往是通过对前进挡时各个节气门开度下的油压值进行修正实现。

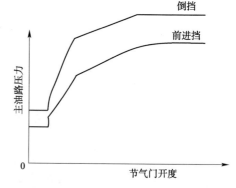

图3-8 节气门开度与主油路油压关系

当操纵手柄置于倒挡位置时,主油路的油压需相应增大,以满足倒挡液压执行元件对自动变速器油压力较高的要求。因此，当 ECU 接收到倒挡的信号后，就对在前进挡下相应的油压标准参数进行修正（或是查找倒挡下的主油路油压标准参数），因此在各个节气门开度下输出的脉冲信号占空比均比前进挡时小，使倒挡时的主油路油压比前进挡时高（参见图 3-8）。

在前进低挡（L 位或 S 位）时，由于此时传递的功率较大，主油路油压也应高于前进挡。因此，当操纵手柄置于 L 位或 S 位时，ECU 就对油压标准参数进行修正，使得主油路的油压适当升高。

在自动变速器换挡过程中，为减小换挡冲击，应减小换挡液压执行元件的液压。因此，在换挡过程中，ECU 按照节气门的开度情况修正主油路油压值，并通过输出的脉冲信号控制油压调整电磁阀减小主油路的油压。

3. 自动变速器油温度变化时对主油路油压的控制

该控制方式分低温油压修正和温度过低油压修正控制。

在自动变速器油温度低于正常工作温度（60℃）时，由于其黏度较大，为避免换挡冲击，ECU 将主油路油压控制目标参数适当降低，并通过油压调整电磁阀适当减小主油路的油压。

在自动变速器油温度过低（<-30℃）时，其黏度过大，容易造成液压换挡执行元件动作迟缓，影响换挡质量。在这种情况下，ECU 通过油压调整电磁阀将主油路油压适当调高，以使换挡能正常进行。

四、液力变矩器锁止离合器控制

液力变矩器锁止离合器控制的目的，是在保证汽车行驶要求的前提下，最大限度地提高变矩器的传动效率，以降低燃油消耗。

ECU 中储存有不同工作条件下锁止离合器的最佳控制程序。工作中，ECU 根据自动变速器的挡位、换挡模式等工作条件从存储器中选择相应的锁止离合器最佳控制程序，并与当前的车速和节气门开度等进行比较，当车速及其他因素都满足变矩器锁止条件时，ECU 就向锁止离合器电磁阀输出控制信号，使锁止离合器接合，实现变矩器的锁止。

为保证汽车的行驶性能，一般在自动变速器油温度低于 60℃、车速低于 60km/h，且怠速开关接通时，ECU 将禁止锁止离合器接合。

五、其他控制

1. 发动机制动控制

ECU 根据变速器操纵手柄、车速、节气门开度信号判断汽车的行驶状态（是否需要发动机制动），当这些参数达到了设定值时，比如：变速器操纵手柄在 S 位或 L 位，且车速高于 10km/h，节气门的开度小于 1/8 等，ECU 便向控制强制离合器或强制制动器的电磁阀输出控制信号，使其通电工作，让强制离合器接合或强制制动器制动，使得变速器能逆向传递动力，就可通过发动机的转动阻力制动滑行的汽车。

2. 发动机转速与转矩控制

在变速器换挡过程中，ECU 通过控制发动机的功率，以减小换挡冲击和输出轴的波动，使换挡更为柔和。在自动换挡瞬间,自动变速器 ECU 就向发动机控制系统 ECU 发出降低转矩控制信号,由发动机控制系统 ECU 发出延迟点火时间或减少喷油量控制信号,使发动机的转矩适当减小。

当自动变速器操纵手柄从空挡(N 位)或驻车挡(P 位)拨至前进挡或倒车挡时,ECU 输出相应的信号,使发动机喷油量适当增加,以避免因发动机负荷突然增加而引起转速下降;当操纵手柄从行车挡位(前进挡或倒挡)拨至 N 位或 P 位时,ECU 输出的信号使发动机喷油量减小,以避免因发动机的负荷突然减小而使转速上升。

第三节 自动机械变速器电子控制系统(AMT)

广义的 AMT 包含以下几种类型:自动离合手动变速器(Auto-clutch Manual Transmission,简称 AcMT)、单离合器手自动一体变速器(Single Clutch Automated Manual Transmission,简称 AMT)以及双离合器手自动一体变速器(Dual Clutch Automated Manual Transmission,简称 DCT),基本上都是平行轴式齿轮变速结构,无论在设计技术或者生产技术上均有相同的特征。虽然目前产品的换挡舒适性仍比传统的自动变速器(AT)逊色,但是传动效率却与 MT 相近,足足比传统自动变速器高 7% 以上,生产成本更是比 AT 低 30% 以上。

AMT 用先进的电子技术改造传统的手动变速器,不仅保留了原齿轮变速器效率高,低成本的长处,而且还具备了液力自动变速器采用自动换挡所带来的全部优点。它以特有的经济、方便、安全、舒适性而备受所有驾驶者的欢迎,成为各国开发的热点。驾驶员通过加速踏板和操纵杆向电子控制单元(ECU)传递控制信号;电子控制单元采集发动机转速传感器、车速传感器等信号,时刻掌握着车辆的行驶状态;电子控制单元(ECU)根据这些信号按存储于其中的最佳程序,最佳换挡规律、离合器模糊控制规律、发动机供油自适应调节规律等,对发动机供油、离合器的分离与结合、变速器换挡三者的动作与时序实现最佳匹配。从而获得优良的燃油经济性与动力性能以及平稳起步与迅速换挡的能力,以达到驾驶员所期望的结果。AMT 由于继承了齿轮传动固有的传动效率高、机构紧凑、工作可靠等优点,并可以实现手动和自动两种模式选择。

一、自动机械变速器类型

自动机械变速器主要有电控气动 AMT、电控液动 AMT 和电控电动 AMT 共 3 种类型。

(1)电控气动 AMT。电控气动选换挡系统对于一般车辆,由于没有气动装置,一般不采用,只有在大型或重型车辆等特殊场合使用。

(2)电控液动 AMT。电控液动选换挡系统具有能容量大、操作简便、易于实现安全保护、具有一定的吸振与吸收冲击的能力以及便于空间布置等优点。但是在利用高速开关阀控制离合器的系统中,其主要的缺点就是温度的变化使离合器的执行机构中液压油的黏度发生变化,因而使离合器回油管路压力损失发生变化。温度降低,阀出口压力增大,回油量减小,离合器的结合速度较慢,导致在汽车刚开始起步时加速度较小。而且温度降低到一定的程度之后,液压油的流动性能大大降低。另外由于受到温度的影响,该系统在北方寒冷地带的使用有一定的限制。其次,液压元件对加工的精度要求非常高,特别是高速电磁阀的加工,因而一般的厂家难以加工,所以电磁阀的造价就非常高。

(3)电控电动 AMT。将自动变速控制系统中要直接控制的对象:加速踏板、离合器以及选换挡装置的动作采取电动机带动的方式。相对于电控液动 AMT 而言,电控电动 AMT 在以下几个方面具有进一步的优势:取消了液压系统,从而使整个控制系统的结构更加简单,质量更轻。由于直接采用易于控制、精度更高的电动机取代液压执行元件,减少了液压元件动作的误差,使得系统的控制方法上更简单,控制的精度进一步提高,反应动作更加准确。在原有的电控液动的基础上,只需对软件和硬件以及控制方法上作少许的改动,就能对电控电动 AMT 系统进行控制。在电控电动 AMT 中的执行电动机的特点是:可控性好、精度高、反应快、可靠性强、并且对环境且有很好的适应性。

二、AMT 电子控制系统结构

AMT 电控系统由 3 部分组成:

1. 执行机构

包括电动机(步进电动机和直流电动机)、电磁阀(普通电磁阀和高速电磁阀)、液压缸(离合器操纵缸和选、换挡油缸)等;

2. 传感器

包括速度传感器(发动机转速传感器、输入轴转速传感器、车速传感器)、油门开度传感器、挡位传感器等;

3. 电控单元(ECU)

包括 CPU、ROM、RAM、I/O 接口等。

三、AMT 工作原理

AMT 的工作原理主要包括如下控制方面。

1)变速控制

换挡规律是以相邻两挡在换挡过程中各节气门开度下加速度与车速关系,牵引力与车速关系,以及油耗与车速关系为基础确定的。动力性最佳换挡规律是在同一节气门开度下相邻两挡的牵引力曲线的交点速度确定的,即这个节气门开度位置时,在原挡位行驶速度达到这个值时就要换挡,这样保证牵引力最大。经济性最佳换挡规律是相邻两挡不同节气门开度时油耗曲线相交点作为换挡求出的换挡规律。这样保证在油耗小的挡位上行驶。允将各种最佳换挡规律存储于微机,然后根据两参数或三参数控制换挡。驾驶员干预的意图主要依靠踩加速踏板,必要时也可通过选择器。

2)离合器控制

机械式自动变速器是在原来手动变速器和干式离合器基础上实现自动化的,并取消了离合器踏板,而离合器工作工况众多,且与发动机节气门开度及换挡需要协调配合,自动控制系统对它有很高而复杂的要求。解决了它才能保证汽车起步和换挡过程的品质,减少传动系统零部件的冲击,提高其使用寿命与乘坐舒适性。根据离合器影响因素,建立离合器接合规律的模型,并通过模糊评判方法实现最优控制。

(1)为了补偿离合器片的磨损,需查明离合器部分接合的起点,它是离合器控制的重要参考点。

(2)车辆起步与换挡时离合器的接合控制。

(3)离合器的分离控制。

(4)二次离合(相当于手动换挡的两脚离合器)控制。

离合器的接合过程:它是根据离合器的最佳接合规律,确定目标接合行程的时间历程,即离合器的接合速度,它是由节气门开度、发动机转速、输入轴转速及离合器传递的转矩特性等参数控制的。在采样周期内,如果执行机构要求的目标接合行程与实际接合行程间有误差,为了减小或消除其误差,则采用比例—积分型调节器对电磁阀进行脉宽调制作自动校正。

3)发动机供油控制

电喷发动机用间断供油与延迟点火实现对供油的控制。它可分为3个逻辑特性:发动机起动、加速控制和换挡时的控制。

换挡时的控制主要是对其转速的控制,目的使其适应新的输入轴转速,从而减少换挡后离合器接合的冲击,以提高换挡顺平性。测出发动机转速与变速器输入轴转速的差异,即可对发动机进行控制。例如,升挡时,需发动机降速。当转速相差仍很大时,轿车和中、轻型货车常等待其自然降速,或通过同步器达到同步换挡;但对重型货车而言,因这部分惯量大,等待时间太长(超过通常的换挡时间0.8~1.0s),则采取对离合器主动片进行制动或发动机制动等方法,实现快速同步。

在降挡时,如果转速差超过变速器同步容量允许值时,就需要进行两次离合器的操作,发动机再相应升速,以提高离合器主动片的转速,达到快速方便换挡的目的。

4)起步控制

起步过程中,离合器行程释放的同时,节气门要进行相应的自适应调节,以便发动机工作状态能适应外部负载转矩的变化。在正常情况下,起步时,离合器接合期间,节气门开度随时间变化增大;由于某种原因,驾驶员突然松开加速踏板打算中断起步时,节气门开度随时间变化减小,应快速分离离合器以免过分磨损。车辆以何种方式起步,按驾驶员输入意图来确定,一般有缓慢起步、正常起步、急速起步等形式。此外,道路状况对车辆起步也有较大影响。起步发生在坡道上时,为能可靠起步,配以坡道起步辅助装置HSA及相应控制规律。为确保各种情况下车辆起步并获得较好的起步品质,对离合器接合规律和节气门适应性调节规律的确定是起步中的难点。

四、工作过程

AMT主要是通过4个步骤来完成工作的,你只要知道它是由传感器、电脑模块和执行器3部分构成,而执行器是电控单元,它的工作原理就会变得很好理解了。

先是电脑模块通过读取传感器信号,来确定当前车辆工作状况;在手动模式下,变速杆触点得到驾驶者的操作意图,或自动模式下,通过电脑模块计算并给出换挡指令;此时电脑模块并不会立刻执行,而是进行合理性、安全性分析;最后,才是通过执行器的电液控制,使变速器中的齿轮啮合,完成一整套换挡工作。

第四节　无级变速器的电子控制

一、电控无级变速器控制系统结构

如图3-9所示为典型的金属带CVT结构组成,发动机动力由行星机构、前进或倒挡离合器传送到主动轮、金属带、从动轮,再由中间过轮或传动轴输出到主减速器、差速器、等速万向节或半轴,最终到达驱动轮。一般无级变速传动所形成的传动比范围是0.445~2.6。为满足汽车使用的实际需要,在其后面还要配有中间齿轮传动副,其速比范围为1.3~1.4,与其相配的主传动器速比范围为3.85~4.35,最后得到无级变速器的总传动比2.227~15.834。为了提高汽车的起步性能和行驶平顺性,在CVT前面和发动机之间通常要加装液力变矩器等。

1. 起步离合器

目前,用作汽车起步离合器的有下列3种:

（1）湿式多片离合器（Multi-disc wet clutch）:现在人们在多片湿式离合器上采用电子控制技术来模拟液力变矩器已取得很大进展。鉴于其具有更高的效率和更低的价格,已渐渐被使用(如Honda Civic),预期有较好的前景。

（2）电磁离合器（Electromagnetic clutch）:反应动作较快,寿命较长。

（3）液力变矩器（Hydraulic torque converter）:液力变矩器与CVT系统的合理匹配,可使汽车以足够大的牵引力平顺起步,提高驾驶舒适性。当发动机转速高时,闭锁离合器将泵轮与涡轮锁住,成为整机传动,提高了传动效率。所以,在CVT中常被采用,但成本较高。为了降低汽车传动器的生产成本,研究人员一直致力于应用电控技术,在电磁离合器或多片湿式离合器上实现液力变矩器的传递特性。

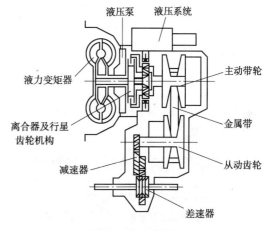

图3-9　CVT结构简图

2. 行星齿轮机构

无级变速器的行星齿轮机构采用双行星齿轮机构,行星架上固定有内、外行星齿轮和右支架,其中右支架是通过螺栓固定在行星架上,外行星齿轮和齿圈啮合,内行星齿轮和太阳轮啮合,它们可以实现前进和倒挡。

3. 无级变速机构

无级变速机构由金属传动带和主、被动工作轮组成。金属传动带由200多个金属片和两组金属环组成,每个金属片的厚度为1.4mm,在两侧工作轮挤压力作用下传递动力。每组金属环由9或12片厚度为0.18mm的带环叠合而成,金属环的功用是提供预紧力,在动力传递过程中,支撑和引导金属片的运动,有时承担部分转矩的传递。主、被动工作轮由可动和不动锥盘两部分组成。金属带结构和带轮结构如图3-10和图3-11所示。

图 3-10　金属带结构

图 3-11　主动轴钢球滑道结构

4. 控制系统

控制系统是用来实现无级变速器系统传动比无级自动变化的。在无级变速器系统中，采用机—液控制系统或电—液控制系统。它主要由油泵（齿轮泵和滚子叶片泵）、液压调节阀（速比由带与轮间压紧力的调节）、传感器（节气门开度和发动机转速）和主、从工作轮的液压缸及管道组成，实现传动无级变速的调节。速比控制、夹紧力控制和起步离合器的控制是无级变速控制系统的关键。

5. 液压泵

为 CVT 传动系提供控制、冷却和润滑的液压油源。常用的液压油泵有两种，即齿轮泵和叶片泵。为了提高油泵的工作效率，近年来多采用叶片泵。齿轮泵由于适用转速范围宽，结构简单，成本低，因而也有广泛的使用。

二、电控无级变速器电子控制系统工作过程

1. 无级变速器的传动原理

无级变速器的变速原理很简单，但也很巧妙。传动器的主、被动工作轮的固定和可动两部分形成 V 形槽，与金属传送带啮合。当主、被动工作轮可动部作轴向移动时，改变了传送带的回转半径，从而改变传动比。可动轮的轴向移动是根据汽车的使用要求，通过液压控制系统进行连续地调节，实现无级变速传动。

金属带式无级变速器的变速部分由主动带轮（初级轮）、V 形金属带和被动带轮（次级轮）所组成。每个带轮都由带有斜面的半个带轮而组成一体，其中一个半轮是固定的，另一个半轮是可以通过液压伺服油缸来控制其移动。半轮间的轴向相对位移可以通过控制机构来改变；两个带轮轴间的距离是固定的，传动带的周长是固定不变的，所以形成传动比为当主动轮的半径处于较小半径时（半轮间的距离较宽），被动轮的半径处于较大半径时（半轮间的距离较窄），传动系的传动比较大，相当于汽车低挡行使。反之，相当于高挡行使。通过控制的连续变化，实现了无级变速。即：通过控制主被动轮的可动部分的轴向移动，来改变传动带的回转半径，从而得到连续的传动比。

2. CVT 电液控制系统

采用电液控制系统可以克服机液控制系统的固有缺陷，如主、从动带轮油缸的压力可以独立控制，因而可能使传动器按照驾驶员选定的工作模式达到最佳匹配。利用精确测量的发动机与从动轮的转速信号，可实现对 CVT 传动器速比和夹紧力的精确控制。又通过增加

工作模式选择开关,可使汽车在不同行驶条件下把它的经济性和动力性恰当的发挥到最佳状态。所以电液控制系统比机液控制系统在汽车的经济性、动力性、舒适性和操纵性等方面都得到明显的改善。

液压控制系统由动力源、控制机构、执行机构和辅助机构组成。在该 CVT 电液控制系统中,为了避免系统的复杂程度,降低系统成本,动力为一个齿轮泵,控制机构为各种液压控制阀,如用于夹紧力控制的数字调压阀、用于速比控制和离合器控制的高速开关阀,执行机构是液压缸和活塞,辅助机构有油箱、滤油器、储能器等。其中液压阀的作用是控制液压系统的油流方向、流量和压力,从而控制整个液压系统的全部功能。

在 CVT 液压控制系统中,为保证发动机转矩安全传递,从动轮油缸的压力最高,因而夹紧力控制对系统的效率有很大的影响;其次是主动轮油缸的压力;最后是离合器油缸压力和润滑及冷却系统。因此根据压力的高低不同,可以考虑将 CVT 液压控制系统分为 3 个等级的控制系统。在控制多级压力组成的系统时,不同系统之间由于液压油的分配和其他原因,使系统间的压力有很大的耦合效应。因此研究不同工况下系统的响应是非常重要的,这是保证系统可靠工作的前提。

3. CVT 变速器控制策略

用最简单的解析表达式描述金属带夹紧力与最大传递转矩的关系,只是传动效率偏低。在没有试验数据作为支持的情况下,则是较为可靠的估计。当目标夹紧力确定以后,剩下的问题是通过液压驱动机构实现目标夹紧力的变化规律。在实际应用中,由于所采用的控制阀的不同,其实现也有所不同。本节设计的 CVT 夹紧力控制系统框图如图 3-12 所示,本系统采用了数字式调压阀作为夹紧力控制阀。数字调压阀功率大,抗污染,滞环小,直接可以接受数字脉冲信号,所以使用方便。根据试验验证,数字调压阀可以实现比较精确的开环控制,无需对从动轮油缸压力进行实测反馈,因此直接发送脉冲信号控制步进电动机就可以实现我们需要达到的控制油压。此外,数字阀的动态响应特性比普通比例电磁阀好,具有较高的开环控制精度,抗干扰能力强、工作可靠性高,不需要非线性补偿、反馈控制等辅助控制。

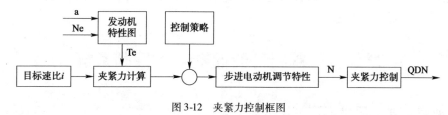

图 3-12 夹紧力控制框图

4. 速比控制策略

发动机的最佳经济性或动力性工作线代表了稳态或恒功率运行时的匹配策略,通过控制发动机节气门开度和速比,可以控制稳态时发动机沿着驾驶员选定的工作线工作。但在实际车辆行驶过程中,加速踏板瞬态的变化,发动机工作点会偏离稳态工作线,控制发动机跟随到目标工作点处工作就是速比控制的目标。速比控制的过程:按照驾驶员的意图,通过调节主动带轮油缸内的压力来实现实际速比对目标速比的跟踪。考虑到无级变速传动系统的非线性特性、液压控制系统和速比控制阀特性这 3 个因素,我们设计了专家 PID 控制器。

专家 PID 控制是基于受控对象和控制规律的专家知识和经验,并以智能的方式利用这些专家知识或经验来设定 PID 参数和控制规则。速比专家 PID 控制系统如图 3-13 所示。

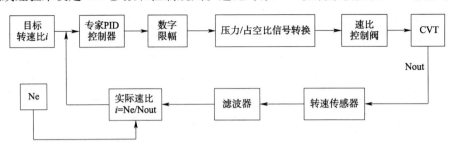

图 3-13　速比专家 PID 控制

目标速比根据车辆的工作模式(动力/经济模式)、节气门的开度以及 CVT 输出轴转速确定。CVT 的实际速比通过测量发动机转速和 CVT 输出轴转速可以得到。实际速比与目标速比的偏差值,经过专家 PID 控制器的处理,输出到 PWM 信号产生器形成速比控制阀的控制信号。速比控制阀根据控制信号的变化,调节主动带轮油缸内的压力,实现速比的变化。由于 CVT 速比可以连续无级地变化,发动机能够始终处于选定的工作线上工作,从而达到选定的驾驶模式。

5. 数字比例控制技术

CVT 的使用要求是传动效率高、改善汽车排放、减少废气污染、运行平稳无冲击,能使汽车有较好的燃油经济性和动力性以及低的使用维护成本。根据 CVT 的工作要求,CVT 电液控制系统需要高效率、运行平稳、小尺寸和低价格的液压控制阀。已有的电磁比例阀靠电磁力推动调压弹簧来调压,由于阀芯上的作用力有瞬态及稳态液动力、阀芯与阀套间的摩擦力和液压卡紧力等不确定力,导致阀在往复工作过程中有较大的滞后,使得压力控制精度较低,平稳性差。

与电液伺服阀和比例阀相比,数字阀的突出特点是,可直接与计算机接口,不需 D/A 转换器,结构简单;抗污染能力强,操作维护更简单;而且数字阀输出量准确、可靠地由脉冲频率或脉宽调节控制,抗干扰能力强,可得到较高的开环控制精度。为此,本文采用步进电动机驱动的增量式数字调压阀。

第五节　双离合变速器电子控制系统

一、双离合变速器发展历史

双离合自动变速器(简称 DCT)基于手动变速器基础之上,而与手动变速器所不同的是,DCT 中的两幅离合器与二根输入轴相连,换挡和离合操作都是通过一集成电子和液压元件的机械电子模块来实现。

双离合变速器起源来自赛车运动,它最早的实际应用是在 20 世纪 80 年代初的保时捷 Prosche 962C 和 1985 年的奥迪 Audi sport quattro S1 RC 赛车上,但是因为耐久性等问题经过了 10 余年的改进后,才真正被普通量产车所应用。时至今日 DSG 这项技术已经有 20 余年的历史，在技术方面已经非常成熟了。

1940年，Darmstadt大学教授Rudolph Franke第一个申请了双离合器变速器专利，该变速器曾经在货车上试验过，但是没有投入批量生产。随后保时捷也发明了专用于赛车的双离合变速器（PDK Porsche DoppelKupplungen）。然而，在那个时代，未能成功将DCT/PDK技术投入批量生产。

1985年，奥迪将双离合器技术应用于赛车场上，当时被命名为"Audi Sport Quattro S1赛车配合双离合器技术"。双离合器技术使奥迪赛车驰骋于当时的各大越野赛场，获得多项比赛的胜利。

到了20世纪90年代末期，大众公司和博格华纳携手合作生产第一个适用于大批量生产和应用于主流车型的Dual Tronic(R)技术双离合变速器。

博格华纳公司通过使用新的电子液压元件使DCT变成了实用性很强的变速器。2002年，DCT应用在德国大众高尔夫R32和奥迪TT V6上。2003年，其相继推广到高尔夫等其他车型上。

2004年，DCT在德国大众途安（Touran）车型上首次与TDI柴油发动机匹配。DCT因其优秀的燃油经济性而在欧洲成为"新宠"。博格华纳的DCT新项目计划于2007年投产，主要为豪华型乘用车、跑车配套，全年产能为60万套。

二、双离合变速器优点与不足

双离合变速器结合了手动变速器和自动变速器的优点，没有使用变矩器，转而采用两套离合器，通过两套离合器的相互交替工作，来到达无间隙换挡的效果。两组离合器分别控制奇数挡与偶数挡，具体说来就是在换挡之前，DSG已经预先将下一挡位齿轮啮合，在得到换挡指令之后，DSG迅速向发动机发出指令，发动机转速升高，此时先前啮合的齿轮迅速结合，同时第一组离合器完全放开，完成一次升挡动作，后面的动作以此类推。

因为没有了液力变矩器，所以发动机的动力可以完全发挥出来，同时两组离合器相互交替工作，使得换挡时间极短，发动机的动力断层也就非常有限。作为驾驶者我们最直接的感觉就是，切换挡动作极其迅速而且平顺，动力传输过程几乎没有间断，车辆动力性能可以得到完全的发挥。与采用液力变矩器的传统自动变速器比较起来，由于DSG的换挡更直接，动力损失更小，所以其燃油消耗可以降低10%以上。

不过与传统的自动变速器比起来，DSG也存在一些固有的弊端，首先就是由于没有采用液力变矩器，又不能实现手动变速器"半联动"的动作，所以对于小排量的发动机而言，低转速下的转矩不足的特性就会被完全暴露出来；其次，由于DSG变速器采用了电脑控制，属于一款智能型变速器，它在升、降挡的过程中需要向发动机发出电子信号，经发动机回复后，与发动机配合才能完成升、降挡。大量电子元件的使用，也增加了其故障出现的概率。

像tiptronic液力自动变速器一样，不再通过离合器踏板操作，驾驶员可以手动换挡或将变速杆处于全自动D挡（舒适型，在发动机低速运行时换挡）或S挡（任务型，在发动机高速运行时换挡）模式。此种模式下的换挡通常由挡位和离合执行器实现。两幅离合器各自与不同的输入轴相连。如果离合器1通过实心轴与挡位1、3、5相连，那么离合器2则通过空心轴与挡位2、4、6和倒挡相连。通俗地说就是，这种变速器形式就有两个离合器，一个控制

1、3、5挡,一个控制2、4、6挡。使用1挡的时候2挡已经准备好了,同理,所以换挡时间大大缩短,没有延时。

双离合是一种既能传递动力,又能切断动力的传动机构。它的作用主要是保证汽车能平稳起步,变速换挡时减轻变速齿轮的冲击载荷并防止传动系过载。在一般汽车上,汽车换挡时通过离合器分离与接合实现,在分离与接合之间就有动力传递暂时中断的现象。这在普通汽车上没有什么影响,但在争分夺秒的赛车上,如果离合器掌握不好动力跟不上,车速就会变慢,影响成绩。

三、双离合变速器电子控制系统组成和工作过程

双离合变速器(Dual Clutch Transmission)DCT有别于一般的自动变速器系统,它基于手动变速器而又不是自动变速器,除了拥有手动变速器的灵活性及自动变速器的舒适性外,还能提供无间断的动力输出。当汽车正常行驶的时候,一个离合器与变速器中某一挡位相连,将发动机动力传递到驱动轮;电脑根据汽车速度和转速对驾驶者的换挡意图做出判断,预见性地控制另一个离合器与另一个挡位的齿轮组相连,但仅处于准备状态,尚未与发动机动力相连。换挡时第1个离合器断开,同时第2个离合器将所相连的齿轮组与发动机接合。除了空挡之外,一个离合器处于关闭状态,另一个离合器则处于打开状态。

DSG双离合变速器的动力传动部件是一台三轴式6前进挡的传统齿轮变速器,如图3-14所示。由于DSG没有采用液力变矩器,自动换挡更灵活,车辆的行驶性能更加优异。在传动过程中的能耗损失非常有限,大大提高了车辆的燃油经济性;车辆在加速过程中不会有动力中断的感觉,使车辆的加速更加强劲、平稳。汽车从起步到加速再到100 km/h,所用时间比传统手动变速器还短;与传统自动变速器一样,可以实现顺畅换挡,不影响牵引力。目前,这种变速器在大众、福特等车系中已得到了广泛使用。

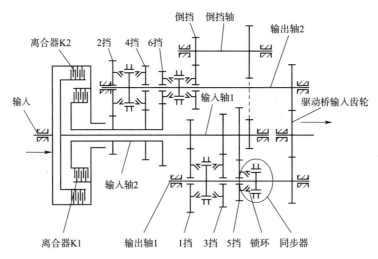

图3-14 双离合变速器传动机构示意图

1. DSG变速器电子控制系统的组成

DSG变速器电子控制系统由电子控制单元(ECU)、传感器和电液控制系统构成,是一个集电、液一体化的综合控制系统,图3-15是其组成框图。传感器主要有输出轴转速传感器、

节气门位置传感器、发动机转速传感器、拨叉行程传感器、压力传感器、制动灯开关和变速杆传感器等,执行器主要是电液控制单元中的电磁阀,湿式离合器 K1 与 K2 分别由两个高速开关电磁阀进行控制。液压操纵系统主要由液压油泵、液压缸及换挡控制阀板等组成。

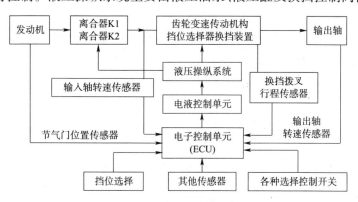

图 3-15　双离合变速器电子控制系统结构示意图

DSG 变速器的智能来自于 DSG 变速器的电子控制系统,它作为变速器的控制核心,操控着换挡过程。DSG 双离合式变速器的换挡控制过程可参看图 3-15。它利用各种传感器和控制开关,将发动机及汽车在不同工况下的运行参数转变为电子信号,并通过控制线路传送给电子控制单元,再根据控制单元内设程序,向各个执行元件电磁阀发出指令,以操纵阀板中各种控制阀的工作,从而实现对变速器的控制。

同时,控制单元 ECU 依据传感器的信号数据,对离合器和液压系统液压油的工作压力等进行控制。为了保证换挡时拨叉到达指定位置,拨叉位置受到精确监控。换挡拨叉行程传感器把拨叉位置传给 ECU。每一个行程传感器监控一个挡位的换挡拨叉位置,以正确识别所在挡位。

换挡液压操纵系统主要负责接受电控系统的控制指令,对离合器和变速器的换挡机构进行操纵。液压操纵系统主要包括双离合器操纵部分、换挡机构操纵部分和冷却部分。

自动变速器的自动控制是靠液压操纵系统来完成的。液压操纵系统由动力源、执行机构和控制机构、安全缓冲系统及冷却系统等组成。动力源是由发动机飞轮驱动的油泵,它是整个液压操纵系统的工作基础。油泵的基本功用就是提供满足需求的油量和油压。它除了向执行机构供给压力油以实现换挡外,还给齿轮变速器供应润滑油。

液压操纵系统包括主油压阀、多路转换阀、离合器冷却滑阀等,集中安装在变速器的电液控制单元上。液压操纵系统中的安全缓冲系统包括一些用于防止换挡冲击的蓄压器、单向阀等。

在 DSG 中,对离合器进行滑差控制将必然产生滑摩热量,使油液温度升高。如果热量不能及时排出去,将使离合器的性能和寿命受到影响,因此系统通过冷却油路散热。DSG 双离合变速器电液控制系统及油路如图 3-16 所示。

2. 电子控制系统的工作原理

1) 系统油压的调节与控制

液压油从油泵输出后,即进入主油路系统,油泵是由发动机直接驱动的,输出流量和压力均受发动机运转状况的影响,变化很大。DSG 变速器的主油压是由主油压电磁阀调节与控制的。主油压电磁阀通过控制主调压阀,将油泵输出的油压调整到规定值,从而控制了液压系统的主压力,形成稳定的工作油压。

主油压电磁阀采用脉冲线性式电磁阀,ECU根据发动机和汽车行驶的工况控制主油压电磁阀,通过改变每个脉冲周期内电流接通和断开的占空比,改变电磁阀开启和关闭时间的比率,来控制油路的压力。占空比越大,经电磁阀泄出的液压油越多,油路压力就越低;反之,占空比越小,油路压力就越大。

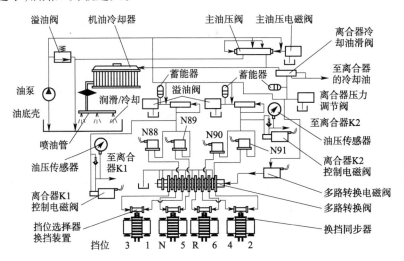

图 3-16 双离合变速器电液控制系统及油路示意图

2)电子控制系统与自动换挡控制

如图 3-17 所示,开关式多路转换电磁阀操纵变速器的多路转换阀。多路转换阀有两个工作位置,即原始位置和第二工作位置,默认位置是原始位置。当该电磁阀未通电时,弹簧弹力将多路转换阀保持在原始位置,此时可以选择 1 挡、3 挡、6 挡和倒挡 R;当该电磁阀通电时,多路转换阀被油压驱动到第二工作位置,此时可以选择 2 挡、4 挡、5 挡和空挡 N。

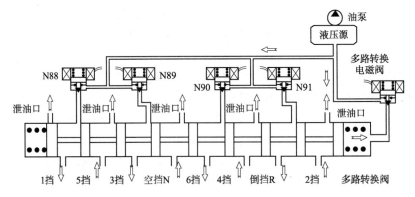

图 3-17 双离合变速器电液控制系统及油路示意图

开关电磁阀 N88,N89,N90 和 N91 均为换挡执行电磁阀,这些电磁阀通过多路转换器阀控制所有换挡操纵机构的油压。未通电时,电磁阀处于闭合位置,使得压力油无法到达换挡操纵机构处。电磁阀 N88 控制 1 挡和 5 挡的选挡油压;电磁阀 N89 控制 3 挡和空挡 N 的选挡油压;电磁阀 N90 控制 4 挡和 6 挡的选挡油压;电磁阀 N91 控制 2 挡和倒挡 R 的选挡油压。通过控制多路转换电磁阀通电与否,同时控制 N88～N91 电磁阀,便形成了对各个挡位的控制。

3)离合器 K1 与 K2 的离合控制

离合器 K1 与 K2 的离合控制系统的结构与油路如图 3-18 所示。

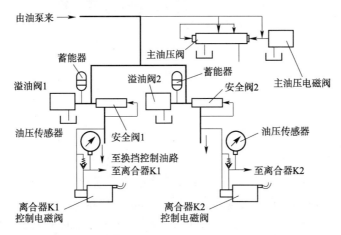

图 3-18　双离合变速器离合器 K1 与 K2 控制系统示意图

(1)离合器溢油阀。离合器溢油阀 1 与离合器溢油阀 2 分别调整与控制离合器 K1 和 K2 的接合压力,当离合器的实际接合压力高于额定值时,离合器溢油阀容许快速脱开各自控制的离合器。当离合器溢油阀失效时,相应的变速器挡位无法实现。

(2)离合器油压传感器。2 个离合器油压传感器分别负责监测离合器 K1 及 K2 上的工作油压,电子控制单元根据油压传感器的反馈信息调整离合器 K1 和 K2 上的油压,使离合器的结合与分离更加精确,并与当前工况相匹配。如果某个离合器油压传感器不能正常工作,其所对应的传动系将无法工作。

(3)离合器 K1 与 K2 的离合控制。在 DSG 中,两个离合器的离合控制是对离合器油缸充入和释放液压油来实现的,离合器油缸通过离合器控制电磁阀进行离合控制。车辆行驶时,由 ECU 根据车辆的工况,通过两个离合器控制电磁阀实现离合器 K1 与 K2 的离合控制。DSG 变速器通过两个离合器的匹配切换及同步器的接合操作实现换挡动作,使换挡迅速平稳。

第四章 电控制动系统

第一节 电控制动系统概述

一、电控制动系统的发展概况

在汽车发展初期,制动器的作用较小,因为驱动系的摩擦系数很高以致车辆不制动也足以减速。随着功率和速度的不断提高,以及交通密度的不断加大,在20世纪20年代人们便开始考虑如何制造出相应的制动系统以符合更高的驱动和驾驶性能的需要。随着电子学和微电子学的不断发展,开发能够对紧急情况做出足够快速反应的系统成为可能。电控制动系统自从在1978年开始大量投入生产后,一直在不断地改进并增加新的功能,这些功能可以主动参与到行车过程中,以提高行车稳定性。目前,这类系统已经发展为各种辅助驾驶员驾驶的系统,如驱动防滑系统、牵引力控制系统、制动辅助系统等。ABS发展历程如下:

1950年飞机着陆装置中开始开发并使用。

1954年美国福特林肯轿车最先使用法国飞机用ABS。

1970年林肯、凯迪拉克等高级轿车开始使用(后轮控制式)ABS。

1978年奔驰450SEL和宝马7系列使用博世公司的4轮控制式ABS。

1984年日本车开始使用ABS。

1990年韩国车辆开始使用ABS(选装)。

至今ABS已成为轿车上的常用装备。

二、现代电控制动系统种类

现代轿车电控制动系统种类繁多,不同车型安装的制动系统的种类与作用也不相同,较常见的电控制动系统见表4-1。

电控制动系统功能 表4-1

系统名称	缩写	功能作用
防抱死制动系统	ABS	在制动中阻止车轮发生抱死,并保持良好的行驶稳定性和转向性能
驱动防滑控制系统	ASR	通过对打滑车轮施加制动力并降低发动机输出转矩,阻止驱动轮空转
电控制动力分配系统	EBV	在ABS起作用前,阻止后轴过量制动
电控差速锁止系统	EDS	在车辆两侧车轮处于附着力不同的路面时,通过对空转的车轮施加制动实现车辆起步行驶
电控稳定程序	ESP	通过对制动和发动机管理系统施加相应的调整,来阻止车辆的滑移
发动机转矩控制系统	MSR	当加速踏板突然松开或者带着挡位施加制动时,MSR将阻止由于发动机的制动而产生的驱动轮抱死

如图 4-1 所示,制动系统就像一个金字塔式的关系,上一层的系统包含了下边各层的功能,比如装备 ESP 的车型,将同时具有 TCS(ASR)、EDL、ABS 功能;装备 TCS 的车型,将同时具有 EDL、ABS 功能;装备 EDL 系统的车型,将同时具备 ABS 和 EBD 的功能。

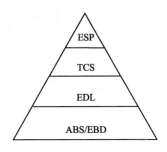

图 4-1　电控制动系统关系图

第二节　电控防抱死制动系统(ABS)

一、普通制动器的问题

1. 车轮制动力分析

如果忽略车轮及与其一起旋转部件的惯性力矩和车轮的滚动阻力,汽车制动时车轮的受力情况如图 4-2 所示。

W——车轮的径向载荷;Z——地面对车轮的法向反力;M_z——制动器的制动力矩;T_z——车辆对车轮的纵向推力;X_z——地面对车轮的切向反作用力;r_0——车轮的工作半径;T_H——车轴对车轮的横向推力;X_H——地面对车轮的横向反作用力;v——汽车行驶速度;ω——车轮角速度。

地面对车轮的切向反作用力 X_z 使车辆产生减速度,称之为地面纵向制动力;地面对车轮的横向反作用力 X_H 可阻止车轮侧向滑移,称之为地面防侧滑力。

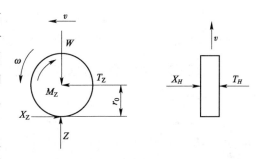

图 4-2　汽车制动时车轮的受力分析

地面制动力是在制动器的制动力矩作用下产生的,在车轮没有拖滑时,地面制动力主要取决于制动器制动力矩的大小,即 $X_z = M_z/r_0$。但是,最大地面制动力 $X_{ZM} \leq \phi_Z Z = \phi_Z W$($\phi_Z$ 为地面纵向附着系数)。也就是说,在紧急制动情况下,地面纵向附着系数对制动效果有着直接的影响。最大地面防侧滑力 $X_H \leq \phi_H Z = \phi_H W$($\phi_H$ 为地面横向附着系数)。即地面横向附着系数的大小对防止车辆侧滑、甩尾起着决定性的作用。

2. 滑移率与制动效果

滑移率 S 的定义如下:

$$S = \frac{v - r_0 \omega}{v} \times 100\% \qquad (4-1)$$

车轮被完全抱死时,$\omega=0$,$S=100\%$;车轮作纯滚动时,$\omega r_0=v$,$S=0$。通过试验研究,某种路面的地面附着系数与滑移率之间的关系如图4-3所示。从这有代表性的地面附着系数变化特性中可知车轮滑移率S在20%左右时,纵向附着系数最大,横向附着系数也不小。在紧急制动时,如果能适当地控制制动器制动力的大小,使车轮处于边滚边滑($S\approx20\%$)的状态,可使地面制动力达到最大,改善制动效果;同时,可保持良好的防侧滑能力。

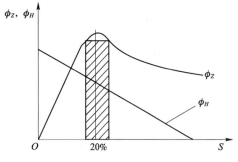

图4-3 滑移率与地面附着系数

3.普通制动器的问题

普通制动器在紧急制动时由于制动器的制动力过大而将车轮抱死,这时的滑移率$S=100\%$,因此就有这样的问题:纵向附着系数不是最大,降低了地面制动力而使制动距离延长了;横向附着系数为零,地面对车轮无防侧滑能力,易出现车辆侧滑和甩尾;轮胎拖滑而造成的与地面的剧烈摩擦,使轮胎的磨损加剧。

防抱死制动系统简称ABS(Anti-lock Braking System),是汽车主动安全控制装置。制动防抱死控制就是在汽车制动时,自动控制制动器制动力的大小,使车轮不被抱死,处于边滚边滑,滑移率$S\approx20\%$左右的状态,以保证车轮与地面有良好的附着力,从而提高汽车制动的安全可靠性。

由于ABS可防止汽车紧急制动时车轮抱死,因此可充分发挥制动器的效能,缩短制动时间和距离;有效地防止了紧急制动时的车辆侧滑和甩尾,提高了制动时的行驶稳定性和转向控制能力;避免了轮胎与地面的剧烈摩擦,减少了轮胎的磨损。

二、防抱死制动系统的基本组成与控制方式

1.防抱死制动系统的基本组成

防抱死制动系统(ABS)是在普通制动系统的基础上,配置了防止车轮抱死的电子控制系统。ABS一般是单指由传感器、控制器和执行机构组成的防抱死电子控制系统。防抱死电子控制系统的组成部件如图4-4及其功用如表4-2所示。

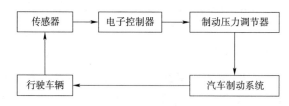

图4-4 防抱死制动系统的组成

2.防抱死制动系统控制方式

防抱死制动电子控制系统由传感器监测汽车制动时车轮是否抱死,在车轮不会被抱死的普通制动过程中,控制器无控制信号输出,汽车的制动力完全由驾驶员踩在制动踏板上的力量来控制。在车轮会被抱死(如紧急制动或是在松滑路面行驶中制动)的情况下,控制器将根据传感器反映制动车轮抱死情况的信号迅速作出反应,及时输出控制信号,通过执行机

构(制动压力调节器)对制动器的制动力进行调整,使车轮不被抱死。

防抱死电子控制系统的组成部件及其功用　　　　　表 4-2

组　成　部　件		功　　用
传感器	车速传感器	产生汽车相对于地面移动速度信号,用于计算车轮滑移率
	车轮转速传感器	产生制动车轮转速信号,用于计算车轮滑移率和角加速度等
	汽车减速度传感器	产生汽车减速度信号,用于判别路面附着力
执行机构	制动压力调节器	受 ECU 控制,用于调节制动系统的压力
	液压泵	受 ECU 控制,用于建立制动压力,调节控制油路的控制油压
	回油泵	受 ECU 控制,将从制动总泵中流出的制动液泵回到总泵储液罐
	ABS 警告灯	用于 ABS 系统故障报警和闪示故障码
控制器(ECU)		根据传感器的信号进行计算、分析及判别,输出控制信号,控制执行机构的工作

说明:不同类型的 ABS,电子控制系统的结构与组成部件会有所不相同。

三、防抱死制动系统的分类

到目前为止,汽车上出现过多种类型的 ABS,现以不同的分类方式加以概括。

1. 按控制器所依据的控制参数不同分

1) 以车轮滑移率 S 为控制参数的 ABS

控制器根据车速传感器和车轮转速传感器的信号计算车轮的滑移率,作为控制制动力的依据。当计算得到的滑移率 S 超出设定值时,控制器就输出减小制动力信号,通过制动压力调节器减小制动压力,使车轮不被抱死;当滑移率 S 低于设定值时,控制器输出增大制动力信号,制动压力调节器又使制动压力增大。通过这样不断地调整制动压力,控制车轮的滑移率在设定的最佳范围内。

这种直接以滑移率为控制参数的 ABS 需要得到准确的车身相对于地面的移动速度信号和车轮的转速信号。车轮转速信号容易得到,但取得车身移动速度信号则较难。有用多普勒(Doppler)雷达测量车速的 ABS,但到目前为止,此类 ABS 应用还很少见。

2) 以车轮转角减速度为控制参数的

ABS 控制器主要根据车轮转速传感器的信号计算车轮的转角加速,作为控制制动力的依据。计算机中事先设定了两个门限值:一个转角减速度门限值,作为车轮已被抱死的判断值;一个为转角加速度门限值,作为制动力过小而使车轮转速过高的判断值。制动时,当车轮转角减速度达到门限值时,控制器输出减小制动力信号;当车轮转速升高至转角加速度门限值时,控制器则输出增加制动力信号。如此不断地调整制动压力,使车轮不被抱死,处于边滚边滑的状态。

这种控制方式传感器信号容易取得,结构较为简单,但仅以车轮转角减速度作为控制参数,其控制精度较低。

3) 以车轮转角减速度和滑移率为控制参数的 ABS

以车轮转角减速度和滑移率为控制参数的 ABS 其控制精度较高,制动时车轮在最佳转速值上下波动的范围小。为使结构简单,目前汽车上广泛使用的 ABS,通常是利用车轮转速传感器信号计算得到一个参考滑移率。

2. 按功能和布置的形式不同分

1)后轮防抱死 ABS

只对汽车的后轮进行防抱死控制,这种 ABS 在轿车上已很少应用,现在一些轻型载货汽车上还有使用。

2)四轮防抱死 ABS

对汽车的前后四轮都实施防抱死控制,现代汽车基本上都采用了四轮防抱死制动系统。

3. 按系统控制方案不同分

1)轴控式 ABS

根据一个车轮转速传感器(或轴转速传感器)信号共同控制同一轴上的两个车轮,这种控制方案多用于载货汽车。轴控式又分低选控制(由附着系数低的车轮来确定制动压力)和高选控制(由附着系数高的车轮来确定制动压力)两种方式。

2)轮控式 ABS

也称单轮控制,即每个车轮均根据各自车轮转速传感器信号单独进行控制。

3)混合式 ABS

系统中同时采用轴控式和轮控式两种控制方式。

4. 按控制通道和传感器数不同分 ABS

系统中的控制通道是指能独立进行制动压力调节的制动管路,按控制通道分有 4 种。

1)单通道式 ABS

单通道 ABS 如图 4-5 所示,通常是对两后轮采用轴控方式,车轮转速传感器有一个或两个,采用一个轮速传感器的将传感器安装在后桥主减速器处,采用两个轮速传感器的则在两个后轮上各装一个,并采用低选控制。由于前轮未进行防抱死控制,因而汽车制动时的转向操纵性没有提高。但单通道 ABS 结构简单、成本低,因此在一些载货汽车上还有应用。

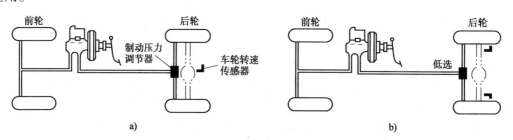

图 4-5 单通道式 ABS

a)单通道式一个传感器;b)单通道式两个传感器

2)双通道式 ABS

双通道 ABS 有不同的形式,如图 4-6 所示。双通道结构比较简单,但难以同时兼顾制动时的方向稳定性、转向操纵性及制动效能,因此目前在汽车上已很少使用。

3)三通道式 ABS

三通道 ABS 一般是前轮采用轮控式,后轮采用低选轴控式,如图 4-7 所示。图 4-7c)所示的 ABS 后轮制动管路中各装有一个制动压力调节器,但两调节器由 ECU 按低选原则统一控制,因此实际上是一个控制通道。

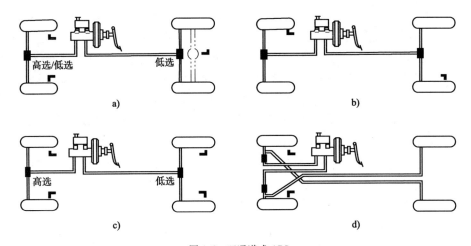

图 4-6 双通道式 ABS

a)二通道三传感器；b)二通道二传感器；c)二通道四传感器；d)二通道二传感器

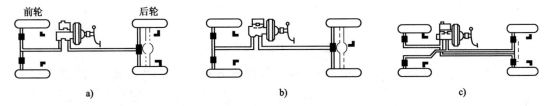

图 4-7 三通道式 ABS

a)三通道四传感器（双管路前后布置）；b)三通道三传感器；c)三通道四传感器（双管路对角布置）

4）四通道式 ABS

四通道式 ABS 4 个车轮均采用轮控式，如图 4-8 所示。

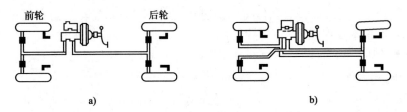

图 4-8 四通道式 ABS

a)四通道四个传感器（双管路前后布置）；b)四通道四个传感器（双管路对角布置）

四、电控防抱死制动系统工作过程

1. ABS 的控制方法

高性能的 ABS 必须确保汽车在各种路况下制动时，均能使车轮处获得尽可能大的防侧滑力和纵向制动力，同时使车轮的制动力矩变化幅度尽可能小。使 ABS 达到理想控制效果的控制方法主要有逻辑门限值控制方法、最优化控制方法及滑动模态变结构控制方法等。由于可靠性、结构、成本等方面的原因，目前大量采用的是逻辑门限值控制方法。

逻辑门限值控制方法以车轮转角减速度和转角加速度为制动压力控制门限，以滑移率为辅助控制门限。因为单纯用一种控制参数存在局限性。如果单以车轮的转角减速度、转角加速度为门限值,汽车在不同的路况下行驶过程中紧急制动,车轮达到设定的转角速度门限值时,车轮的实际滑移率差别很大,这会使得一些路面的制动控制达不到好的效果;如果单以滑移率为门限值进行控制,由于路况的不同,最佳滑移率的变化范围较大(8%～30%),仅以某一固定的滑移率作为门限值,就不能在各种路况下都能获得最佳的制动效果。将两种门限参数结合在一起,可使系统能辨识路况,提高系统的自适应控制能力。

控制器根据车轮转速传感器信号计算得到转角减速度和转角加速度比较容易,但要得到实际的滑移率,就需要用多普勒雷达或加速度传感器测定车速,这使得 ABS 的结构变得复杂,成本很高。目前广泛使用的 ABS 通常用车轮转速信号和设定一个车辆制动减速度值来计算得到参考滑移率。门限减速度、门限加速度及车辆制动减速度值均通过试验确定,不同车型,不同的 ABS 一般不具有通用性。

2. ABS 的控制过程

以典型的博世公司 ABS 为例,说明逻辑门限值控制方式的控制过程。

(1)高附着系数路面的制动控制过程。如图 4-9 所示,在制动的初始阶段,随着制动压力的上升,车轮速度 v_R 下降,车轮的减速度增大。当车轮减速度达到门限值 $-a$ 时(第 1 阶段末),计算得到的参考滑移率未达门限值 s_1。因此,控制系统使制动压力进入保持阶段(第 2 阶段),以使车轮充分制动。当参考滑移率大于门限值 S_1 时,则进入制动压力减小阶段(第 3 阶段)。随着制动压力的减小,车轮在惯性力的作用下开始加速,当车轮的减速度减至门限值 $-a$ 时,又进入制动压力保持阶段(第 4 阶段)。此阶段由于汽车惯性的作用,车轮仍然在加速,车轮加速度达到加速门限值 $+a$ 时,仍然保持制动压力,直到车轮加速度超过第二门限值 $+A$($+A$ 为适应附着系数突然增大而设)。这时,制动压力再次增大(第 5 阶段),以适应附着系数的增大。随着制动压力的增大,车轮加速度下降,当车轮加速度又低于 $+A$ 时,进入制动压力保持阶段(第 6 阶段),直到车轮加速度又回落至 $+a$ 以下。这时的压力稍有不足,对制动压力的控制为增压、保持的快速转换(第 7 阶段,制动压力有较小的阶梯升高率),以使车轮滑移率在理想滑移率附近波动。当车轮减速度再次超过 $-a$ 时,又开始进入制动压力减小阶段(第 8 阶段),此时制动压力降低不再考虑参考滑移率门限值,进入下一个控制循环过程。

(2)低附着系数路面的控制过程。汽车在低附着系数路面行驶中制动时,在较低制动压力时就可能使车轮抱死,且需要更长的时间才能走出高滑移率区。因此,低附着系数路面的防抱死控制与高附着系数路面的有所不同,其控制过程如图 4-10 所示。低附着系数路面的防抱死控制的第 1 与第 2 阶段与高附着系数路面控制过程的第 2、第 3 阶段相似。当进入制动压力保持阶段(第 3 阶段)后,由于附着系数小,车轮的加速很慢,在设定的制动压力保持时限内车轮加速度未能达到门限值附着系数路面,并以较小的减压率使制动压力降低,直到车轮加速度超过 $+a$。此后,系统又进入制动压力保持阶段(第 4 阶段)。当车轮加速度又低于 $+a$ 时,系统以较低的阶梯升压率增大制动压力(第 5 阶段),直到车轮的减速度又低于门限值 $-a$,进入下一个防抱死控制循环。由于在第一个循环中车轮处于较大滑移率的时间较长,ECU 根据此状态信息,在下一个循环中,采用持续减压的方式使车轮加速度升至 $+a$(第 6 阶段)。这样可缩短车轮在高滑移率状态的时间,使车辆的操纵性和稳定性得以提高。

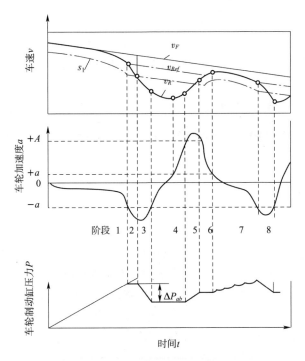

图 4-9 高附着系数路面的制动防抱死控制过程
v_F-实际车速；v_{Ref}-参考车速；v_R-车轮速度

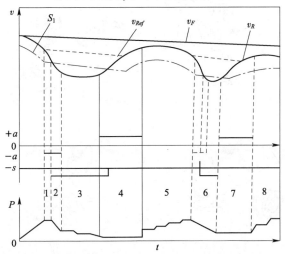

图 4-10 低附着系数路面的制动防抱死控制过程

（3）制动中路况突变的防抱死控制过程。在制动过程中会有从高附着系数路面进低附着系数路面的情况比如在沥青或水泥路面制动中驶入结冰路面。设在上一个防抱死控制循环结束、下一个循环刚刚开始时,车轮突然从高附着系数路面进入低附着系数路面,由于这时制动压力调节器还保持在与高附着系数路面相适应的较高压力,就会出现车轮的参考滑移率超过高门限值 S_2 的可能。因此,在车轮的转角减速从低于 $-a$ 到高于 $-a$ 变化过程中,还需要对车轮的参考滑移率是否超过 S_2 进行判断。如果参考滑移率超过 S_2,说明车轮处于滑移率过大状态,系统将不进行制动压力保持,继续减小制动压力,直至车轮的加速度高于

门限值 $+a$（第3阶段）。此后，系统再进入制动压力保持阶段（第4阶段），直到车轮的转角加速度又低于门限值 $+a$。然后再以较低的阶梯升压率增大制动压力（第5阶段），直到车轮的转角减速度再次低于门限值 $-a$，进入下一个防抱死控制循环。在低附着系数路面，车速低于20km/h的情况下，由于车轮转角减速度较小，这时应以滑移率门限作为主要控制门限，而以车轮的转角减速度和转角加速度作为辅助控制门限。

五、防抱死制动系统电控系统部件的结构与原理

1. ABS 传感器

1）车轮转速传感器

车轮转速传感器将车轮的转速转变为电信号，并输送给控制器，以使ABS能进行防抱死控制。传感器有磁感应式、光电式和霍尔效应式等，目前广泛使用的是磁感应式车轮转速传感器。磁感应式车轮转速传感器的基本组成和原理与磁感应式发动机转速和曲轴位置传感器相同，但具体的结构形式和安装位置则有多种。就传感器磁极端部的形状不同可分凿式和柱式车轮转速传感器。磁极端部形状不同的传感器头（齿圈以外的传感器部分）适用于不同的安形式。传感器的齿圈安装在随车轮一起转动的部件上，传感器头则安装在附近不转动的部件上，几种传感器的安装位置如图4-11所示。

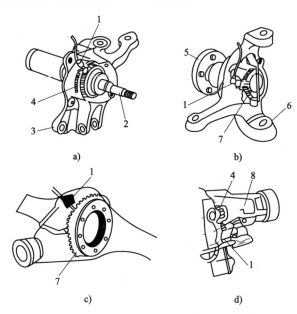

图4-11 车轮转速传感器的安装位置
a）驱动车轮处；b）非驱动车轮处；c）主减速器处；d）变速器处
1-传感器；2-半轴；3-悬架支座；4-齿圈；5-轮毂；6-转向节；7-齿圈（主减速器从动齿轮）；8-变速器

2）减速度传感器

一些汽车的ABS装有减速度传感器。减速度传感器也被称之为G传感器，用于监测汽车制动时的减速度，ABS的ECU可根据G传感器提供的汽车减速度信号，判断路面情况。

3）差动变压器式减速度传感器

汽车在正常行驶时，差动变压器铁芯处于中间位置，变压器次级绕组产生相位相反的电

压 u_1、u_2,其大小相同,变压器输出电压 u_0 为 0。当汽车制动时,在惯性力的作用下,差动变压器铁芯移动使变压器次级绕组产生的 u_1、u_2 一个增大,一个减小,变压器就会有输出电压与车的减速度成正比 u_0,经信号处理电路处理后向 ABS 的 ECU 输出。

4)水银式减速度传感器

在低附着系数路面上制动时,由于汽车的减速度较小,玻璃管内的水银基本上不移动,玻璃管内的电路开关处于断开状态;当在高附着系数路面制动时,汽车的减速度大,玻璃管内的水银在惯性力的作用下移动,使电路开关接通。此信号输入 ABS 的 ECU,就可判断路面情况。

2. ABS 电子控制器

ABS 电子控制器(ABS 的 ECU)的主要任务是接收传感器的信号,进行计算分析,判断制动车轮的状况,并据此输出控制信号,控制制动压力调节器工作,及时调节制动力的大小。此外,控制器还具有故障监控报警和故障自诊断等功能。

1)输入级电路

由低通滤波、整形、放大、A/D 转换等电路组成的输入放大电路用于对车轮转速传感器的交流信号进行预处理,并将其转换为数字信号后送入运算电路(CPU)。输入放大电路同时传送 ECU 对各轮速传感器的监测信号,并将反馈信号送回 CPU。输入电路还接收点火开关、制动开关、制动液位开关等开关信号和电磁阀继电器、油泵继电器等执行机构电路的反馈信号,经处理后送入 CPU。

2)运算电路

运算电路主要由微处理器构成,是 ABS ECU 的核心。运算电路根据传感器等输入的信号,按照设定的程序进行计算、分析和处理,形成相应的控制指令。运算电路通常由两个微处理器组成,以确保系统工作的可靠性。两个微处理器同时接收输入信号进行运算和处理,并进行交互式通信来比较,如果处理结果不一致,微处理器就立即使 ABS 停止工作,以防止系统因发生故障而导致错误的控制。运算电路在监测到传感器、执行器等外部电路有故障时,同样也立即向安全保护电路输出停止 ABS 系统工作的指令。

3)输出级电路

输出级电路由电磁阀控制电路、油泵电动机控制电路等组成,其作用是将运算电路的控制指令(如制动压力的增压、保持、减压及油泵的工作、停止等)转换为模拟控制信号,并通过功率放大器向执行器提供控制电流。

4)安全保护电路

安全保护电路由电源控制、故障记忆、继电器控制 ABS 警告灯控制等电路组成。安全保护电路的主要功能是:对汽车电源电压进行监控,并向 ECU 提供工作所需的 5V 标准电压;当 ABS 系统出现故障时,能根据 CPU 的指令,切断 ABS 继电器电路,使 ABS 停止工作,恢复普通制动功能,同时使 ABS 警告灯亮起;故障记忆电路(存储器)将 ABS 系统出现的故障以故障码的形式储存起来。

3. 制动压力调节器

制动压力调节器是 ABS 系统中主要的执行器,其作用是在制动时根据 ECU 的控制信号,迅速、准确地动作,以控制制动压力的大小,使车轮不被抱死,并处于理想的滑移率状态。

制动压力调节器的种类较多,根据制动系统制动压力传递介质的不同,制动压力调节器有气压式和液压式两种。目前汽车上普遍使用的是液压式。液压式制动压力调节器按调压的方式不同分有循环流通式和变容积式两种;按与制动总泵的结构关系可分为整体式和分离式两种。不同种类的制动压力调节器其结构与工作原理有所不同。

1) 循环流动式制动压力调节器

循环流动式制动压力调节器串联在普通制动管路中,其组成与原理如图 4-12 所示。这种形式的制动压力调节器在工作中,会有制动液的循环流动。储液器用于暂时储存制动分泵压力减小过程流出的制动液;回油泵则是将储液器的制动液泵回制动总泵;电磁阀有三位三通、二位二通、二位三通、二位四通等不同的结构形式,由 ECU 控制其动作,用以实现制动分泵压力的升高、保持和降低控制。

2) 三位三通电磁阀式制动压力调节器

三位三通电磁阀有 3 个工作位置,3 个液压通道,ECU 通过对其断电、半通电和全通电使电磁阀分别处于 3 种工作状态,三位三通电磁阀式制动压力调节器的工作原理如图 4-13 所示。

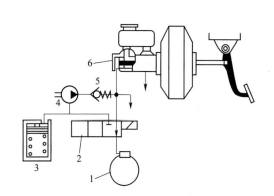

图 4-12 循环流动式制动压力调节器的组成
1-制动分泵;2-电磁阀;3-储油器;4-回油泵;5-单向阀;6-制动总泵

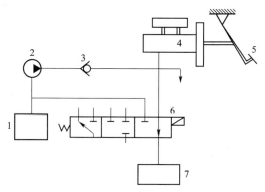

图 4-13 三位三通电磁阀式制动压力调节器工作原理
1-储油器;2-回油泵;3-单向阀;4-制动总泵;5-制动踏板;6-三位三通电磁阀;7-制动分泵

在电磁阀不通电时,阀处于右位,制动总泵与分泵直通;在电磁阀半通电(最大电流的一半)时,阀处于中位,制动总泵与分泵断开,分泵与储液器也不通;在电磁阀全通电时,阀处于左位,制动分泵与储液器相通。

三位三通电磁阀式制动压力调节器工作过程如下。

(1) 常规制动。在通常的减速制动或停车慢速制动时,车轮不会抱死,ABS 不介入工作,制动压力调节器电磁阀不通电,柱塞在电磁阀的右位,制动总泵与分泵直通,制动分泵的压力直接通过制动踏板控制。此时电动回油泵不工作。

(2) 减压过程。当 ECU 输出减压信号时,向电磁阀提供较大的电流,柱塞处于电磁阀的左位,连接制动总泵的通道被封闭,制动分泵与储液器相通,制动压力降低。此时,电动回油泵工作,将从分泵流入储液器的制动液泵回制动总泵。

(3) 保压过程。当 ECU 输出保压信号时,向电磁阀提供较小的电流,柱塞处于电磁阀的中位,电磁阀的 3 个通道都被封闭,制动分泵的压力将保持不变。

(4)增压过程。当 ECU 输出增压信号时,电磁阀断电,柱塞在电磁阀的右位,制动总泵与制动分泵相通,制动总泵的高压制动液进入分泵,使其压力增大。

ABS ECU 通过控制电磁阀通电(降低制动压力)、半通电(保持制动压力)和断电(增大制动压力),自动调节制动力的大小,使车轮处于最佳的滑移率状态。当 ABS 系统失效时,电磁阀保持断电状态。这时,制动总泵与分泵直通,可保证普通制动器正常起作用。

3)二位二通电磁阀式制动压力调节器

二位二通电磁阀只两个工作位置,两个液压通道,ECU 通过对电磁阀断电和通电使其工作在两种工作状态,二位二通电磁阀的工作原理如图 4-14 所示。

两个二位二通阀一个为常开电磁阀,另一个则为常闭电磁阀,组合后用于控制一个 ABS 通道的制动压力。在两个电磁阀都不通电时,两阀均处于右位,常开电磁阀将制动总泵与分泵接通,常闭电磁阀则将制动分泵与回油管路断开;当只是常开电磁阀通电时,制动总泵与分泵断开,制动分泵与制动总泵和储液器均不通;当两个电磁阀都通电时,制动分泵只与储液器接通。

二位二通电磁阀式制动压力调节器的工作过程如下:

(1)常规制动。在通常的减速制动或停车慢速制动时,ABS 不工作,因此两电磁阀不通电。此时,制动总泵通过常开电磁阀与制动分泵相通,常闭电磁阀则将通储液器通道关闭,制动分泵的压力直接通过制动踏板控制。此时电动回油泵不工作。

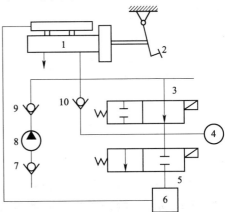

图 4-14 二位二通电磁阀式制动压力调节器工作原理
1-制动总泵;2-制动踏板;3-常开二位二通电磁阀;4-制动分泵;5-常闭二位二通电磁阀;6-储油器;7、9、10-单向阀;8-油泵

(2)减压过程。当 ECU 输出减压信号时,两电磁阀均通电。常开二位二通电磁阀 3 关闭,断开了连接制动总泵的通道,常闭二位二通电磁阀 5 打开,使制动分泵与储液器相通。于是,制动压力降低。此时,电动回油泵工作,将从分泵流入储液器的制动液泵回制动总泵。

(3)保压过程。当 ECU 输出保压信号时,常开二位二通电磁阀 3 通电关闭,常闭二位二通电磁阀 5 断电关闭,此时,制动分泵与制动总泵和储液器通道均被封闭,制动分泵的压力将保持不变。

(4)增压过程。当 ECU 输出增压信号时,常开二位二通电磁阀 3、常闭二位二通电磁阀 5 均断电,这时,制动分泵只与制动总泵相通,制动总泵的高压制动液进入分泵,使其压力增大。

汽车制动时,控制器就是通过控制两电磁阀均不通电(压力上升)、只一个电磁阀通电(压力保持)和两个电磁阀均通电(压力下降),实现自动调节制动压力的大小,将车轮的滑移率控制在适当的范围。当 ABS 系统失效时,两电磁阀保持断电状态,这时制动总泵与分泵直通,可保证普通制动器正常起作用。

4)变容积式制动压力调节器

变容积式制动压力调节器是在汽车原有的制动管路上增加一套液压装置,ABS 的 ECU 通过它来控制制动管路容积的增减,从而控制制动压力的变化。这种调压方式主要用于本田车系、美国 DELCOMORANE ABS Ⅵ 和 BOSCH 部分产品中。

系统基本结构如图 4-15 所示,主要由电磁阀、控制活塞、液压泵、储能器等组成。

可变容积式调压系统基本工作原理如图 4-16 所示。

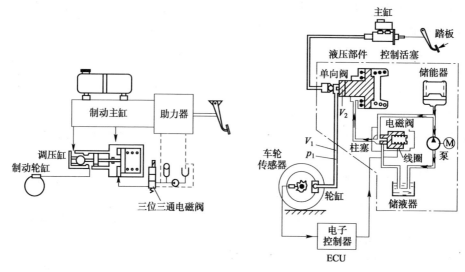

图 4-15　可变容积式调压系统　　　　图 4-16　可变容积式调压方式

常规制动时,电磁阀线圈不通电,电磁阀将控制活塞工作腔与回油管路接通,控制活塞在强力弹簧的作用下移向左端,活塞顶端推杆将单向阀打开,使制动主缸与轮缸的制动管路接通,制动主缸的制动液直接进入轮缸,轮缸压力随主缸压力而变化。

减压制动时,ECU 向电磁阀线圈通入大电流,电磁阀内的柱塞在电磁力作用下,克服弹簧力移到右边,将储能器与控制活塞工作腔管路接通,储能器的压力油进入控制活塞工作腔推动活塞右移,单向阀关闭,主缸与轮缸之间的通路被切断,由于控制活塞的右移,使轮缸侧容积增大,制动压力减小。

当 ECU 向电磁阀通入较小电流,由于电磁阀线圈的电磁力减小,柱塞在弹簧力作用下左移,将储能器、回油管和控制活塞工作腔管路相互关闭。此时控制活塞左侧的油压保持一定,控制活塞在油压和弹簧的共同作用下保持在一定位置,此时单向阀仍处于关闭状态,轮缸侧的容积也不发生变化,实现保压制动。

需要增压时,ECU 切断电磁阀线圈中的电流,柱塞回到左端的原始位置,控制活塞工作腔与回油管路接通,控制活塞左侧控制油压解除,控制液流回储液器,弹簧将控制活塞向左推移,轮缸侧容积减小,压力升高,当控制活塞处于最左端时,单向阀被打开,轮缸压力将随主缸压力的增大而增大。

该系统具有以下特征:

(1) ABS 作用时制动踏板无抖动感。

(2) 活塞往复运动可由滚动丝杆或高压储能器推动。

(3) 采用高压储能器作为推动活塞的动力时,储能器中的液体和轮缸的工作液是隔离的,前者仅仅作为改变轮缸容积的控制动力。

(4) 采用滚动丝杆时,由电动机驱动活塞,每一通道各设置一个电动机。

第三节 电控驻车制动系统(EPB)

一、电控驻车制动系统概述

1. EPB 的作用

电控驻车制动系统(EPB,Electrical Park Brake)是一种将行车过程中的临时性制动和停车时的长时间制动功能整合在一起,并且由电子控制方式实现停车制动的技术。制动的方式与机械式驻车制动器相同,也是通过制动盘与制动摩擦片压紧后产生的摩擦力来制动车轮。

电控驻车制动控制方式将机械式驻车制动拉杆变成了电控按钮,制动盘与制动摩擦片压紧力也不是来自驾驶人作用于驻车制动拉杆的拉力,而是由电动机转动产生电磁转矩,并通过机械传动机构使制动盘与制动摩擦片压紧。电控式驻车制动系统由电子控制器根据相关传感器和开关的信号来判断是否需要驻车制动,或驻车制动是否应该解除。因此,电控驻车制动系统具有如下功能。

1)普通驻车功能

在汽车长时间停车时,对车轮施以驻车制动,以防止车辆滑移。

2)自动驻车功能(AUTO HOLD)

在 AUTO HOLD 状态下,可在临时停车时自动对车轮施加制动,驾驶人无须长时间踩住制动踏板。汽车从临时停车状态转为继续行车时,驾驶人只轻踩一下加速踏板,车轮制动状态可自行解除,避免了车辆的滑移;即使是坡道起步,也不会有车辆后滑的情况发生。

3)坡道停车

坡道停车时,电子控制器会根据具体的坡度,控制电动机工作,使制动盘和制动片具有足够的压紧力,车辆不会因为坡陡,驻车制动力不够而产生滑移现象。

2. EPB 的组成原理

电控驻车制动系统主要包括传感器与开关、电子控制器和驻车制动执行器等部件,其基本组成如图 4-17 所示。

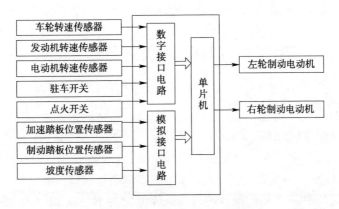

图 4-17 电控驻车制动系统基本组成

EPB所用到的传感器与开关大都是与其他的电子控制系统共用的,一些EPB配有反映坡度的传感器,电子控制器根据汽车所停位置的坡度情况,控制驻车制动执行器对后轮施加制动力来平衡下滑力,使车辆能停稳在坡道上。

驻车制动执行器由电动机和机械传动机构组成,电动机由电子控制器控制其正转或反转,通过传动机构产生制动力(将制动盘和制动摩擦片压紧)或解除制动力(使制动盘和制动摩擦片放松)。机械传动机构由涡轮蜗杆与齿轮机构组成,或是齿轮机构加柔性拉索组成,作用是将电动机的电磁转矩转换为制动盘与制动摩擦片的压紧力。

二、电控驻车制动系统工作过程

EPB兼有手动操作和自动控制功能,大多数汽车的EPB都可通过驻车按键来启动或关闭驻车制动。当EPB处于自动控制状态(AUTO HOLD)时电子控制器根据各相关传感器和开关的信号来判断汽车的行驶状态,并根据需要输出驻车制动、解除驻车制动及驻车制动力大小调整等控制信号,通过控制电动机的工作,实现驻车制动的启动、解除及制动力大小调整等自动控制。

EPB的AUTO HOLD控制过程如下:

当汽车遇红灯等情况临时停车时,电子控制器根据车速传感器及制动踏板位置传感器的信号作出启动驻车制动操作,使车辆自动处于驻车制动状态;当汽车需要起步行车时,电子控制器根据加速踏板位置传感器及发动机转速传感器的信号分析判断出驾驶人的驾车意图,立即输出解除驻车制动控制信号,使制动状态立刻解除。

当汽车停驶于坡道时,电子控制器根据坡度传感器的信号迅速计算驻车所需的制动力,并输出相应的控制信号控制电动机工作,使车辆能在坡道上停稳;坡道起步时,电子控制器则根据离合器踏板位置传感器和加速踏板位置传感器的信号来分析计算所要施加的制动力,通过发动机ECU输送的发动机牵引力信息,计算防止车辆后滑所需的制动力,并随发动机牵引力的增加,相应减少制动力。当牵引力足够克服下滑力时,电子控制器控制电动机工作,解除制动,从而实现车辆顺畅起步。

EPB通常还设有自动热补偿功能,如果车辆经过强制动后驻车,后制动盘会因为冷却收缩而与摩擦片产生间隙,容易使驻车制动力不够而造成车辆滑移。EPB的自动热补偿功能就是在这种情况下自动起动电动机,消除因温度下降而产生的间隙,以确保可靠的驻车效果。

第四节 电控制动力分配系统

一、电控制动力分配系统概述

电控制动力分配系统(EBD,Electric Brakeforce Distribution),其作用是,汽车在制动时,能够根据4个车轮的实际附着路面及轴荷转移情况,自动调节左右轮和前后轴各轮缸的制动压力分配比例,以提高制动效能,并配合ABS提高制动稳定性。

汽车在制动过程中,4个车轮附着的地面条件可能会不一样,而车辆减速惯性力使前后轴荷发生变化,这些导致了在汽车制动时4个车轮与地面的摩擦力会有差异。在这种情况下,如果制动主缸施于各轮缸的制动压力保持一致,制动的效能就会下降,并容易使车轮打滑,造成车辆甩尾和侧翻事故。

EBD 可在汽车制动的瞬间,分别对 4 个车轮与地面的附着情况进行分析,并根据各车轮实际附着力的差异,调整 4 个轮缸的制动压力分配,并在运动中不断高速调整,从而使各个车轮的轮缸均有与其地面附着力相匹配的制动压力,使高附着力车轮的轮缸有较高的压力,以提高制动效能,缩短制动距离;且使低附着力车轮的轮缸适当降低压力,以避免车轮打滑,保证车辆制动安全。

二、电控制动力分配系统(EBD)的组成与原理

1. EBD 的基本组成

EBD 并不是一个独立的制动控制系统,而是 ABS 的有效补充,通常是在 ABS 的 ECU 中增设 EBD 控制程序。EBD 的硬件构成如图 4-18 所示。

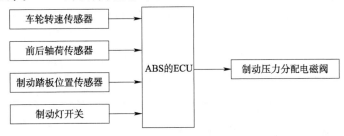

图 4-18　电控制动力分配系统硬件构成

2. EBD 的原理

当驾驶人踩下制动踏板时,ECU 根据各车轮转速传感器、车速传感器及前后轴荷传感器的信号,分析计算各个车轮因地面附着力不同及前后轴荷的变化,而产生摩擦力的大小变化,然后立即输出前后轮缸制动压力调整控制信号,通过控制制动压力分配电磁阀工作,对各车轮制动压力进行动态调整,使各车轮制动压力与其地面附着力相匹配。

3. EBD 与 ABS 的关系

EBD 是在汽车制动时即开始起作用,对各个车轮制动压力进行调整,使前后轴的制动力得到合理分配,调整的是每个车轮最高制动压力的大小,以便在 ABS 动作之前平衡每一个车轮的有效地面附着力。ABS 则是在车轮有抱死倾向时才开始工作,调整的是每个瞬间车轮制动压力的大小,以防止车轮抱死,提高车轮纵向附着力(制动力)和横向附着力(防侧滑力)。

可见,ABS + EBD 可使汽车在不同路面上均可获得最佳的制动效果,缩短制动距离,进一步提高了车辆制动的安全性。

第五节　车身电控稳定系统

一、车身电控稳定系统(ESP)概述

ESP 系统(Electronic Stablity Program)通常是支援 ABS 及 ASR(驱动防滑系统,又称牵引力控制系统)的功能。它通过对从各传感器传来的车辆行驶状态信息进行分析,然后向

ABS、ASR 发出纠偏指令,来帮助车辆维持动态平衡。ESP 可以使车辆在各种状况下保持最佳的稳定性,在转向过度或转向不足的情形下效果更加明显。

ESP 一般需要安装转向传感器、车轮传感器、侧滑传感器、横向加速度传感器等。ESP 可以监控汽车行驶状态,并自动向一个或多个车轮施加制动力,以保持车辆在正常的车道上运行,甚至在某些情况下可以进行每秒 150 次的制动。目前 ESP 有 3 种类型:能向 4 个车轮独立施加制动力的四通道或四轮系统;能对两个前轮独立施加制动力的双通道系统;能对两个前轮独立施加制动力和对后轮同时施加制动力的三通道系统。

车身稳定控制系统(VSC:Vehicle Stability Control)是丰田公司开发的一种汽车主动安全系统,能够极大提高车身稳定控制系统的安全系数和驾驶便利性。当出现紧急转弯、紧急加速和紧急制动等突发情况时,车辆可以迅速感知并采取相应的制动措施,如对每个轮胎进行单独控制,同时降低发动机功率的输出,维持车身的稳定。

目前,与 VSC 车身稳定控制系统功能相近的系统还有宝马的 DSC 动态稳定控制、大众的 ESP 电子稳定程序。近几年来,丰田在主动安全性方面取得了巨大的成就,从美国权威机构 J. D. POWER 的测评结果来看,雷克萨斯主动安全技术方面的评价超过宝马和奔驰。其间,VSC 系统功不可没。作为车辆的辅助控制系统,它可以对因猛转转向盘或者路面湿滑而引起的侧滑现象进行控制。当传感器检测出车辆侧滑时,系统能自动对各车轮的制动以及发动机输出动力进行控制。

二、车身电控稳定系统工作过程

车身电控稳定系统是从其他技术上发展起来的,例如 ABS 和牵引力控制技术,这些系统工作时,都必须检测车轮是否将要抱死并能单独的调整车轮的制动力。稳定控制系统利用了这项技术以及所用的传感器和计算控制单元。控制单元不断的监测并处理从转向系统、车轮和车身上的传感器上传来的信号,确定车辆转弯时是否正在打滑。如果发现打滑,控制单元对需要制动的车轮进行微量制动以帮助稳定车辆的行驶状态。

有些系统还可以进一步的调整发动机的输出功率,从而可以在不需要驾驶员干涉的情况下帮助其控制车辆,汽车制造商花费了大量的资金开发车辆的稳定控制系统,他们完成了上百次的测试来优化该系统参与车辆控制的程度。从车辆本身来说,有一些车辆本身就具有很好地操控性,几乎不需要稳定控制系统的修正;而另外一些则需要系统较强的参与控制。从制造商的角度出发,有些制造商喜欢在出现轻微的不稳定时就让稳定控制系统参与控制,而另一些则希望只在必要时让系统参与控制,还有一些制造商选择利用开关来变换稳定控制系统参与控制的程度。

1. 系统特点

与 ABS 等其他主动安全系统相比,VSC 系统拥有三大特点:

1)实时监控

VSC 系统能够实时监控驾驶者的操控动作(转向、制动和加速等)、路面信息、汽车运动状态,并不断向发动机和制动系统发出指令。

2)主动干预

ABS 等安全技术主要是对驾驶者的动作起干预作用,但不能调控发动机。VSC 系统则可以通过主动调控发动机节气门开度,以调整发动机的转速,并调整每个车轮的驱动力和制动力,来修正汽车的过度转向和转向不足。

3) 折叠事先提醒

当驾驶者操作不当或路面异常时,VSC 系统会用警告灯警示驾驶者。

2. 实际应用

一方面,就目前而言,还无法确定哪种系统对安全性的贡献最大。通过简单的测试也不能预测出在避免事故的问题上,一辆车是否比另一辆车更优秀。因此,不应当使用稳定控制系统参与的早晚和参与控制的强弱来对比车辆的安全性。同样,交通事故统计数据也还不足以证明某个制造商或某个车型的稳定控制系统使其降低了事故率。但是稳定控制系统能有效地减少因车辆失控造成的交通事故已经得到了证明。虽然如此,在车辆行驶中,起决定作用的仍然是物理规律。在极限环境下,稳定控制系统不能阻止车辆发生侧滑,但是可以降低侧滑的程度。

另一方面,拥有了车身稳定控制系统并不意味着就可以提升转弯极限或者增强转弯乐趣,这是错误的认识。稳定控制系统的作用只会在车辆到达或超越极限时才会表现出来,让车辆不会彻底失控,减低发生事故的可能性。当车辆没有到达底盘极限,例如日常驾驶时,系统是完全不起作用的,它并不是一个提升驾驶乐趣的装备,而是一个提升安全系数的装备。

第五章 驱动防滑控制系统

第一节 驱动防滑控制系统概述

一、汽车防滑控制系统的作用

汽车防滑控制系统(Anti Slip Regulation)简称 ASR,是继制动防抱死系统(ABS)之后应用于车轮防滑的电子控制系统,ASR 是 ABS 的完善和补充,其作用是防止汽车在起步、加速和滑溜路面行驶时驱动轮的滑转,以提高汽车的牵引性和操纵稳定性。目前,集 ABS 和 ASR 功能为一体的防滑控制系统已在一些汽车上使用。

当车轮转动而车身不移动或是汽车的移动速度低于转动车轮的轮缘速度时,车轮胎面与地面之间就有相对的滑动。我们把这种滑动称之为"滑转",以区别于汽车制动时车轮抱死而产生的车轮"拖滑"。与汽车制动时车轮被抱死而拖滑一样,驱动车轮的滑转同样会使车轮与地面的附着力下降。地面纵向附着系数减小,使驱动车轮产生的牵引力降低,导致汽车的起步性能、加速性能和滑溜路面的通过性能下降;地面横向附着系数减小,则会降低汽车在起步、加速、滑溜路面行驶时的行驶稳定性。

汽车防滑转电子控制系统是当驱动车轮出现滑转时,通过控制发动机的动力输出或对滑转车轮施以制动力来抑制车轮的滑转,以避免汽车牵引力和行驶稳定性的下降。这种防滑转控制系统也被称为牵引力控制(Traction Control)系统,简称 TRC。

由于防滑转控制系统(ASR)可使车轮保持最大的附着力,与不装备 ASR 的汽车相比,具有如下优点。

(1)汽车在起步、行驶过程中可获得最佳的驱动力,提高了汽车的动力性。尤其在附着系数小的路面,汽车起步、加速及爬坡能力的提高就更加显著。

(2)汽车的行驶稳定性得以提高,前轮驱动汽车的方向控制能力也能改善。路面的附着系数越低,其行驶稳定性能提高就越是明显。因此,ASR 与 ABS 一样,也是汽车主动安全控制装置。

(3)减少了轮胎的磨损,可降低汽车的燃油消耗。

此外,在 ASR 起作用时,可通过仪表板上的 ASR 指示灯或蜂鸣器向驾驶人提醒,提示驾驶人不要紧急制动、注意转向盘的操作、不要猛踩加速踏板等,以确保行车的安全。

二、防车轮滑转的控制方式

1. 车轮滑转率与地面附着系数

车轮滑转率 S_z 的定义如下:

$$S_z = \frac{V_q - V}{V_q} \times 100\%$$

式中：V_q——驱动轮轮缘速度；

V——汽车车身速度，实际应用时常以非驱动轮轮缘速度代替。

当车身未动（$V=0$）而驱动车轮转动时，$S_z=100\%$，车轮处于完全滑转状态；当车身速度与驱动轮轮缘速度相等（$V=V_q$）时，$S_z=0$，驱动车轮处于纯滚动状态。

在各种路面上，地面的附着系数均随滑转率的变化而改变。试验研究表明，车轮滑转率S_z在10%~30%时，纵向附着系数达到最大，横向附着系数也较大。因此，滑转率是汽车防滑转电子控制系统的重要控制参数。

2. 防车轮滑转控制的方式

控制器根据各车轮转速传感器信号计算车轮的滑转率S_z，当S_z值超过某一限定值时，控制器就输出控制信号，抑制车轮的滑转。一般采用如下控制方式。

1）发动机输出功率控制

当汽车起步、加速时加速踏板采得过猛时，会因为驱动力过大而出现两边的驱动车轮都滑转的情况。这时，ASR控制器输出控制信号，控制发动机的功率输出，以抑制驱动车轮的滑转。发动机功率控制可以通过改变节气门的开度、调节喷油器的喷油量和改变点火时间等方法实现。

2）驱动轮制动控制

当驱动车轮单边滑转时，控制器输出控制信号，对滑转车轮施以制动力，使车轮的滑转率控制在目标范围之内。这时，非滑转车轮仍有正常的驱动力，从而提高了汽车在滑溜路面的起步和加速能力、行驶稳定性及转向操纵能力。这种控制方式的作用类似于差速锁，在一边驱动车轮陷于泥坑部分或完全失去驱动能力时，对其制动后，另一边的驱动车轮仍能发挥其驱动，使汽车能驶离泥坑。当两边的驱动车轮都滑转，但滑转率不同的情况下，则对两边驱动车轮施以不同的制动力。

3）发动机输出功率与驱动轮制动综合控制

为了达到最理想的控制效果，采用发动机输出功率控制与驱动轮制动控制相结合的控制系统。汽车在行驶过程中，路面滑溜的情况千差万别，驱动力的状态也是不断变化，综合控制系统将根据发动机的状况和车轮滑转的实际情况采取相应的控制。比如，在发动机驱动力较小的状态下出现车轮滑转的主要原因可能是由于路面滑溜，这时采用对滑转车轮施以制动的方法就比较有效。而在发动机输出功率大（节气门开度大、转速高）时出现车轮滑转，则主要通过减小发动机输出功率的方法来控制车轮的滑转。有时候，车轮滑转的情况更为复杂，需要通过对车轮制动和减小发动机驱动力的共同作用来控制车轮的滑转。

4）防滑差速器锁止控制

这种电子控制的差速器可以在不锁止到完全锁止（0%~100%）的范围内，通过对锁止离合器施加不同的液压来进行控制。当一边的驱动轮出现滑转或两边的驱动车轮有不同程度的滑转时，控制器输出控制信号，通过液压控制装置调节差速器的锁止程度，以提高汽车的驱动力和行驶稳定性。

在上述ASR控制方式中，发动机输出功率控制方式和驱动轮制动控制方式运用较多，目前汽车上采用的 ASR 往往是这两种控制方式的组合,防滑差速器锁止控制应用则很少。

三、防滑转系统的基本组成与特点

1. ASR 系统的基本组成

目前在汽车上广泛使用的 ASR 多为发动机输出功率和驱动轮制动综合控制,其基本组成如图 5-1 所示。

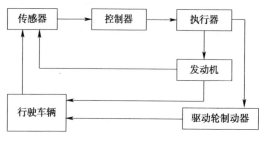

图 5-1 ASR 的基本组成

2. ASR 的工作特点

(1) ABS 和 ASR 都是用来控制车轮相对地面的滑动,以使车轮与地面的附着力不下降,但 ABS 控制的是汽车制动时车轮的"拖滑",主要是用来提高制动效果和确保制动安全;而 ASR 是控制车轮的"滑转",用于提高汽车起步、加速及滑溜路面行驶的牵引力和确保行驶稳定性。

(2) 虽然 ASR 也可以和 ABS 一样,通过控制车轮的制动力大小来抑制车轮与地面的滑动,但 ASR 只对驱动车轮实施制动控制。

(3) ASR 在汽车起步及一般行驶过程中工作(除非驾驶员将 ASR 选择开关关闭,使 ASR 控制系统不能进入工作状态),当车轮出现滑转时即可起作用,而当车速很高(80~120km/h)时一般不起作用。ABS 则是在汽车制动时工作,在车轮出现抱死时起作用,当车速很低(<8km/h)时不起作用。

(4) ASR 在处于防滑转控制过程中,如果汽车制动,ASR 就立即中止防滑转控制,以使制动过程不受 ASR 的影响。

第二节 驱动防滑控制系统工作过程

一、电子防滑控制原理

典型的 ASR 系统如图 5-2 所示。

车轮转速传感器将行驶汽车驱动车轮转速及非驱动轮转速转变为电信号,输送给控制器。控制器根据车轮转速传感器的信号计算驱动车轮的滑转率,如果滑转率超出了目标范围,控制器再综合参考节气门开度信号、发动机转速信号、转向信号(有的车无)等确定控制方式,输出控制信号,使相应的执行器动作,将驱动车轮的滑转率控制在目标范围之内。防滑转控制原理如下。

1. 控制发动机输出功率

在发动机节气门体的主节气门前方,设置了辅助节气门。辅助节气门一般由步进电动机驱动,在 ASR 不起作用时,辅助节气门处于全开位置。当两驱动车轮滑转率超出限定值时,ASR 的 ECU 输出控制信号,控制辅助节气门驱动步进电动机工作,使辅助节气门的开度适当减小,以控制发动机的输出功率,抑制驱动车轮的滑转。

通过调节辅助节气门开度来控制发动机输出功率,其反应速度较慢,通常用调整点火时间和燃油喷射量来补偿辅助节气门调节的不足。当发动机输出功率调节量较小或辅助节气门调节还未能有效控制车轮滑转时,ASR 的 ECU 则向发动机 ECU 输出控制信号,使点火时间适当推迟或喷油量适当减少,以实现迅速控制发动机输出功率之目的。由于推迟点火和减少喷油会使燃烧质量变差,造成排气污染的上升或增大三元催化转化器的负担,因此,只应是用作发动机输出功率瞬时微量调节。

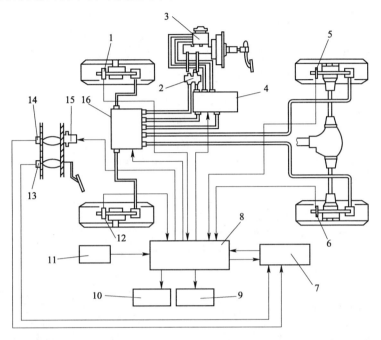

图 5-2 典型 ASR 系统的构成

1-右前车轮转速传感器;2-比例阀和差压阀;3-制动总泵;4-ASR 制动压力调节器;5-右后车轮转速传感器;6-左后车轮转速传感器;7-发动机电子控制器;8-ABS/ASR 电子控制器;9-ASR 关闭指示灯;10-ASR 工作指示灯;11-ASR 选择开关;12-左前车轮转速传感器;13-主节气门开度传感器;14-副节气门开度传感器;15-副节气门驱动步进电动机;16-ABS 制动压力调节器

2. 控制滑转车轮的制动力

ASR 通过对其制动压力调节器的控制,实现对滑转车轮的制动。当车轮滑转时,ASR 的 ECU 输出制动控制信号,使 ASR 制动压力调节器工作,使滑转车轮有一适当的制动力,将车轮的滑转率控制在理想的范围内。

通过制动来控制驱动轮的滑转率反应速度快,但是从舒适性和避免制动器过热等方面的考虑,这种控制方式只应在汽车行驶速度不高和短时间的情况下使用。

3. 发动机输出功率和驱动车轮制动的综合协调控制

ASR 的 ECU 根据各车轮转速传感器、节气门位置传感器、发动机转速传感器等提供的信号计算得到车轮的滑转率,并判断汽车的行驶速度及行驶状况、节气门开度、发动机的工况等,确定是否进行防滑转控制和选择什么样的控制方式。在两边车轮同时出现滑转、发动机转速较高、汽车高速行驶等情况下,ASR 的 ECU 优选减小发动机输出功率控制,如果减小发动机输出功率还未能使滑转率控制在目标范围之内,则再辅以驱动轮制动控制。在两边驱动轮滑转率不一致、发动机输出功率较小、汽车行驶速度不高等情况下,ASR 的 ECU 则选驱动轮制动控制方式。必要时,在对驱动车轮施以制动力的同时,再辅以减小发动机输出功率控制,以达到理想的控制效果。总之,ASR 的 ECU 内的控制程序根据具体情况选择最佳的控制方案,通过综合控制,将驱动轮滑转率控制在最佳的范围之内。

二、防滑转系统部件的结构原理

1. ASR 传感器

ASR 系统的传感器主要是车轮转速传感器、节气门开度传感器。车轮转速传感器与 ABS 系统共用,而节气门开度传感器则与发动机电子控制系统共用。ASR 专用的信号输入装置是 ASR 选择开关,将 ASR 选择开关断开,ASR 系统就不起作用。比如,在需要将汽车驱动车轮悬空转动来检查汽车传动系统或其他系统故障时,ASR 系统就可能对驱动车轮施以制动,影响故障的检查。这时,关断 ASR 开关,中止 ASR 系统的作用,就可避免这种影响。

2. ASR 控制器

ASR 控制器以微处理器为核心,配以输入输出电路及电源等组成。典型的 ASR 控制器组成如图 5-3 所示。

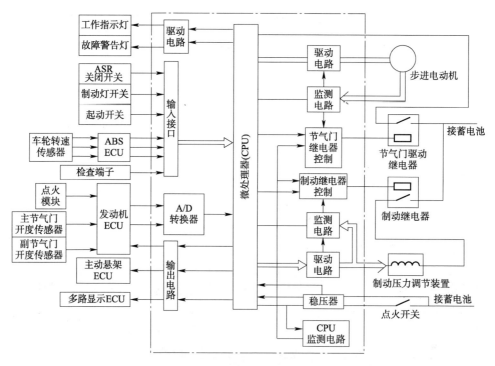

图 5-3　ASR 控制器组成

ASR 和 ABS 的一些信号输入和处理都是相同的,为减少电子器件的应用数量,使结构紧凑,ASR 与 ABS 通常组合成一个 ECU。

3. ASR 制动压力调节器

ASR 制动压力调节器执行 ASR 控制器的指令,对滑转车轮施加制动力和控制制动力的大小,以使滑转车轮的滑转率在目标范围之内。ASR 制动压力源是蓄压器,通过电磁阀来调节驱动车轮制动压力的大小。与 ABS 制动压力调节器一样，ASR 制动压力调节器也有多种结构形式。有单独的 ASR 制动压力调节器，有的 ASR 制动压力调节器则与 ABS 制动压力调节器组合成一体。

1）单独方式的 ASR 制动压力调节器

ASR 制动压力调节器和 ABS 制动压力调节器在结构上各自分开，通过液压管路互相连接。图 5-4 所示的是一种采用三位三通电磁阀、变容积式 ASR 制动压力调节器的结构图。

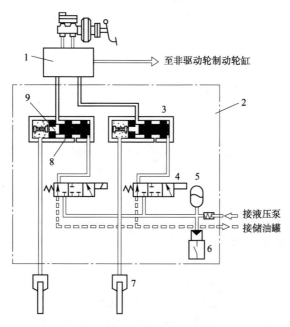

图 5-4　ASR 制动压力调节器

1-ABS 制动压力调节器；2-ASR 制动压力调节器；3-调压缸；4-三位三通电磁阀；5-蓄压器；6-压力开关；7-驱动车轮制动器；8-调压缸活塞；9-活塞通液孔

在 ASR 不起作用，电磁阀不通电时，阀在左位，调压缸的右腔与储液器相通而压力低，调压缸的活塞被复位弹簧推至右边极限位置。这时，调压缸活塞左端中央的通液孔将 ABS 制动压力调节器与车轮制动分泵沟通，因此在 ASR 不起作用时，对 ABS 无任何影响。

当驱动车轮出现滑转而需要对驱动车轮实施制动时，ASR 控制器输出控制信号，使电磁阀通电而移至右位。这时，调压缸右腔与储液器隔断而与蓄压器接通，蓄压器具有一定压力的制动液推动调压缸的活塞左移，ABS 制动压力调节器与车轮分泵的通道被封闭，调压缸左腔的压力随活塞的左移而增大，驱动车轮制动分泵的制动压力上升。当需要保持驱动车轮的制动压力时，控制器使电磁阀半通电，阀处于中位，使调压缸与储液器和蓄压器都隔断，于是，调压缸活塞保持原位不动，使驱动车轮制动分泵的制动压力不变。当需要减小驱动车轮的制动压力时，控制器使电磁阀断电，阀在其复位弹簧力的作用下回到左位，使调压缸右腔与蓄压器隔断而与储液器接通。于是，调压缸右腔压力下降，其活塞右移，使驱动车轮制动分泵的制动压力下降。

在驱动车轮出现滑转时，ASR 的 ECU 通过对电磁阀的上述控制，实现对驱动车轮制动力的控制，将车轮的滑转率控制在目标范围之内。

2) 组合方式的 ASR 制动压力调节器

采用三位三通电磁阀、循环流动式 ASR/ABS 制动压力调节器的一实例如图 5-5 所示。

在 ASR 不起作用时，电磁阀Ⅰ不通电。汽车在制动过程中如果车轮出现抱死，ABS 起作用，通过控制电磁阀Ⅱ和电磁阀Ⅲ来调节制动压力。

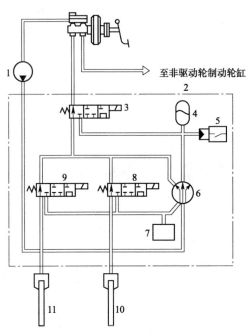

图 5-5　ASR/ABS 制动压力调节器

1-输液泵；2-ABS/ASR 制动压力调节器；3-电磁阀Ⅰ；4-蓄压器；5-压力开关；6-循环泵；7-储液器；8-电磁阀Ⅱ；9-电磁阀Ⅲ；10、11-驱动车轮制动器

当驱动车轮出现滑转时，ASR 的 ECU 使电磁阀Ⅰ通电，阀移至右位，电磁阀Ⅱ和电磁阀Ⅲ不通电，阀仍在左位，于是蓄压器的压力油通入驱动车轮制动泵，制动压力增大。当需要保持驱动车轮的制动压力时，ASR 的 ECU 使电磁阀Ⅰ通电，阀移至中位，隔断了蓄压器及制动总泵的通路，驱动车轮制动分泵的制动压力即被保持不变。当需要减小驱动车轮的制动压力时，ASR 的 ECU 使电磁阀Ⅱ和电磁阀Ⅲ通电，电磁阀Ⅱ和电磁阀Ⅲ移至右位，将驱动车轮制动分泵与储液器接通，于是制动压力下降。

如果需要对左右驱动车轮的制动压力实施不同的控制，ASR 的 ECU 则分别对电磁阀Ⅱ和电磁阀Ⅲ实行不同的控制。

4. 辅助节气门驱动装置

辅助节气门驱动装置一般由步进电动机和传动机构组成，安装在节气门体上的位置如图 5-6 所示。

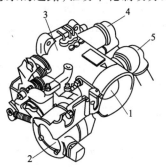

图 5-6　安装辅助节气门的节气门体总成

1-辅助节气门；2-步进电动机；3-节气门体；4-主节气门位置传感器；5-辅助节气门位置传感器

辅助节气门驱动装置的工作原理如图 5-7 所示。在 ASR 不起作用时，辅助节气门处于全开的位置。当驱动轮滑转，需要减小发动机输出功率时，步进电动机根据 ASR

的 ECU 输出的控制脉冲转动规定的转角,通过传动机构带动辅助节气门转动,改变辅助节气门的开度,从而达到控制发动机的输出功率、抑制驱动车轮滑转的目的。

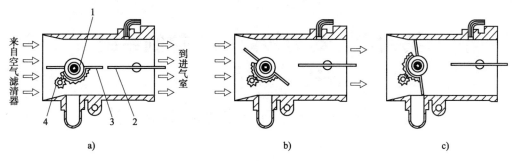

图 5-7　辅助节气门工作原理
a)全开位置;b)半开位置;c)全关位置
1-扇形(从动)齿轮;2-主节气门;3-辅助节气门;4-主动齿轮

第六章　动力转向电子控制系统

第一节　动力转向电子控制系统概述

一、动力转向电子控制系统结构

1. 转向力矩传感器

转向力矩传感器用于测定转向盘与转向器之间的转向力矩,其原理如图 6-1 所示。

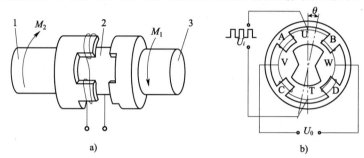

图 6-1　转向力矩传感器
a)结构简图;b)原理图
1-输入轴;2-检测环;3-输出轴

在输出轴的极靴上分别绕有 A、B、C、D 共 4 个线圈,连接成一个桥式回路。在线圈的 U、T 两端输入持续的脉冲电压 U_i,当转向杆上的转矩为 0 时,定子与转子的相对转角为 0,这时转子的纵向对称面处于图示定子 AC、BD 的对称平面上,每个极靴上的磁通量均相等,因而由线圈组成的电桥处于平衡状态,在 V、W 两端的电位差 U_0 为 0。转向时,由于扭力杆与输出轴极靴之间发生相对的扭转变形,定子与转子之间产生角位移 θ,这时,极靴 A、D 间的磁阻增大,B、C 间的磁阻减小,各极靴的磁通量产生了差别,使电桥失去平衡。于是,在 V、W 之间就出现电位差 U_0。这个电位差与扭力杆的扭转角 θ 和输入电压 U_i 成正比($U_0 = k\theta U_i$,k 为比例系数)。由于扭转角 θ 与作用于扭力杆上的转向力矩成比例,因此,由 U_0 就可获得转向盘的转向力矩。

应用于 EPS 的另一种转向盘转向力矩传感器如图 6-2 所示。它将负载力矩所引起的扭力杆扭转角位移转换为电位计电阻的变化,并通过滑环将信号输出。

2. 直流电动机

直流电动机的原理与起动机所用电动机基本相同,通常采用永磁式电动机。电动机的输出转矩控制是通过控制其输入电流来实现,而电动机的正转和反转则是由 ECU 输出的正反转触发脉冲控制。图 6-3 是一种比较简单适用的控制电路。

a_1、a_2 为电动机正反转信号触发端,当 a_2 端有触发信号输入时,VT_3 导通,VT_2 得到基极电流也导通,电流经 VT_2、电动机 M、VT_3 到搭铁,电动机正转。当 a_1 端有触发信号输入时,VT_4 导通,VT_1 得到基极电流也导通,电流经 VT_1、电动机 M、VT_4 到搭铁,电动机反转。电动机的电流大小可由触发信号电流的大小控制。

3. 电磁离合器

EPS 通常采用干式单片式电磁离合器,其原理如图 6-4 所示。装在电动机输出轴上的主动轮内装有电磁线圈,通过滑环引入电流。当离合器通电时,电磁线圈产生的电磁力使压板与主动轮端面压紧。于是,电动机的动力经主动轮、压板、花键、从动轴传递给减速机构。

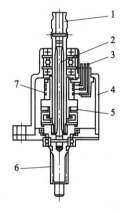

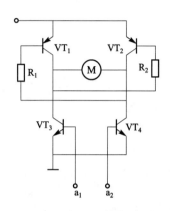

图 6-2 滑动可变电阻式转矩传感器
1-轴;2-扭力杆;3-输出端;4-外壳;5-电位计;6-转向器主动小齿轮;7-滑环

图 6-3 电动机正反转控制电路

4. 减速机构

电动式 EPS 减速机构有多种组合方式,一般采用蜗轮蜗杆传动与转向轴驱动组合方式,也有采用两级行星齿轮传动与传动齿轮驱动组合方式(图 6-5)。为了抑制噪声和提高耐久性,减速机构中的齿轮有的采用特殊齿形,有的采用树脂材料制成。

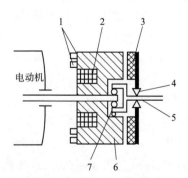

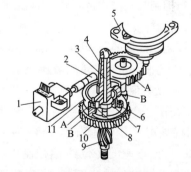

图 6-4 电磁离合器原理
1-滑环;2-线圈;3-压板;4-花键;
5-从动轴;6-主动轮;7-球轴承

图 6-5 双级行星齿轮减速机构
1-转向力矩传感器;2-转轴;3-扭力杆;
4-输入端;5-电动机与离合器;6-行星小齿轮 a;7-太阳轮;8-行星小齿轮 b;9-驱动小齿轮;10-齿圈 b;11-齿圈 a

二、动力转向电子控制系统工作过程

1. 液力式电子控制动力转向系统工作过程

液压式电子控制动力转向系统是在传统的液压动力转向系统的基础上增设电子控制装置而构成的。不同控制方式的液压式 EPS 控制过程如下。

1）流量控制式 EPS

以丰田凌志汽车上采用的流量控制式电控动力转向系统（图 6-6）为例。系统主要由车速传感器、电磁阀、整体式动力转向控制阀、动力转向液压泵和电子控制单元等组成。电磁阀安装在通向转向动力缸活塞两侧油室的油道之间，当电磁阀的阀芯完全开启时，两油道就被电磁阀旁路。EPS 的 ECU 根据车速传感器的信号，控制电磁阀阀针的开启程度，从而控制转向动力缸活塞两侧油室的旁路液压油流量来改变转向助力。当车速很低时，控制器输出的控制信号脉冲占空比很小，通过电磁阀线圈的平均电流很小，电磁阀阀芯开启程度也很小，旁路液压油流量小，液压助力作用大，使转向盘操纵轻便。当车速提高时，控制器输出的控制信号脉冲占空比增大，使电磁阀线圈的平均电流增大，电磁阀阀芯的开启程度增大，旁路液压油流量增大，从而使液压助力作用减小，以增加转向盘的路感。

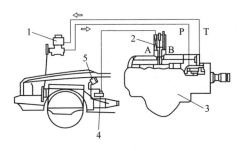

图 6-6 流量控制式动力转向系统（丰田凌志轿车）
1-动力转向液压泵；2-电磁阀；3-动力转向控制阀；4-EPS 的 ECU；5-车速传感器

2）反作用力控制式 EPS

反作用力控制式动力转向系统主要由转向控制阀、分流阀、电磁阀、转向动力缸、转向液压泵、储油箱、车速传感器及电子控制单元等组成，其组成与工作原理如图 6-7 所示。

转向控制阀是在传统的整体转阀式动力转向控制阀的基础上增设了油压反作用力室而构成。扭力杆的上端通过销子与转阀阀杆相连，下端与小齿轮轴用销子连接。小齿轮轴的上端部通过销子与控制阀阀体相连。转向时，转向盘上的转向力通过扭力杆传递给小齿轮轴。当转向力增大，扭力杆发生扭转变形时，控制阀体和转阀阀杆之间将发生相对转动，于是就改变了阀体和阀杆之间油道的通、断关系和工作油液的流动方向，从而实现转向助力作用。

分流阀的作用是将来自转向液压泵的油液向控制阀一侧和电磁阀一侧分流，按照车速和转向要求，改变控制阀一侧与电磁阀一侧的油压，确保电磁阀一侧具有稳定的油液流量。固定小孔的作用是把供给转向控制阀的一部分流量分配到油压反作用力室一侧。

电磁阀根据需要开启适当的开度，使油压反作用力室一侧的油液流回储油箱。工作时，EPS ECU 根据车速的高低线性控制电磁阀的开口面积。当车辆停驶或速度较低时，ECU 使电磁阀线圈的通电电流增大，电磁阀开口面积增大，经分流阀分流的油液通过电磁阀重新回流到储油箱中，使作用于柱塞的背压（油压反力室压力）降低。于是柱塞推动控制阀转阀阀杆的力（反作用力）较小，因此只需要较小的转向力就可使扭力杆扭转变形，使阀体与阀杆发生相对转动而实现转向助力作用。当车辆在中高速区域转向时，ECU 使电磁阀线圈的通电电流减小，电磁阀开口面积减小，所以油压反作用力室的油压升高，作用于柱塞的背压增大,于是柱塞推动转阀阀杆的力增大,此时需要较大的转向力才能使阀体与阀杆之间作相对转动而实现转向助力作用,使得在中高速时驾驶员可获得良好的转向手感和转向特性。

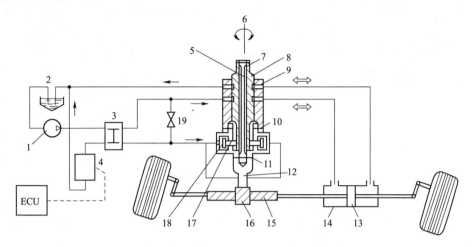

图 6-7　反作用力控制式动力转向系统的组成与工作原理
1-转向液压泵;2-储油箱;3-分流阀;4-电磁阀;5-扭力杆;6-转向盘;7、10、11-销;8-转阀阀杆;9-控制阀阀体;12-小齿轮轴;13-动力缸活塞;14-转向动力缸;15-齿条;16-小齿轮;17-柱塞;18-液压反作用力室;19-小孔

3) 阀灵敏度控制式 EPS

阀灵敏度控制式 EPS 是根据车速控制电磁阀,直接改变动力转向控制阀的油压增益(阀灵敏度)来控制油压的方法。这种转向系统结构简单、部件少、价格便宜,而且具有较大的选择转向力的自由度,可以获得自然的转向手感和良好的转向特性。

阀灵敏度控制式 EPS 如图 6-8 所示。转子阀的可变小孔分为低速专用小孔(1R,1L,2R,2L)和高速专用小孔(3R,3L)两种,在高速专用可变孔的下边设有旁通电磁阀回路。该系统的阀部等效液压回路如图 6-9 所示,其工作过程如下。

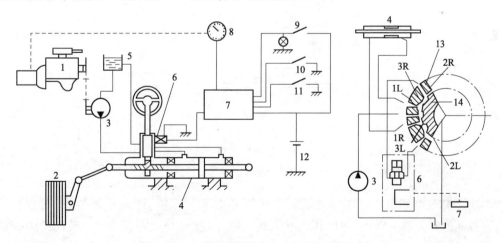

图 6-8　阀灵敏度控制式动力转向系统
1-发动机;2-前轮;3-动力转向液压泵;4-转向动力缸;5-储油箱;6-电磁阀;7-动力转向 ECU;8-车速传感器;9-车灯开关;10、11-空挡开关;12-蓄电池;13-转向控制阀外体;14-转向控制阀内体

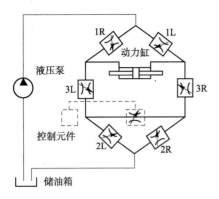

图 6-9 转向控制阀等效液压回路

当车辆停止时,电磁阀完全关闭,如果此时向右转动转向盘,则高灵敏度低速专用小孔 1R 及 2R 在较小的转向力矩作用下即可关闭,转向油泵的高压油液经 1L 小孔流向转向动力缸右腔室,其左腔室的油液经 3L 和 2L 小孔流回储油箱。所以此时具有轻便的转向特性。而且施加在转向盘上的转向力矩越大,可变小孔 1L 和 2L 的开口面积越大,节流作用越小,获得的转向助力也越大。

随着车辆行驶速度的提高,在 EPS 的 ECU 输出的控制信号使电磁阀的开度线性增加。如果向右转动转向盘,则转向油泵的高压油液经 1L 和 3R 小孔流回储油箱。此时,转向动力缸右腔室的转向助力油压就取决于旁通电磁阀和灵敏度低的高速专用可变孔 3R 的开度。车速高时,电磁阀的开度大,旁路流量大,转向助力作用小;在车速不变的情况下,施加在转向盘上的转向力越小,高速专用小孔 3R 的开度越大,转向助力作用也越小,当转向力增大时,可变小孔 3R 的开度逐渐减小,获得的转向助力也随之增大。

2. 电动式电子控制动力转向系统的工作过程

电动式 EPS 在机械转向机构的基础上,增加电动式助力机构和转向助力控制系统。电动式 EPS 如图 6-10 所示。

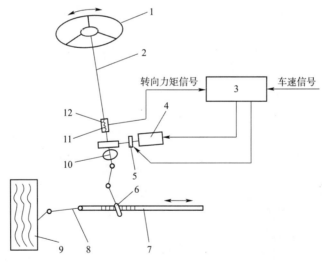

图 6-10 电动式 EPS

1-转向盘;2-转向轴;3-EPS 的 ECU;4-电动机;5-电磁离合器;6-转向蜗轮;7-转向蜗杆;8-横拉杆;9-转向轮;10-输出轴;11-扭力杆;12-转矩传感器

电动式 EPS 利用电动机作为助力源,EPS 的 ECU 根据车速、转向力及转向角等参数,计算得到最佳的转向助力转矩,并向转向助力机构输出控制信号,实现最佳的转向助力控制。电动式 EPS 的基本控制过程如下。

当操纵转向盘时,装在转向盘轴上的转向力矩传感器不断地测出转向轴上的转向力矩信号,该信号与车速信号同时输入到电子控制单元。电控单元根据这些输入信号,确定助力转矩的大小和方向,即选定电动机的电流大小和方向,调整转向辅助动力的大小。电动机的转矩由电磁离合器通过减速机构减速增矩后,加在汽车的转向机构上,使之得到一个与汽车工况相适应的转向作用力。

第二节　主动前轮转向系统(AFS)

一、主动前轮转向系统结构

主动转向系统是在汽车轮胎侧向力线性范围内,侧偏角和驱动/制动力较小时,通过控制前、后轮转向角影响轮胎的侧向力,减小汽车的侧偏角,有效地改善汽车的侧向稳定性和操纵性能,包括主动前轮转向系统(Active Front Steering,简写为 AFS)和主动后轮转向系统(Active Rear Steering,简写为 ARS)。主动前轮转向技术作为一项新技术,它是在电动助力转向系统的基础上发展起来的。宝马主动转向系统是在转向盘和齿轮齿条转向机之间的转向柱上集成了一套双行星齿轮机构,用于向转向轮提供叠加转向角,从而实现变传动比功能。它的核心在于通过对前轮施加一个不依赖驾驶员转向盘输入的附加转角来提高车辆的操作性、稳定性和轨迹保持能力。

在传统转向系统中,转向盘到前轮的转向传动比是严格固定的。转向系定传动比设计的缺陷主要表现为:低速或停车工况下驾驶员需要大角度地转动转向盘,而高速时又不能满足低转向灵敏度的要求,否则车辆的稳定性和安全性会随之下降。因此,同时满足转向系统在低速时的灵活性要求与高速时的稳定性要求是当今车辆转向系统设计的核心问题之一。

德国宝马公司和 ZF 公司联合开发的主动前轮转向系统完美地解决了上述问题,并且该系统已装备于部分宝马 3 系和 5 系轿车上。该系统能够实现独立于驾驶员的转向干预,从而达到主动改变前轮转向角的目的。该系统具有可变传动比设计:在低速状态下传动比较小,使转向更加直接,以减少转向盘的转动圈数,提高车辆的灵活性和操控性;在高速行驶时转向传动比较大,提高车辆的稳定性和安全性。除了可变传动比设计外,通过转向干预来实现对车辆的稳定性控制是该系统最大的特点。目前,作为一项新技术,主动转向系统把车辆的安全性、灵活性以及驾驶乐趣提高到了一个全新的水平。

二、主动前轮转向系统工作过程

主动前轮转向系统 AFS 的执行机构由电动机、蜗轮蜗杆机构和行星齿轮机构等组成,一般串联在转向盘和转向器之间。具体工作原理是车辆行驶的状况由传感器测得,控制器根据传感器的车速、质心横摆角速度、转向盘转角等信号,按照预先编制的控制逻辑,设定标准值,并通过执行器叠加到前轮转向角上,实现总的前轮转向角输入,由此,可使转向盘转角和前轮转向角的传动比,根据汽车的运动状况发生连续的变化,从而对汽车的舒适性、转向工作强度、操纵稳定性和直线行驶性进行最佳优化。也就是说主动前轮转向系统能够根据车辆的运行状态和驾驶员的意图,通过对前轮转向角进行适当修正达,到提高车辆轻便性和行驶稳定性的目的。

主动前轮转向系统有 4 种功能:可变传动比、转向灵活性、横摆角速度控制、横摆力矩补偿,如6-11图所示。

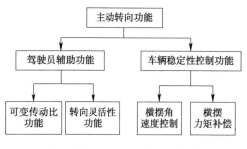

图6-11 主动前轮转向系统功能图

主动转向系统最大的特点,就是依据驾驶条件,自动调节车辆转向传动比,从而增加或减小前轮的转向角度。在低速时,电动机的作用与驾驶者转动转向盘的方向一致,转向传动比减小,可以减少驾驶者对转向力的需求。在高速时,电动机的运转方向与驾驶者转动转向盘方向相反,减少了前轮的转向角度,转向传动比增大,从而提高了转向稳定性。

AFS 与 EPS(电动助力转向系统)相比,不仅仅减轻转向盘操纵力,而是一种电子化的,转向传动比是可变的,必要时可与动态稳定控制 DSC 配合工作,其转向传动比直接与车辆行驶速度、行车模式、道路状况有关。另外 AFS 系统中还有两个传感器,一个是转向盘转角传感器,用来测量转动转向盘的转速和角度值;另一个侧滑传感器用来测量实际车辆的侧滑率,这两个信号通过计算机计算、比较,可以知道车辆是过多转向还是不足转向;决定对车轮转向角度进行修正的量,然后调整电动机转速,改变输入与输出轴之间的速比。

第三节 线控转向系统(SBW)

一、线控转向系统结构

线控转向系统(Steer By Wire,简写为 SBW)是汽车转向方面最先进和前沿的技术之一。线控转向系统完全取消了转向盘和转向轮之间的机械部分,通过控制单元协调二者之间的运动关系,完全依靠电动机提供全部的转向力。

汽车线控转向系统对两转向轮有分别调节式和整体调节式两种,由于整体调节式具有对传统结构的继承性好、结构简单、控制方便等特点,因此整体调节式将是我国优先发展的一种结构类型。整体调节式线控转向系统由以下4部分组成:机械转向机构:包括转向盘、转向柱、转向电动机、电磁施力器、原车型上的转向器、转向拉杆。

传感器:包括转向盘转角、转矩传感器、拉杆位位移传感器、安装在转向节臂上的侧向加速度传感器。

电子控制单元:包括控制电路板及动力电路板两部分。

线控转向系统硬件由控制电路板及动力电路板两部分组成。控制电路板主要负责信号的采集,并通过已制定的助力转向策略,计算和输出转向电动机需要的控制信号。动力电路板将控制板输出的控制信号转变为电压信号来驱动电动机。

二、线控转向系统工作过程

图6-12是线控转向系统工作原理图。驾驶员的转向意图(通过转向柱上的转向盘角位移传感器输出转向盘左转或右转的转角信号)转换成数字信号并传递给转向控制器,在转向拉杆上安装线位移传感器,利用转向拉杆左、右移动的位移量 S 来反映转向车轮转角 e 的大

小。即转向控制器根据转向盘转角计算出拉杆的位移量 S,当转向拉杆的位移量达到所需值 S 时,转向控制器则切断转向电动机的电源,转向轮的偏转角不再改变。由于所选用的转向电动机是蜗轮蜗杆式减速电动机,其运动不能逆向传动,因此,转向轮可保持所设定的偏转角不变。当再次改变转向盘转角的大小时,转向控制器便重复上述控制过程,并计算出新的转向拉杆的移动位移量 S',转向拉杆的位移量达到 S' 时,转向控制器再次切断转向电动机的电源,汽车便保持新的转向状态。这种转向轮偏转角 e 随转向盘转角的变化而变化的功能,就是所谓的转向随动作用。

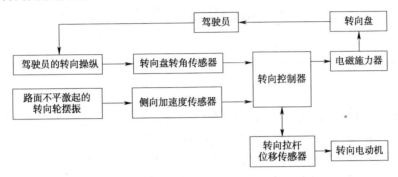

图 6-12　线控转向系统工作原理图

汽车需由转弯行驶回复到直行状态时,驾驶员只需松开转向盘,复位弹簧便将转向盘推回到原直行位置,转向控制器反向接通转向电动机的电源,转向电动机驱动转向器并通过拉杆机构将转向轮拉回到直行状态,这就是转向回正。

第七章 悬架电子控制系统

第一节 悬架电子控制系统概述

一、电子控制悬架的作用

1. 汽车对悬架的要求

汽车悬架的作用是承受和传递车轮与车架之间的各种力和力矩,吸收和减缓汽车运行过程中的冲击和振动,使汽车具有良好的平顺性和稳定性。

行驶车辆的平顺性和稳定性是衡量其悬架性能好坏的主要指标,但二者对悬架的刚度和阻尼的要求具有互相排斥性。比如,降低悬架刚度可使车身振动时的加速度减小,车辆的平顺性得以改善,但这会导致车身位移增加,给操纵稳定性带来不良影响;增加弹簧刚度可提高车辆的操纵稳定性,但刚度大的悬架对路面不平度很敏感,会使平顺性下降。汽车最理想的悬架应该是在不同的载质量、不同行驶条件和行驶工况下,悬架弹簧的刚度和减振器阻尼也不同。以便能最大限度地满足车辆平顺性和稳定性的需要。

2. 传统悬架的不足

传统的汽车悬架刚度和阻尼是根据一定的载荷、某种路面情况和车速,兼顾平顺性和稳定性的要求进行优化设计而选定的,而汽车在行驶过程中其载质量、路面情况及车速均变化不定。可见,这种刚度和阻尼不能根据实际需要进行及时调整的悬架(称为被动悬架)就不可能使车辆的平顺性和操纵稳定性始终保持在比较良好的状态。也就是说,传统悬架不可能适应现代汽车对乘坐舒适性和操纵稳定性的更高要求。

3. 电子控制悬架的作用

电子控制悬架系统由传感器、控制器和执行机构组成。电子控制悬架系统除了传统悬架具有吸收、缓和车身的振动冲击等基本功能外,还能根据汽车载荷、路面、行驶车速、行驶工况等的变化情况,自动地调整悬架的刚度和阻尼及车身高度(称其为主动悬架),使汽车在瞬息变化的运行条件下,均能获得最好的平顺性和最佳的操纵稳定性。刚度、阻尼及车身高度可变的主动式悬架所起的作用主要体现在如下几点。

(1)汽车载荷变化时,电子控制悬架系统能自动维持车身高度,使其变化较小,从而可保证汽车在各种不同路面行驶的车身平稳。

(2)悬架刚度可以设计小些,使车身的固有振动频率在 70 次/min 左右(在人感到乘坐非常舒适的范围内)。由于各个悬架的刚度可自动独立的调整,可有效地防止和减缓汽车转弯时出现的车身侧倾和起步、加速、制动时所引起车身的纵向摆动。

(3)一般的悬架系统,在汽车制动时,尤其是紧急制动时,车头向下俯冲,使后轴载荷剧减,造成后轮与地面的附着条件严重恶化,容易引起制动失灵。电子控制悬架系统能有效防止这一不良后果,可保证应有的附着条件和制动距离。

(4)电子控制悬架系统可使车轮与地面一直保持良好接触,可使附着力稳定,提高了牵引力、制动力、抗侧滑力,因而提高了汽车的动力性、安全性和经济性。

(5)由于能很好地控制与调整悬架的刚度和阻尼,消除了车身的恶性振动冲击,提高了车辆的使用寿命。

可见,电子控制悬架可根据汽车载质量、路面情况及行驶工况的变化,自动调整悬架的刚度、阻尼及车身的高度,使汽车始终保持有良好的操控性和平顺性,从而提高了汽车行驶的稳定性和乘坐的舒适性。

二、电子控制悬架系统的分类

1. 按有源和无源分

(1)半主动悬架。半主动悬架为无源控制,在汽车转向、起步及制动等工况时,不能对悬架的刚度和阻尼进行有效的控制,但可以根据汽车运行时的振动及行驶工况变化情况,对悬架减振器的阻尼参数进行自动调整。半主动悬架不能达到现代汽车对悬架调节特性更高的要求,因而在汽车上已很少使用。

(2)全主动悬架。全主动悬架简称主动悬架,是一种有源控制悬架,它有提供能量和可控制作用力的附加装置。全主动悬架可根据汽车载荷、路面状况(振动情况)、行驶速度、行驶工况等的变化,自动调整悬架的刚度、阻尼及车身高度,从而能最大限度地满足汽车行驶平顺性和稳定性等各方面的要求。

2. 按悬架介质的不同分

(1)油气式主动悬架。油气式主动悬架其悬架的介质为油和气,通常是以油液为媒体,将车身与车轮之间的力和力矩传送至气室中的气体,按照气体 $p-V$ 状态方程规律,实现悬架的刚度控制,并通过改变油路小孔的节流作用实现减振器阻尼控制。

(2)空气式主动悬架。空气式主动悬架的介质为空气,通常是用改变主、副空气室的通气孔的截面积来改变气室压力,以实现悬架刚度控制和高度控制,并通过对气室充气或排气实现汽车高度控制。

3. 按悬架调节的方式不同分

(1)分级调整式悬架。分级调整式悬架系统将通常悬架的阻尼和刚度分为2~3级,根据汽车载荷和行驶工况的变化,由驾驶人员动选择或由 ECU 根据各传感器的信号自动选择。

(2)无级调整式悬架。无级调整式悬架系统的阻尼和刚度从最小到最大可实现连续调整。

第二节 电子控制悬架的结构与工作原理

一、半主动悬架系统

1. 半主动悬架的控制原理

半主动悬架系统通常以车身振动加速度的均方根值作为控制目标参数,以悬架减振器的阻尼为控制对象,其控制模型如图7-1所示。

半主动悬架的控制过程如图7-2所示。在半主动悬架的ECU中,事先设定了一个以汽车行驶平顺性最优化控制为目标的控制参数σ。汽车行驶时,安装在车身上的车身加速度传感器将车身振动情况转换为相应的电信号,并输入ECU。ECU中的CPU立刻计算当前车身振动加速度的均方根值σ_i,并与设定的目标参数进行比较,根据比较结果输出控制信号。如果$\sigma_i = \sigma$,ECU不输出调整悬架阻尼控制信号,减振器保持原阻尼;如果$\sigma_i < \sigma$,ECU则输出增大悬架阻尼信号;如果$\sigma_i > \sigma$,ECU则输出减小悬架阻尼信号。

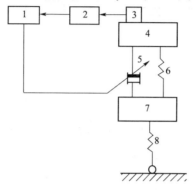

图7-1 半主动悬架控制模型
1-控制器;2-整形放大电路;3-加速度传感器;4-悬架质量;5-阻尼可调减振器;6-悬架弹簧;7-非悬架质量;8-轮胎的当量质量

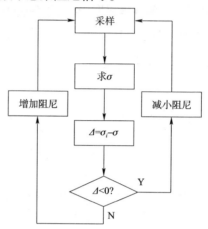

图7-2 ECU悬架阻尼控制过程

2. 半主动悬架减振器结构原理

半主动悬架减振器分为有级调整式和无级调整式两种。

1)有级调整式半主动悬架系统

有级调整式半主动悬架系统将悬架的阻尼(刚度)分为2~3级,根据载荷和工况的变化,由驾驶员选择或根据各传感器的信号自动选择。

图7-3为一个三级式半主动减振器的简图。在A、B、C 3个不同截面上,设有3排阻尼孔的回转阀4,在A—A上有2个小孔,在B—B上有4个小孔,在C—C上有2个小孔,与阻尼调节杆1相连,执行器可使阻尼调节杆1转动来控制阻尼孔的开闭,以达到调节减振器阻尼大小的目的。

在减振器A—A、B—B、C—C 3个阻尼孔所在位置的截面上,活塞杆3将3个截面上的所有阻尼孔全部封闭,只有减振器下边底部的阻尼孔可开通工作,所以减振器阻尼最大,处于"硬状态",也就是汽车载荷大,或运行在不良路面以及制动等工况下选用的阻尼。

当执行器将阻尼调节杆从"硬状态位置"沿反时针方向转过60°时,减振器A—A、B—B、C—C 3个阻尼孔所在位置的截面上的阻尼孔全部打开,所以阻尼最小,处于"软状态"也就是汽车载荷较小和在好路面运行时所选用的阻尼。

当执行器将阻尼调节杆从硬状态位置沿顺时针方向转过60°,减振器B—B截面上的阻尼孔打开,而A—A、C—C截面上的阻尼孔仍被关闭,所以此时阻尼较"硬状态"时小,较"软状态"时大,处中间值称之"运动状态"。

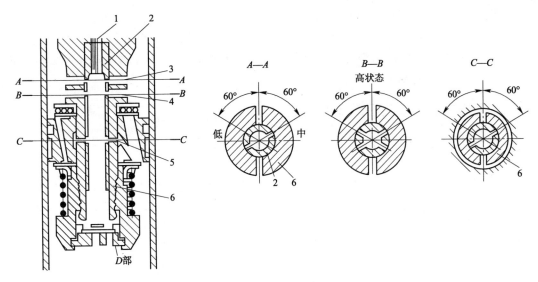

图 7-3 三级式半主动减振器
1-阻尼调节杆(回转阀控制杆);2-回转阀;3、4、5-阻尼孔;6-活塞杆

执行器的结构如图 7-4 所示,它装在减振器的上部,可以根据需要带动减振器中回转阀转动,改变减振器阻尼力的大小,为适应汽车运行时工况频繁的变化,保证准确快速控制,减小驱动电流和部件质量,执行器采用了直流步进电动机和电磁制动开关。

直流步进电动机 3,带动小齿轮 4 驱动扇形齿轮 5 转动,与扇形齿轮 5 同轴的控制杆 1 带动减振器内回转阀转动,使阻尼孔开闭的数量变化,从而达到了调整减振器阻尼的变化。

2)无级调整式半主动悬架系统

无级调整式半主动悬架系统能在几毫秒内使其阻尼力从最小到最大的无级连续调整。图 7-5 所示的是无级调整式半主动悬架减振器原理示意图。

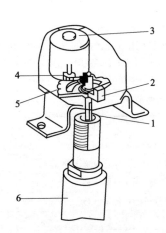

图 7-4 执行器的结构
1-控制杆;2-止动块;3-直流步进电动机;4-小齿轮;5-扇形齿轮;6-减振器

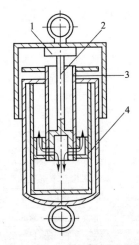

图 7-5 无级半主动减振器示意图
1-步进电动机;2-驱动杆;3-活塞杆;4-空心活塞

阻尼的改变是由步进电动机,带动可变截面阻尼器实现的,驱动杆 2 和空心活塞 4 一同上下运动,减振器油液被压缩,通过驱动杆和空心活塞的小孔,利用小孔节流作用形成阻尼。步进电动机通过转动驱动杆,改变驱动杆与空心活塞的相对角度,从而改变阻尼孔实际通过截面的大小,使减振器阻尼改变。

二、主动式悬架系统组成部件

目前主动式悬架主要是由主动式空气悬架系统组成。

1. 主动式空气悬架系统组成

主动式空气悬架系统主要由空气压缩机、干燥器、空气电磁阀、车身高度传感器、带有减振器的空气弹簧、悬架控制执行器、悬架控制选择开关、悬架 ECU 等组成。主动式空气悬架的组成部件及在车上的布置如图 7-6 所示。应用于主动悬架电子控制系统的传感器见表 7-1。

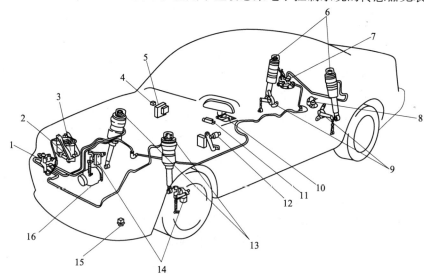

图 7-6 主动空气悬架系统的基本组成与布置

1-车前高度控制阀;2-干燥器与排气阀;3-车身高度控制压缩机;4-车身高度控制连接器;5-悬架控制器;6-后空气悬架执行器;7-车后高度控制阀;8-后加速度传感器;9-车后高度传感器;10-高度控制开关;11-转向传感器;12-停车灯开关;13-前空气悬架执行器;14-前加速度及高度传感器;15-空气悬架继电器;16-集成电路调压器

用于主动式悬架系统的传感器   表 7-1

传 感 器 名 称	传 感 器 用 途
车身加速度传感器	检测车身的振动,间接反映汽车行驶的路面情况
车身位移传感器	检测车身相对车桥的位移,反映车身的平顺性和车身的高度
车速传感器	通过检测车轮的转速获得车速信息,用于计算车身可能的侧倾程度
转向盘转角传感器	检测转向盘的转角,用于计算车身可能的侧倾程度
制动灯开关	提供车辆制动信号
制动压力开关	检测制动管路的压力,提供车辆制动信号
节气门位置传感器	检测节气门的开度,提供汽车加速信号
加速踏板传感器	检测加速踏板的位置,提供汽车加速信号
悬架控制模式选择开关	用于手动选择悬架"软"、"硬"控制模式

2. 主动式空气悬架系统工作原理

如图7-7所示,悬架ECU根据各个传感器采集的输入信号,经过分析运算后,向各执行器发出指令,改变悬架刚度、阻尼系数和车身高度,使车辆在行驶过程中保持良好的操纵稳定性,并且可将车身振动频率控制在允许范围内。

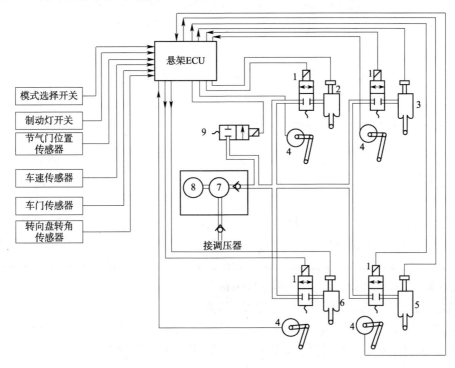

图7-7 主动空气悬架系统的工作原理

1-空气控制电磁阀;2-右前空气悬架;3-左前空气悬架;4-车身高度传感器;5-左后空气悬架;6-右后空气悬架;7-干燥器;8-空气压缩机;9-排气电磁阀

空气压缩机8由直流电动机驱动,产生压缩空气作为主动式空气悬架系统的动力源。压缩空气经干燥器干燥后,由空气管道经空气控制电磁阀送至空气弹簧的主气室。当汽车载荷减少,需减少悬架刚度、阻尼和降低车身高度时,悬架ECU控制排气电磁阀9打开,使空气弹簧主气室中部分压缩空气排到大气中去,以使空气弹簧压缩变形适当,保持车身高度及振动频率在优选值范围内。当汽车载荷加大,需要增加悬架刚度、阻尼和车身高度时,悬架ECU控制空气控制电磁阀1打开,使压缩空气进入空气弹簧主气室,以减少空气弹簧的压缩变形量,并保持车身高度及振动频率在优选值范围内。另外在空气弹簧的主、辅气室之间还有一连通阀,由空气弹簧上部的控制执行器控制。悬架ECU根据各传感器输入的信号计算分析后,输出控制信号,控制执行器动作,使空气弹簧主辅气室之间的连通阀发生变化,以改变主辅气室的压力和刚度,同时也改变了减振阻尼力。

第八章　汽车巡航控制系统

第一节　汽车巡航控制系统概述

一、汽车巡航控制系统的应用与发展

汽车巡航控制系统也称为速度控制系统或自动驾驶系统,汽车巡航控制系统实质上就是为减轻驾驶员劳动强度,提高行驶舒适性,保证汽车和发动机都能在有利速度范围内运行的自动控制装置。

巡航控制系统在飞机上应用,显示出了它的无可比拟的优点。20世纪50年代末开始在汽车上引用后很快就很受青睐,所以目前在美、日、德、法、意等汽车大国发展、普及很快,尤其是近几年来世界各国高速公路的通车里程增多,扩大了汽车巡航控制系统大显身手的空间,因此巡航控制系统在汽车上的应用也越来越多。

汽车巡航控制系统经历了机械控制系统、晶体管控制系统、模拟集成电路控制系统和微机控制系统等几个过程。微机控制的汽车巡航控制系统自从1981年开始应用于汽车后,发展迅速。新型汽车基本上都采用了微机控制的汽车巡航控制系统。

二、汽车巡航控制系统的功能与特点

1. 汽车巡航控制系统的功能

汽车巡航控制系统一般设有如下功能。

(1)车速设定功能。当在高速公路上行驶时,路面质量好,没有人流,分道行车,无逆向车流,适宜较长时间的稳定行驶时,可按下"设定"开关,设定一个稳定行驶的车速,使驾驶员不用再踩加速踏板和换挡,汽车一直以这一车速稳定运行。

(2)消除功能。当驾驶员根据运行情况需要踩下制动踏板时,则上述的车速设定功能立即消失,驾驶员要用常规方法操作驾驶,直到再按另外的功能开关为止,但其行驶速度大于48km/h时所设定的车速值仍然储存在系统中,供随时通过开关调用。

(3)恢复功能。当驾驶员处理好情况后,根据路面车流情况又可稳定运行时,可按"恢复"功能开关,这样汽车又自动按上述设定的车速稳定均匀运行。若不按"恢复"功能开关,也可在驾驶员认为最有利车速时按"设定"开关,汽车就又自动按新选择的设定车速稳定运行。

(4)滑行功能。也称为减速功能。当按下"滑行"开关时,则汽车在原设定车速基础上减速行驶,开关一直按下不放,则车速一直在减速降低。当你一放松"滑行"开关,则汽车就自动以你放松"滑行"开关瞬间的车速稳定行驶。

(5)加速功能。当按下"加速"开关一直不放时,则汽车在原设定的车速基础上加速行

驶,即车速一直在增加。当你一放松"加速"开关时,则汽车就自动以你放松"加速"开关瞬间的车速稳定行驶。

(6)低速自动消除功能。当车速低于已输入的低速极限值时(一般为48km/h),巡航控制不起作用,也不能存储低于这一速度的信息。

(7)有关开关消除功能。除了踩制动踏板有低速的消除功能外,当按驻车制动开关、离合器控制开关、变速器挡位开关时,都有自动消除巡航控制的功能。

2. 巡航控制系统的优点

(1)提高了汽车行驶的稳定性和舒适性。巡航控制系统保证了汽车在有利车速下等速行驶,大大提高了其稳定性和舒适性。

(2)提高了汽车行驶的安全性。巡航控制系统实现了自动驾驶,尤其是在上坡、下坡或平路行驶,驾驶员只要掌握好转向盘,不用踩加速踏板和换挡就能等速稳定运行,减轻驾驶员劳动强度,可使精力集中,确保行车安全。

(3)可降低油耗和排气污染。巡航控制系统选择在最有利的车速和发动机转速下运行,可节省燃油,并使燃烧完全,热效率高,排气中 CO、NO_x、CH 大量减少。有利于环保。

(4)减少汽车机械磨损,延长使用寿命。稳定等速行驶使额外惯性力减少,所以机件磨损少,使用寿命增加,故障减少。

第二节　汽车巡航控制系统工作原理

一、定速巡航原理与工作过程

1. 定速巡航控制系统的基本组成

电子控制的巡航控制系统的基本组成主要有:车速传感器、节气门执行器、电子控制器、真空控制装置、伺服机构及其电气连接线路等。

2. 定速巡航控制系统的分类

(1)机电式巡航控制系统。实施车速设定、车速稳定和消除等巡航控制功能的是一个机械与电气混合装置,通常由控制开关、电释放开关、真空调节器、真空度控制的弹簧式伺服机构、真空释放阀、线束及真空管路等组成。汽车上早期使用的就是这种机电式巡航控制系统。

(2)电子式巡航控制系统。由电子控制器根据控制开关、各传感器和开关的信号进行车速的设定、稳定和消除等自动控制。随着电子技术的迅速发展和对巡航控制功能要求的进一步提高,电子式巡航控制系统已逐渐取代了机电式巡航控制系统。

3. 定速巡航控制系统基本控制原理

电子控制的巡航控制系统的基本控制原理如图8-1所示。

当巡航控制系统开始工作时,控制器可接收两个信号:一个是驾驶员所选定的设定车速信号1,另一个是汽车的实际车速传感器车速信号2。控制器计算分析两个信号的误差后,发出一个节气门控制信号到节气门执行器,节气门执行器根据指令调节节气门开度,使实际车速和设定车速的误差减少,保证汽车按设定车速稳定行驶。

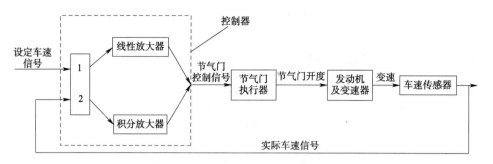

图 8-1 巡航控制系统基本工作原理

1) 机电式巡航控制系统的结构及工作原理

较早使用的机电式巡航控制系统的结构布置如图 8-2 所示,它由机械和电气两部分组成。

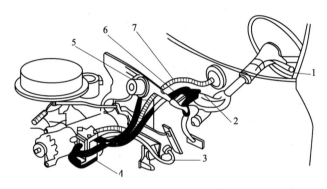

图 8-2 机电巡航控制系统部件布置

1-控制开关;2-电控释放开关;3-软轴套管总成;4-变送器;5-伺服机构;6-真空释放阀;7-软轴套管总成

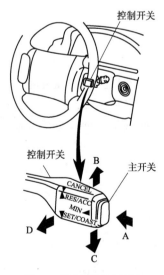

图 8-3 汽车巡航控制开关
A-主开关;B-恢复/加速(RES/ACC)按键;C-设定/减速(SET/COAST)按键;D-取消按键(CANCEL)

(1) 控制开关。它是供驾驶员操作巡航控制系统的一套开关,一般都设置在转向信号手柄或转向盘上,如图 8-3 所示。它通常有 4 个按键开关,即主开关(MIN)、恢复/加速按键(RES/ACC)、设定/减速(SET/COAST)按键和取消按键(CANCEL)。

设定/加速按键。当按下设定/加速按键后又放松时,汽车则以此时的车速自动稳定等速行驶。若按下按键不放松时,汽车则在此时车速的基础上加速行驶。

滑行/减速按键。当按下滑行/减速按键后一直不放松时,汽车处于滑行减速行驶。当放松时,若汽车时速仍在 48km/h 以上,则会自动按放松时的车速稳定行驶。

接通按键。汽车在设定车速下稳定巡航行驶时,若交替按下和放松,则汽车的行驶速度将会自动稍稍提高。

恢复按键。当因使用行车制动、驻车制动、离合器而使巡航控制作用消除后,按下恢复按键时,汽车将自动恢复原设定的车速稳定行驶。

它是带有机械结构的中央控制装置,在接收来自巡航控制开关、制动踏板开关、离合器踏板开关以及换挡开关和发动机进气歧管真空度等信号后,综合起来对伺服机构的真空度进行调节,达到稳定发动机转速的目的。

(2) 伺服机构

伺服机构的作用就是控制节气门的开度。它用杆件和拉索与节气门相连,通过真空度的变化来保证发动机转速稳定。当真空度增大时,弹簧压缩节气门开度增大转速上升,反之,转速降低。

(3) 安全开关

安全开关包括电控释放开关和真空释放阀。它们都装在制动踏板支架上。当踩下制动踏板时,两个安全开关都使巡航控制功能消除,起双重保险作用。

2) 机电式巡航控制系统的工作过程

如图 8-4 所示,当巡航控制开关处在平常位置时,滑动触片处于接通位置,此时蓄电池电流经点火开关、巡航控制开关、电阻丝、变送器的保持端子、真空阀线圈到搭铁。由于电阻丝产生的电压降较大,致使保持端子处的电压太低,不能使真空阀动作,所以巡航控制系统不工作。

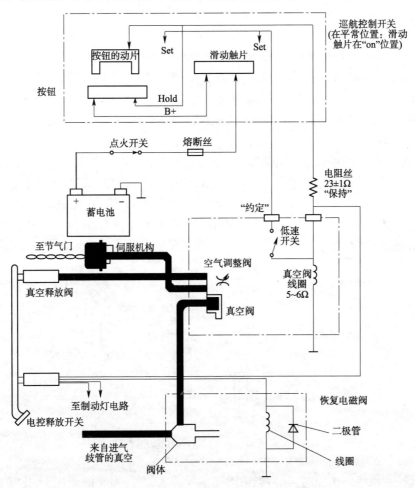

图 8-4 机电式巡航控制系统的电器和真空路线图

变送器内装有一个带操纵臂的摩擦离合器,在车速低于48km/h的条件下,摩擦离合器操纵臂不能将常开的低速开关闭合。所以只有车速超过48km/h,低速开关才能闭合,才能使巡航控制系统工作。

在车速大于48km/h时按下设定/加速按键开关,电流便从变送器的"约定"端子流入。经低速开关、真空电磁阀线圈到搭铁。因为电阻丝被旁路,没有电压损失,所以加到真空电磁阀线圈上的电压较大,可以将真空阀打开。这样发动机进气歧管内的真空可传到伺服机构和真空释放阀及空气调整阀。空气调整阀根据测定车速的高低调整该系统的真空度,从而通过伺服机构调整节气门开度,使汽车在设定车速下稳定行驶。当放松按钮时,电流又经电阻丝到变送器的保持端子,这一较小的电流足以保持真空阀在开启位置。

汽车在巡航控制下行驶时,若踩下制动踏板,则电控释放开关接通,恢复电磁阀线圈通电而将真空电磁阀线圈短路,致使真空阀关闭,伺服机构不能控制节气门,只能由驾驶员按常规驾驶。恢复电磁阀线圈产生磁力则使恢复电磁阀动作,使系统内真空度消除的同时,从图8-4中可知,当踩制动踏板时,也使真空释放阀动作,也起释放系统内真空的作用,达到使伺服机构不工作的目的。

3)电子式巡航控制系统主要部件的结构与工作原理

(1)控制开关。控制开关大都做成杆式开关,装在转向柱上,通常有3个操纵按钮。即"设定/加速"、"滑行/减速"和"恢复"来控制汽车不同的行驶状况。

按下"设定/加速"开关不动时,汽车不断加速,当达到要求车速时,松开按钮,电子巡航控制系统就按松开按钮时的车速保持稳定匀速运行。

当踩制动踏板、踩离合器及换挡时而巡航控制功能消除后,冉按"恢复"按钮则又可按重新设定的车速运行。

(2)车速传感器。电子巡航控制系统通常与自动变速器电子控制系统、发动机电子控制系统共用车速传感器。车速传感器有光电式、霍尔感应式、磁感应式等。

(3)节气门执行器。节气门执行器有电动和气动两种形式。电动式节气门执行器通常使用步进电动机作为驱动动力,气动式则采用进气歧管真空度控制。气动式节气门执行器的结构及原理如图8-5所示。

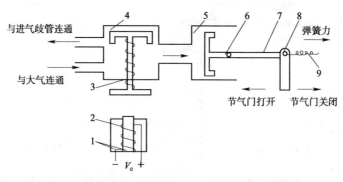

图8-5 气动式节气门执行器结构原理图

1-电磁铁;2-电磁线圈;3-阀弹簧;4-压力控制阀;5-气缸;6-活塞;7-连杆;8-节气门拉杆;9-弹簧

当巡航控制系统不工作时,执行器内无电信号传入,在弹簧9的作用下,把活塞、连杆和节气门拉杆一起拉回右边使节气门关闭。

当巡航控制系统工作后,则有控制信号 V_c 输入到执行器供电磁线圈 2 通电,使电磁铁 1 产生吸力,使压力控制阀 4 的阀芯克服弹簧 3 的弹力下移,将进气歧管和执行器气缸 5 连通,在进气歧管内真空度的作用下活塞 6 将带动连杆 7 和节气门拉杆 8 一起向左移动而将节气门逐渐打开,从而调整了发动机转速。巡航控制系统通过改变控制信号 V_c 的大小来改变压力控制阀 4 阀芯下移量,使作用在活塞 6 上的真空吸力发生变化,也即改变了节气门的开度,从而实现车速稳定控制。

（4）电子控制器。电子控制器是电子巡航控制系统的核心,它有模拟式电子控制器和数字式电子控制器两种形式。

模拟式电子控制器在较早的电子巡航控制系统中使用,图 8-6 所示的是由 4 个运算放大器组成的模拟式巡航电子控制器。

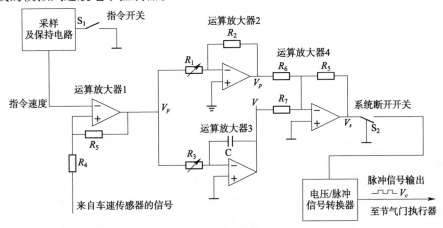

图 8-6　模拟式巡航电子控制器

数字式电子控制器。20 世纪 90 年代以来,新车装用的巡航控制系统已全部采用以数字式电子巡航控制系统。图 8-7 所示的是某种采用数字式电子控制器的电子巡航控制系统方框图。

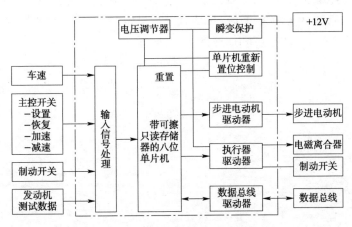

图 8-7　数字式电子巡航控制系统方框图

数字式电子控制器的特点是:所有的输入指令都以数字信号直接存储和处理,带可擦只读存储器的八位微处理器,根据设定车速、实际车速以及其他输入信号,按存储程序完成所有的数据处理之后,产生一个输出信号驱动步进电动机,并改变节气门开度达到控制发动机转速(车速)的目的。

制动开关(行车制动、驻车制动)与节气门执行器直接相连。当使用制动时,在中断巡航控制器工作的同时,也使节气门执行器停止工作,确保节气门完全关闭。

数字式电子巡航控制系统的突出优点是:系统中的信号以数字量表示,不受工作温度和湿度的影响,因此工作稳定,可靠性高。另外数字式电子控制器可采用先进的大规模的集成电路技术做成专用集成块,也可在微机上实现编程。特别是对发动机、变速器已采用微机控制的汽车上,只需在已有的微机上修改一下程序就可以将此功能附加上去。这也是巡航控制系统在电喷汽车上很快发展普及的有利条件。

二、ACC 主动巡航原理与工作过程

1. ACC 主动巡航的组成

主动巡航控制系统 ACC(Adaptive Cruise Control)是一种构想于 20 世纪 70 年代末期的汽车安全性辅助驾驶系统。它将汽车自动巡航控制系统 CCS 和车辆前向撞击报警系统 FCWS 有机地结合起来,既有自动巡航功能,又有防止前向撞击功能。

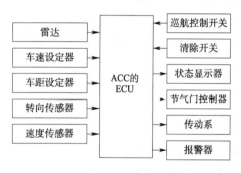

图 8-8　ACC 系统的基本组成

与传统的巡航系统不同的是,它增加了主要用于检测出与前方物体间距离信息的激光雷达,以及根据该信息瞄准前方行驶车辆,输出目标减速度以使其与前车的车距保持一定的汽车间距控制 ECU。此外,在系统构建中还可以利用毫米雷达代替激光雷达。如图 8-8 所示为主动巡航控制系统(ACC)的基本组成。

2. ACC 主动巡航的工作原理

当自车通过雷达探测到前方没有汽车等其他障碍物时,汽车执行传统巡航控制,按驾驶员设定的速度行驶;当雷达探测到前方有汽车切入或其减速行驶时,启动 ACC 控制系统,按照驾驶员设定的车间时距,通过调节节气门执行器和制动执行器来控制自车的速度和加速度,以保证计算的车头净距。

第九章　汽车空调控制系统

第一节　汽车空调电子控制系统概述

目前,汽车空调控制系统有手动控制系统和自动控制系统两类,一般车辆还采用手动控制系统,高级轿车及豪华客车均采用自动控制系统。手动控制系统是依靠驾驶员拨动控制面板上的各种功能键实现对温度、风向、风速的控制。自动空调控制则是把制冷、供暖、新鲜空气有机地组合成一体,形成冷暖适宜的气流提供到车内,其温度、风向、风速等进行自动调节。自动空调控制系统分为电控气动控制系统、全自动控制系统和微型计算机控制系统3种。自动空调控制系统由空气调节系统、风管系统、真空回路和控制装置四大部分组成。

一、汽车空调的功能

现代汽车空调的基本功能是改善车内驾乘人员的舒适性,而舒适性是由人对车内的温度、湿度、空气的清新度等参数指标的感受和反映决定的。现代汽车空调就是将车内封闭空间的环境调整到对人体最适宜的状态,为此空调系统就必须具备表9-1中所述功能。

现代汽车空调系统功能　　表9-1

目　的	功　能	装　置
保持乘员的舒适环境	保持适宜温度	暖风、冷气装置
	保持适宜湿度	除湿、加湿装置
	保持适宜气流	送风装置
	保持洁净空气	通风装置、空气净化器
确保视野清晰	防止前、后两侧车窗玻璃结霜	除霜(除雾)装置

二、汽车空调的组成和类型

1. 汽车空调的基本组成

现代汽车全功能的空调系统由制冷系统、供暖系统、通风系统、空气净化装置及控制系统等部分组成。

(1)制冷系统,用于对车内空气或车外进入车内的新鲜空气进行冷却,使车内空气温度达到凉爽舒适。

(2)供暖系统,用于对车内空气或车外进入车内的新鲜空气进行加热、除湿,使车内空气温度达到温暖舒适。

(3)通风系统,用于将车外的新鲜空气引进车内,达到通风、换气的目的。

(4)空气净化装置,用于除去车内空气中的尘埃、异味,使车内空气变得清洁,目前只用于高级轿车上。

(5)控制系统,此系统是将制冷、供暖、空气净化有机地组合,形成冷暖适宜的气流,并能对车内环境进行全季节、全方位、多功能的最佳控制和调节。

2. 汽车空调的类型

1)按驱动方式分

可分独立式空调、非独立式空调两类。

(1)独立式空调。用一台专用空调发动机来驱动制冷压缩机,制冷量大,工作稳定;但成本高,体积及质量增大,为此多用于大、中型客车上。

(2)非独立式空调。由汽车发动机直接驱动制冷压缩机,制冷性能受汽车发动机工作的影响,工作稳定性较差,低速时制冷量不足,高速时制冷量过量,影响汽车发动机的动力性,为此多用于小型客车和轿车上。

2)按空调的功能分

可分为单一功能型、冷暖一体型两种。

(1)单一功能型空调。是将制冷系统、供暖系统、通风系统各自安装、单独操作,互不干涉,多用于大型客车和载货汽车上。

(2)冷暖一体型。是制冷、供暖和通风共用一台风机及一个风道,冷风、暖风和通风在同一控制板上进行控制。工作时又分为冷、暖风分别工作的组合式,冷暖风可同时工作的混合调湿式两种。混合调湿式结构紧凑,易调温,操作方便,多用于轿车上。

3)按空调系统的控制方式分

可分为手动调节、电控气动自动调节、全自动调节和微型计算机控制的全自动调节。

(1)手动调节,是依靠驾驶员拨动控制板的功能键完成对温度、风向、风速的控制。

(2)电控气动自动调节,是利用真空控制系统,当选好空调功能键时,就能在预定温度内自动控制温度和风量。

(3)全自动调节,是利用计算比较电路,通过对传感器信号和预调信号的处理、计算、比较,输出不同的电信号使控制机构工作,以调节温度和风机转速。

微型计算机控制的全自动调节是以微型计算机为控制中心,实现对车内空气环境进行全季节、全方位、多功能的最佳调节和控制。

三、空调控制系统组成

空调控制系统由传感器、控制器(控制面板)和执行器组成,基本构成如图9-1所示。

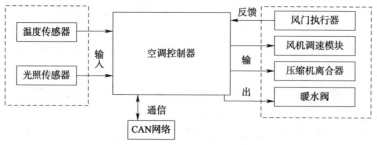

图9-1 自动空调控制系统的基本构成

1. 传感器

车内温度传感器、车外环境温度传感器、蒸发箱温度传感器、光照传感器等。

2. 执行器

风门执行器(如温度控制风门执行器、中央风门执行器、除霜风门执行器、循环风门执行器等)、风机调速模块、压缩机离合器开关、暖水阀等。

3. 各部件功能简介

(1) 温度传感器：检测汽车内部、外部及蒸发箱等各处的温度,将实时环境温度转变为电信号,作为控制输入的信号,输入控制器。

(2) 光照传感器：检测光照强度,并将其转变成电信号,输入控制器,作为控制输入的信号。

(3) 各风门执行器：按照控制器的控制输出要求,及时准确地使风门打开、关闭或维持某一特定角度,并将位置信号反馈给控制器。

(4) 风机调速模块：根据控制器控制信号要求,实时调节鼓风机转速(风量)。

(5) 空调压缩机离合器：根据控制器要求结合或断开,控制压缩机制冷或不制冷。

(6) 暖水阀：按照控制器要求打开或关闭发动机循环水回路,以控制空调系统制热或不制热。

(7) CAN 通信接口：用于发动机冷却液温度信号下载与空调系统故障信号上传。

第二节 汽车空调制冷系统

一、工作原理

汽车空调制冷系统由压缩机、冷凝器、膨胀阀、储液干燥器、蒸发器等组成,如图9-2所示。其制冷原理为：压缩机1吸入在蒸发器2中吸收热量后的低压、低温的制冷剂气体,并把其压缩成高压、高温的气体后送入冷凝器6,与环境空气进行热交换,放热后变成高压液态制冷剂,经储液干燥器5除湿、过滤后输入膨胀阀3节流、降压,再通过蒸发器2吸收蒸发后流回压缩机。制冷剂如此循环流动,从而调节了车内空气的温度和湿度。

制冷系统的工作过程如下：

当压缩机工作时,压缩机吸入从蒸发器出来的低温低压的气态制冷剂,经压缩,制冷剂的温度和压力升高,并被送入冷凝器。在冷凝器内,高温高压的气态制冷剂把热量传递给经过冷凝器的车外空气而液化,变成液体。液态制冷剂流经节流装置时,温度和压力降低,并进入蒸发器。在蒸发器内,低温低压的液态制冷剂吸收经过蒸发器的车内空气的热量而蒸发,变成气体。气体又被压缩机吸入进行下一轮循环。这样,通过制冷剂在系统内的循环,不断吸收车内空气的热量并排到车外空气中,使车内空气的温度逐渐下降。

从制冷系统的工作过程中,我们可以看出制冷剂在系统里不断循环流动,每一循环包括4个过程：压缩过程、冷凝过程、节流过程、蒸发过程。

1. 压缩过程

当压缩机工作时,吸入从蒸发器出来的低压低温气态制冷剂,经过压缩后变成高压高温的气态制冷剂,并排入冷凝器。

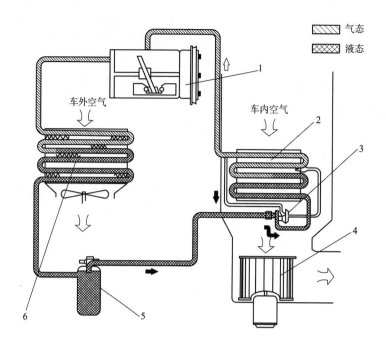

图9-2 制冷系统的组成
1-压缩机;2-蒸发器;3-膨胀阀;4-风机;5-储液干燥器;6-冷凝器

2. 冷凝过程

在冷凝器内,制冷剂与车外空气进行热交换。由于制冷剂的温度比车外空气高,所以高压高温的气态制冷剂放出热量,并把热量通过冷凝器传递给流经冷凝器的车外空气,而自身冷凝变成高压高温的液态制冷剂,并流到节流装置。

3. 节流过程

在节流装置内,高压高温的液态制冷剂变成低压低温的液态制冷剂,并进入蒸发器。

4. 蒸发过程

在蒸发器内,制冷剂与车内空气进行热交换。由于制冷剂的温度比车内空气低,低压低温的液态制冷剂吸收流经蒸发器的车内空气热量,而自身蒸发变成低压低温的气态制冷剂。

二、汽车空调制冷系统的组成

1. 压缩机

压缩机是制冷系统的心脏部件,起抽吸、压缩制冷剂并使其不断循环的作用,其功能归结为:

1) 抽吸作用

压缩机的抽吸与膨胀阀节流作用相配合,使蒸发管内的制冷剂压力下降,实现制冷剂从液态向气态的转化过程,通过吸热,带走车厢内的热量。

2) 压缩作用

压缩机将低压气态制冷剂压缩,使其压力和温度升高,实现制冷剂从气态向液态的转化过程,并通过冷凝器释放热量,将热量排放到车外。

3）循环泵作用

压缩机的不断抽吸和压缩,实现了制冷剂的循环流动,因此压缩机也是制冷剂循环流动的动力源。

压缩机的种类繁多,类型各异,目前汽车上大多采用往复式压缩机和回转式压缩机。而涡旋式压缩机正在发展中。

2．冷凝器

冷凝器是一种热交换器。它将压缩机排出的高温、高压气态制冷剂的热量吸收并散发到车外,并通过风扇和汽车迎面来风对其进行强制冷却,使气态制冷剂变为高温、高压的液态制冷剂,其工作过程如图9-3所示。可将制冷剂的冷凝过程分为3个阶段。

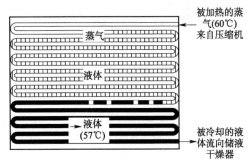

图9-3 冷凝器的工作状态

1）高温、高压制冷剂蒸气转变为饱和蒸气过程

过热的制冷剂蒸气进入冷凝管后,通过冷凝管的散热作用,很快就降为饱和温度。

2）饱和制冷剂蒸气转化为饱和液态过程

此过程制冷剂温度不发生变化,但制冷剂蒸气的液化过程释放出大量的热。制冷剂循环过程的大部分热量就是通过此阶段散发出去的。

3）饱和液态制冷剂冷却为过冷液体过程

饱和液态制冷剂的温度要比环境温度高,因此冷凝管中的饱和液体将会进一步冷却。汽车常用的冷凝器有管片式及管带式两种。

3．膨胀阀

膨胀阀安装在蒸发器的入口处,是一种感温和感压自动阀,通过其节流作用将高压液态制冷剂的压力降低,它可根据流向压缩机的制冷剂温度变化,自动调节制冷剂的流量,以确保流入压缩机的制冷剂为气态。汽车空调中所使用的膨胀阀有内平衡式、外平衡式及H形等不同的结构形式。

4．储液干燥器

储液干燥器的功用是过滤、除湿、气液分离及临时性地储存一些制冷剂。储液干燥器主要由滤网、干燥剂、储液罐、玻璃观察孔、引出管、易熔塞、低压开关等组成,如图9-4所示。

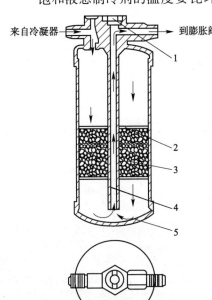

图9-4 储液干燥器
1-玻璃观察孔；2-滤网；3-干燥剂；4-引出管；5-储液罐

由冷凝器流来的液态制冷剂进入储液罐,经滤网过滤、干燥剂除湿后,再经引出管流出到膨胀阀。玻璃观察孔安装在引出管的上方,以观察制冷剂的量是否足够及制冷剂中是否有水分。易熔塞是一种保护装置,当储液干燥器内部压力达3.0MPa,温度达到100～

105℃时,易熔塞熔化,排出制冷剂,保护制冷系统的机件免遭损坏。

5. 蒸发器

蒸发器也是一种热交换器,它将其表面空气的热量吸收,形成冷空气。这样,鼓风机将冷空气吹入车厢,就可实现对车厢内空气的降温和除湿。蒸发器的工作过程为:经膨胀阀节流后的制冷剂低温蒸气进入蒸发器后,吸收热量而沸腾,并成为饱和蒸气。这一过程中蒸发压力始终保持不变,对应的蒸发温度也保持不变。鼓风机不断地将蒸发器外表面温度较低的空气吹入车厢内,使车内的温度降低。蒸发器的构造与冷凝器相似,目前采用的蒸发器有管片式、管带式和层叠式3种。图9-5是管片式蒸发器结构示意图。

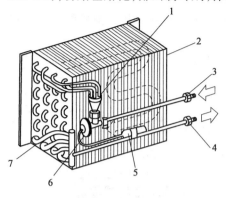

图9-5 管片式蒸发器
1-分配器;2-散热片;3-连储液干燥器接口;4-连压缩机接口;5-感温包;6-膨胀阀;7-管子

三、汽车空调制冷系统控制电路

1. 制冷系统基本控制电路

汽车空调种类较多,其控制电路各不相同。空调制冷系统中的电路基本由电磁离合器、风扇电动机、发动机转速自动调整装置、安全电路、压力开关电路、温度控制器、继电器、温度控制开关等部分组成。汽车空调制冷系统基本电路如图9-6所示。

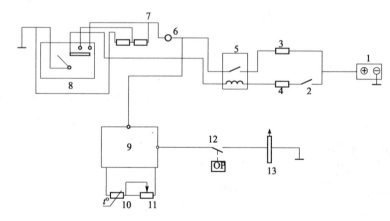

图9-6 汽车空调基本控制电路
1-蓄电池;2-点火开关;3、4-熔断丝;5-继电器;6-风扇电动机;7-电阻器;8-风量调节开关;9-放大器;10-热敏电阻;11-温度控制开关(可变电阻器);12-压力开关;13-电磁离合器

2. 空调制冷系统控制电路部件作用与原理

1) 电磁离合器

电磁离合器安装在压缩机前端,受温度控制开关、压力开关控制。它由压力板、弹簧片、引铁、带轮、固定铁芯和线圈组成,如图9-7所示。压力板用半圆键与压缩机轴相连,是电磁离合器的从动件。当电磁离合器线圈通电时,使铁芯产生磁力,将引铁3吸贴在带轮端面上并随之转动(离合器结合),使压缩机开始工作。当电磁离合器线圈断电时,铁芯磁力消失,

电磁离合器分离,压缩机停止工作。

2) 温度控制开关

温度控制开关感受的温度有蒸发器表面温度、车内温度、大气温度。一般情况下,它根据蒸发器表面温度来控制压缩机的运行与停止。它一般安装在蒸发器中,出厂时已调好最低开关温度。当车内温度大于调定值时,温控开关闭合,压缩机工作;当车内温度小于调定值时,温控开关断开,压缩机停止工作。所以它能保持车内温度一定,也称恒温器。目前,汽车空调制冷系统常用的温控开关有热力杠杆式和热敏电阻式两种。

(1) 热力杠杆式温控开关。热力杠杆式温控开关由两对触点、弹簧片、挺杆、膜片盒毛细管组成,如图9-8所示。

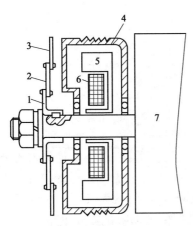

图9-7 电磁离合器
1-压力板;2-弹簧片;3-引铁;4-带轮;
5-铁芯;6-线圈;7-压缩机体

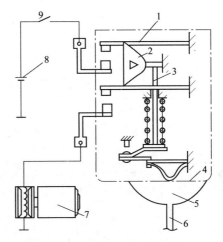

图9-8 热力杠杆式温控开关
1-触点臂;2-弹簧片;3-挺杆;4-膜片;5-膜片盒;
6-毛细管;7-压缩机;8-蓄电池;9-空调开关

膜片盒内装有制冷剂,毛细管贴附在蒸发器上。当蒸发器温度升高时,膜片盒内的制冷剂蒸发压力增大,膜片拱曲经弹性支架推动挺杆使弹簧片转动,触点闭合,压缩机工作;当蒸发器温度降低时,膜片盒内压力减小,膜片收缩,挺杆在弹簧的作用下复位,弹簧片复原使触点断开,压缩机停止工作。如此反复,使车内温度保持在某一调定值。

(2) 热敏电阻式温控开关。为了更精确地控制蒸发器出口温度,有些车型采用了热敏电阻和放大电路组成的温控开关。热敏电阻安装在蒸发器出口,具有负的温度系数。在放大电路中,温度调整电阻与热敏电阻串联,它可设定制冷系统的温度。热敏电阻式温控开关如图9-9所示。温度调整电阻阻值设定后,放大器中 B 点的电位高低由热敏电阻阻值的大小决定。当车内温度高于设定温度时,热敏电阻阻值减小,B 点电位降低,V_3 截止,V_4 导通,继电器2的线圈通电使触点闭合,电磁离合器接合,压缩机工作;相反,热敏电阻阻值增大,B 点电位升高,V_3 导通,V_4 截止,压缩机停止工作,如此周而复始,使车内的温度保持在设定的温度值。调整温度调整电阻的阻值,可改变 A 点的电位。当阻值减小时,A 电位降低,V_1、V_3 截止,V_2、V_4 导通,压缩机工作,设定的温度低;反之阻值增大时,设定的温度高。

3) 发动机转速自动调节装置

在非独立式空调制冷系统中,一般都设有怠速控制装置,其功用是防止汽车临时停车或低速行驶时，空调制冷系统工作导致发动机转速不稳，甚至熄火。另外，为保证汽车高速超车时，有足够的动力，还设有超车加速控制装置，以便在超车加速时使空调压缩机暂停工作。

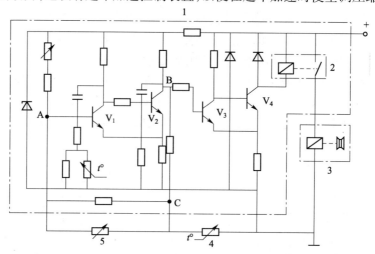

图 9-9　热敏电阻式温控开关
1-放大器；2-继电器；3-电磁离合器；4-热敏电阻；5-温度调整电阻

（1）怠速控制装置。控制发动机节气门的怠速控制装置的组成与工作原理如图 9-10 所示。不使用空调时，电磁阀 1 的线圈中无电流通过，接通真空通路，真空膜片阀 3 的膜片上移，通过杆件带动限位器 6 处于图 9-10a)位置，此时节气门处于正常怠速运转位置。当使用空调时，空调开关 2 接通真空转换电磁阀线圈电路，切断真空通路，大气压力作用于真空膜片阀 3 膜片上方，在弹簧力的作用下使膜片下移，通过杆件带动限位器 6 处于图 9-10b)位置，怠速时的节气门保持略开状态，达到提高发动机怠速转速的目的。

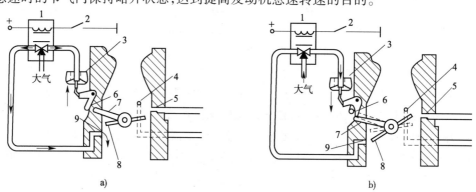

图 9-10　节气门位置控制器
a)空调不工作时；b)空调工作时
1-真空转换电磁阀；2-空调开关；3-真空膜片阀；4-怠速喷油孔；5-主喷油；6-限位器；7-节气门控制杆；8-节气门；9-真空孔

（2）加速控制装置。加速控制装置由加速开关和延迟继电器组成，如图 9-11 所示。加速开关一般装在加速踏板下，或装在其他位置通过杆件或拉索来控制。当加速踏板踏下行程达到最大行程的 90% 时，加速开关闭合，延迟继电器使电磁离合器分离，压缩机停止工作，发动机加速运转，以提高车速。当踏板行程小于 90% 时，加速开关断开后延时十几秒钟就自动使电磁离合器接合，压缩机自动恢复工作。

(3)高压保护开关。高压保护开关用来防止制冷系统压力过高而使压缩机过载及有关器件损坏,一般将其安装在高压管路上或储液干燥器上。它分触点常闭型和常开型两种。触点常闭型的触点串联在电磁离合器线圈电路中,压力导入口直接或通过毛细管连接在高压管路上。当制冷系统高压管路压力正常时,触点闭合,压缩机工作;当制冷系统高压管路压力越过某一值时,高压的制冷剂将推动膜片带动触点张开,使电磁离合器分离,压缩机停止工作。

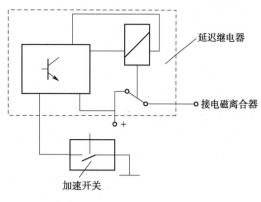

图9-11 加速控制装置

触点常开型高压保护开关一般用来控制冷凝器风扇电动机和高速挡电路,当压力超过某规定值时,触点闭合,风扇高速运转,以加强冷凝器的冷却能力。

(4)低压保护开关。低压保护开关的功用是当制冷系统严重缺少制冷剂时,防止压缩机继续工作,它一般安装在冷凝器与膨胀阀之间的高压管路上或储液干燥器上,其结构与触点常闭型高压保护开关相似,只是触点为常开。当制冷系统高压侧压力高于0.21MPa时,触点闭合使电磁离合器接合,压缩机工作;当其低于0.21MPa时,触点断开使电磁离合器分离,压缩机停止工作。

(5)发动机冷却液过热开关。发动机冷却液过热开关的功用是在发动机过热的情况下,停止压缩机运转。它一般安装在发动机冷却液箱或冷却液管路上,当发动机冷却液温度超过规定值时使电磁离合器分离,压缩机停止工作。

四、汽车空调自动控制系统

目前,汽车空调控制系统有手动控制系统和自动控制系统两类,一般车辆还采用手动控制系统,高级轿车及豪华客车均采用自动控制系统。手动控制系统是依靠驾驶员拨动控制面板上的各种功能键实现对温度、风向、风速的控制。自动空调控制则是把制冷、供暖、新鲜空气换入有机地组合成一体,形成冷暖适宜的气流提供给车内,其温度、风向、风速等进行自动调节。自动空调控制系统分为电控气动控制系统、全自动控制系统和微型计算机控制系统3种。自动空调控制系统由空气调节系统、风管系统、真空回路和控制装置4大部分组成。

1. 汽车空调自动控制系统的组成与功用

1)空气调节系统

空气调节是指将冷风、热风、新鲜空气有机地进行混合,形成适宜的气流供给车内。混合系统包括加热器、蒸发器、鼓风机和风门。常见的空气混合方式如下:

(1)冷、暖风独立式。冷风、暖风装置各自独立式操作,以适应炎热、寒冷气候。暖风装置也可用于除霜。

(2)冷、暖风转换式。冷暖风转换式空气调节系统在加热器不用时,送入车内的是冷气,而蒸发器不用时则送入的是暖气,若两者都不用时,则送入车内的是自然风。

(3)半空调方式。半空调方式空气调节系统将车外空气和车内空气经风门混合后,先经蒸发器冷却、除湿,后经鼓风机送入风门调节,一部分或大部分进入加热器,冷气出口不再调节。由风门调节送入车内空气的温度,当蒸发器不用时,则空气全部引到加热器,送入车内的是暖风。同理,当加热器不用时,则送入冷风。两者都不用时,则送入车内是自然风。

(4)全空调式。全空调式空气调节系统也称空气混合系统,是目前使用最多的空气温度调节方式。车内、车外空气经风门调节后,经蒸发器降温、除湿,部分空气可再经风门进入加热器加热,出来的冷风和热风再混合,然后按要求送入车内。由此可见,混合空气的温度是由风门来调节。全空调式同样可分别单独送入车内冷风、暖风和自然风。

2)风管系统与真空回路

在汽车仪表板下面有一套风管系统,将所需空气分配到车内前端、后端及两侧。风管系统的风门由真空控制系统控制,不同的车型其风管系统的布置和真空回路的结构形式不同。现代汽车上一些风管系统中风门的控制直接采用伺服电动机或电磁阀驱动。

3)温度自动控制系统

汽车空调温度自动控制系统一般由温度选择器、车内、车外温度传感器、日光强度传感器组成的温度检测电路和计算机、电磁阀、真空控制系统组成。真空驱动器与空气混合调节门、风机转换开关、电位器、热水阀开关相连,并能使其同时工作,实现自动控制。

计算机根据温度检测电路输入的信息,经过计算比较后输出一个电流值给两个电磁阀(真空转换器也称DVV),将电信号转换成真空信号,指挥真空驱动器工作对风门开度、风机转速和热水阀实行控制,并在电位器的作用下,根据车内、车外的温度不断修正系统的输出信号,使车内温度保持选定的恒温。

2. 全自动空调控制系统

1)全自动空调控制系统的结构

全自动空调控制系统主要由电桥、比较器、真空转换器等组成。而电桥由车内、车外温度传感器、日光强度传感器和调温电阻组成,如图9-12所示。

2)全自动控制系统的工作原理

全自动控制系统通过操作控制板上控制键设定所需温度值。

(1)降温控制原理。当调温电阻4设定的温度低于车内温度时,空调系统就开始工作。由于调温电阻的阻值低于传感器桥臂的总电阻值,电桥处于不平衡状态,电桥输出端的电位$u_B < u_A$,比较器2的OP_2无电流输出,而OP_1输出电流使降温真空转换器9打开大气通路,使作用在真空驱动器13的真空度减小,控制杆11上移,将温度风门17关小,减弱由加热器20来的空气流量,而增大由蒸发器21来的空气流量,使流入车内的空气温度下降。同时风机调速开关12使风机转速提高。若设定的温度与车内温度相差越大,则电桥两端电位差越大,真空转换器通大气通道越大,真空驱动器的真空度就越小,控制杆上移量也就越大,温度风门17随之开度越小甚至关闭,送入车内空气的温度也就越低。与此同时,控制杆上移过程中,反馈电位器10的阻值减小,甚至为零。而风机则在最高转速下运转,蒸发器以最大的制冷量输送冷空气至车内。

(2)升温控制原理。当车内温度下降低于设定值时,车内温度传感器的阻值减小,电桥输出端电压下降,使$u_B < u_A$,比较器2的OP_1无输出,而OP_2输出电流信号,真空转换器8打开与真空罐15的通道,使真空驱动器13的真空度增大,控制杆11下移,温度风门17逐渐打

开,让一部分冷空气经过加热后再送入车内,使车内温度升高。随着控制杆的下移,反馈电位器 10 的电阻增大,使 OP_2 输出电流增大,真空转换器 8 打开真空通道的开度增大,控制杆移动量大。当控制杆下移至极限位置时,温度风门 17 开启加热器通道,而关闭车内送冷空气的风口,同时在开关 12 的控制下使风机低速运转,使车内温度快速升高。

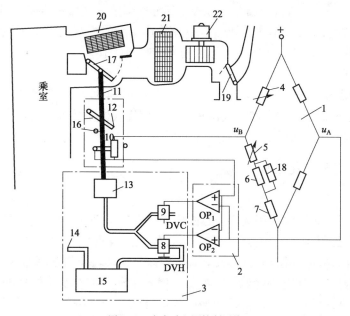

图 9-12 全自动空调控制系统

1-电桥;2-比较器;3-真空控制器;4-调温电阻;5-车内温度传感器;6-日光强度传感器;7-车外温度传感器;8-升温真空转换器;9-降温真空转换器;10-反馈电位器;11-控制杆;12-风机开关;13-真空驱动器;14-接发动机进气歧管;15-真空罐;16-热水阀开关;17-温度风门;18-温度传感器;19-循环风门;20-加热器;21-蒸发器;22-鼓风机

由于比较器中的 OP_1、OP_2 交替输出及真空转换器 8、9 交替打开大气通道和真空通道,控制了温度风门的开度及风机的转速;又由于反馈电位器的应用,使设定温度和车内温度相差较大时,能相应输入最多的冷空气或热空气,温度相差较小时,又能逐渐降温或升温,从而实现了对车内温度自动控制在设定的温度值。

3. 微型计算机空调控制系统

此系统以微型计算机为控制中心,对各种传感器采集的多种参数进行检测,并与控制面板设定的信号进行比较,经计算处理后进行判断,然后输出相应的调节和控制信号,通过相应的执行机构,对压缩机的开、停状况,送风温度及模式,热水阀开度等作及时的调整和修正,以实现对车内空气环境进行全季节、全方位、多功能、最佳化的调节和控制。同时,系统还具有故障自诊断检测功能,当系统出现故障时,会及时采取相应的保护措施。

第三节 汽车采暖与通风系统

一、采暖装置

汽车供暖装置按热源形式的不同可分为两类:一是利用发动机冷却液供暖称为水暖式,

二是靠燃烧煤油或柴油加热空气进行供暖称为燃烧式。前者热容量小,适用于中小型汽车;后者热容量大,广泛应用于大客车。

1. 水暖式供暖装置

水暖式供暖装置基本由加热器、鼓风机、热水阀、通风道与发动机冷却系统组成。当发动机的冷却液温度达80℃时,节温器才分流一部分冷却液进入加热器加热周围的空气,再由鼓风机将加热后的空气吹入车内。加热器中释放热量后的冷却液由水泵抽回发动机,如此循环进行供暖,进入加热器的热水量由热水阀来控制和调节。

2. 燃烧式供暖装置

水暖式供暖装置受发动机功率的影响,在汽车低速、下坡时使供暖效果不佳,为解决此问题,在一些大客车上采用独立燃烧式供暖装置。燃烧式供暖装置通常由燃油泵、燃油雾化器、燃烧室、电热塞、风扇、鼓风机、电动机等组成。

二、通风与空气净化装置

1. 通风装置

汽车空调通风系统通常利用空调装置的外循环设施,根据需要开闭进风口,进风口处设一风门,通过真空控制风门的开度和位置进行进风模式及进风量的调节。通风风门的开启与关闭又被称作内循环/外循环的调节,老式车辆以及成本较低的车辆通常采用手动方式来调节,好处是结构简单、易用、不容易出现故障;但是手动调节有本身烦琐的特点,影响汽车驾乘的舒适性。高级的车辆会有自动切换内外循环的功能,这样省去了驾驶员来回调节的麻烦,但相应的也在控制系统上增加了不少成本。

2. 空气净化装置

为了保持车内空气洁净新鲜,除了通过通风换气以外,还须采用净化装置,以除去车内粉尘和有害气体以及异味。空气净化装置按净化原理分为静电式、过滤式、对冲黏附式、吸附式、吸收式等。现代汽车常采用的是静电式和过滤式。静电式为静电除尘,可使用在任何种类的汽车上,而过滤式的空气净化装置体积较大,一般只适用于豪华大客车。

第十章 汽车安全气囊电子控制系统

第一节 汽车安全气囊电子控制系统

一、安全气囊的应用和发展

安全气囊(Supplemental Restraint System,简称 SRS),也称辅助乘员保护系统,是汽车的一种被动安全保护装置。安全气囊在汽车遭到碰撞而急剧减速时迅速膨胀,成为一个缓冲垫,以保护车内乘员不致碰撞车内硬物。随着国内外汽车工业的飞速发展,轿车越来越普及,交通事故也就相应增多。随着人民生活质量的不断提高,人们的安全意识越来越强,因此对汽车的安全设施必然要求越来越完善。这就促使轿车上的安全带、安全气囊的普及和提高。在 2001 年,各国已把安全带和安全气囊定为轿车上不可缺少的装备。

通过大量统计和实测资料都表明,在汽车相撞时,能正确使用安全带和安全气囊可使其头部受伤率减少 30%~50%,面部受伤率减少 70%~80%。

随着科技水平不断提高,高新技术不断发展,更安全、更可靠、多功能、智能型的安全气囊会不断地为保护人们的安全而推陈出新。

二、安全气囊的类型

目前在汽车上使用的安全气囊的种类较多,下面以不同的分类方法予以概括。

1. 按适用的碰撞类型分

根据气囊适用的碰撞类型不同可分正面碰撞防护安全气囊、侧面碰撞防护安全气囊和顶部碰撞防护安全气囊。正面碰撞防护安全气囊有较高的装车率,对正面碰撞事故中的驾驶员和前排乘员起到了很好的安全保护作用。随着对乘车安全性要求的提高,侧面碰撞防护安全气囊和顶部碰撞防护安全气囊的使用也将逐渐增多。

2. 按安全气囊系统的气囊数量分

根据正面碰撞防护安全气囊系统的数量不同可分为单气囊系统和双气囊系统两种。单气囊系统只有在驾驶员侧安装了一个气囊,双气囊系统则在前排乘员侧也安装了一个气囊。

3. 按安全气囊触发机构的形式分

按照安全气囊触发机构的形式不同可分为电子式、电气—机械式和机械式 3 种。电子式安全气囊只用一个安装在车前方的减速仪。电气—机械式安全气囊在车前方有多个传感器。机械式安全气囊则包括一切必要装置。为最大限度地减少非碰撞事故的其他偶然因素触发充气的可能性,同时使用两种机构,当两种机构的传感器都送出撞击信号时,气囊才触发充气。

第二节　汽车安全气囊电子控制系统组成与工作原理

一、安全气囊的组成

安全气囊主要由安全气囊传感器、安全气囊组件和电子控制装置组成。图10-1所示的是某种单气囊系统的组成部件布置。

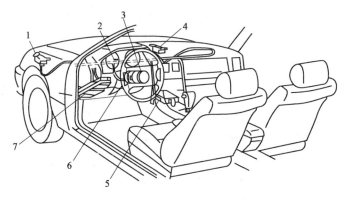

图 10-1　安全气囊系统组成部件及布置

1-左前碰撞传感器；2-安全气囊警告灯；3-安全气囊组件；4-右前碰撞传感器；5-安全气囊 ECU；6-盘簧式电缆；7-接线盒

安全气囊控制系统的具体结构如图10-2所示，系统中包含6个加速度传感器，其中两个安装在主控板上，另外4个分别安装在车身左前，右前，左侧，右侧4个位置，并通过电缆与主控板相连。主控 MCU 采集来自6个加速度传感器的加速度信号，并驱动8路安全气囊点火电路。电源模块包含常规电源电路以及后备供电电路，常规电源供给主控 MCU、加速度传感器以及点火驱动的电能；若发生剧烈碰撞后，电源电路被切断时，则启用后备电源，用于保证电源被切断后的6s内传感器和 MCU 的正常工作以及安全气囊的正常点火。自检预警模块实现传感器以及安全气囊的自检，若检测到故障则点亮仪表盘上相应的故障警报灯以提醒驾驶员处理故障。光电耦合模块用于外部开关量的输入，如座位上是否有人，乘员是否系安全带，以及其他的备用输入量。为实现对系统实时状态的监控，MCU 把系统的实时数据发送到 CAN 总线上，上位机软件通过监控 CAN 总线来获取系统的实时状态信息，记录在本地计算机上，并通过软件界面显示。

1. 安全气囊传感器

安全气囊传感器一般安装在汽车前部两侧和中间，其作用是感知汽车碰撞强度，并把碰撞强度转换成电信号输入电子控制装置，作为是否起动安全气囊展开的依据。按安全气囊碰撞传感器的结构原理分，有全机械式、机电式和电子式3种。

(1) 全机械式传感器。全机械式传感器的内部装有重块，当车辆因碰撞而使传感器重块的移动速度高于某一设定值时，传感器重块便将其机械能量直接传递给引发器使安全气囊膨胀。

(2) 机械触点式传感器。机械触点式传感器的内部有一触点，它是利用车辆碰撞时机械装置的运动使触点闭合，接通安全气囊电路。此类传感器有滚球式、滚柱式、偏心锤式、水银开关式等多种结构形式,图 10-3 所示的是偏心锤式碰撞传感器。

(3)电子式传感器。电子式传感器将汽车的减速度参数转变为相应的电信号,并输送给安全气囊 ECU,由 ECU 对信号进行处理后作出是否使安全气囊膨胀的判断。

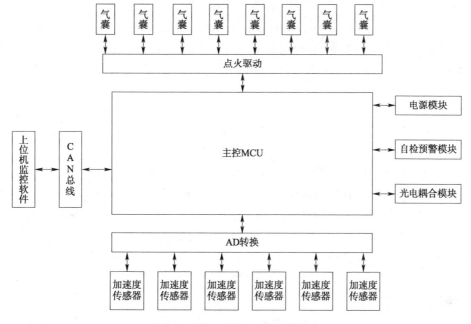

图 10-2 安全气囊控制系统的结构框图

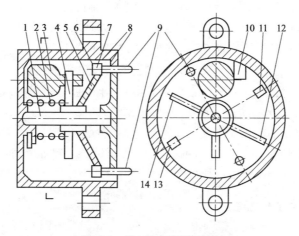

图 10-3 偏心锤式碰撞传感器

1-心轴;2-扭力弹簧;3-重锤;4-转盘;5-触桥;6、12、14-动触头;7、11、13-静触头;8-外壳;9-插头;10-止位块

2. 安全气囊

安全气囊包括充气装置、气囊衬垫、底板等。

(1)充气装置。它是安全气囊的执行机构,由气体发生剂、火药、传爆管、过滤器等组成。当安全气囊传感器将汽车碰撞的电信号输入电子控制装置后,若强度超过了设定值,电子控制装置则发出指令,由传爆管引爆火药,产生的高温使气体发生剂迅速产生大量气体,经过滤除去烟尘后,充入安全气囊,使安全气囊在 30ms 内膨胀展开。

(2)气囊。一般由尼龙布制成,在尼龙布上还有些排气用的小孔,气囊充气膨胀展开后,能吸收冲击能量,保护驾驶员和乘员的头部和胸部,减少受伤率及受伤程度,而气囊上的小孔,在充气后就进行排气,使气囊逐渐变软,加强缓冲作用和不致影响车内人员适当活动。气囊按布置位置可分为驾驶员侧气囊、前排乘客侧气囊、后排气囊、侧面气囊。

(3)衬垫。一般由聚氨酯制成,在制造过程中使用了极薄的水基发泡剂,使质量非常轻。平时衬垫黏附在转向盘的上表面,把气囊保护起来,同时又起到了装饰作用。在汽车发生碰撞时,在强大的气囊膨胀力作用下,快速及时的掀开,对安全气囊的膨胀展开没有任何阻碍作用。

(4)饰盖和底板。饰盖是气囊组件中的盖板,安全气囊及充气装置都安装在底板上,底板固定到转向盘或车身上,气囊膨胀展开时,底板承受安全气囊的爆发力。

3. 安全带收紧器

有的安全气囊系统同时安装了安全带收紧器。其作用是当汽车的碰撞强度较大,但还没达到使安全气囊膨胀展开的范围内(传感器已输出电信号,但没达到存储器内存储的强度信号)时,电子控制装置发出引燃安全带预紧器中电雷管的指令,使气化剂膨胀,推动活塞,促使安全带迅速预紧,将驾驶员和乘员拉向座椅靠背,防止他们因惯性而冲向前方,减少伤害。安全带预紧器安设在前排座椅的左右两外侧,它由电雷管、气化剂、气缸、活塞和导线等组成。

4. 电子控制装置

电子控制装置是安全气囊系统的控制中心,在接收到传感器的碰撞信号及其他有关信号后,判断是否使传爆管引爆火药给气囊充气。电子控制装置一般由安全气囊警示灯、备用电源、点火控制引爆驱动电路、安全气囊诊断电路、微处理器等组成。

备用电源是为了保证在汽车碰撞后,汽车电源断路的情况下,安全气囊系统仍能正常工作,保护乘员安全,而在安全气囊电控装置中增设的备用电源电路。备用电源实际上就是储能电容,在汽车正常运行时,发电机给电容器充电,汽车碰撞造成供电线路断路后,电容器所存储的电能释放出来,足够引爆火药使气囊膨胀充气。

点火控制引爆电路的作用是在接收碰撞信号后,引爆火药和气体发生剂。

防护碰撞传感器的作用是防止车前碰撞传感器短路而造成气囊误膨胀,其信号是被ECU用于判断汽车是否发生碰撞。

二、安全气囊的工作原理

1. 基本原理

当汽车高速行驶过程中,若发生较严重碰撞时,碰撞传感器首先感知到碰撞信号,只要碰撞强度达到或超过设定的强度,传感器便把这一碰撞信息转换成电信号输入到电子控制装置(其输入的电信号大小和碰撞强度成正比),电子控制装置接收到信号后,与已存储信号进行分析比较,若已达到或超过气囊膨胀的标准,则发出指令,由驱动电路给传爆管输出起动信号,引燃火药产生高温,使气体发生器产生大量气体,并经过过滤、冷却后,充入安全气囊,使气囊在30ms内突破衬垫而快速膨胀展开。在驾驶员及乘员还没触及汽车金属件之前,抢先在二者之间形成弹性气垫,并及时由小孔排气收缩,吸收强大惯性冲击能量,从而有效地保护人体头部、胸部,减轻受伤程度。

2. 安全气囊系统的工作过程

当点火开关闭合接通仪表电路后,安全气囊系统就开始工作,自检子程序对电器元件进行逐个检查,如有故障,安全气囊故障警示灯将闪亮不熄,提示驾驶员要读取故障码,查出故障进行排除。如无故障,起动传感器子程序,对传感器进行巡回检测,如果没有碰撞发生,则又返回自检子程序,若一直无碰撞,程序就这样循环下去。

如果汽车发生碰撞,碰撞强度能使传感器输出电信号而没达到使电控装置发出引发气囊膨胀的指令时(碰撞时汽车速度大约为20~30km/h),电控装置就发出引安全带预紧器的指令,使安全带拉紧,保护乘员。当碰撞强度很大(碰撞时汽车速度≥30km/h),则引爆安全气囊,使之膨胀展开。若碰撞强度太大使主电源线断路,则备用电源电路仍可保证引爆安全气囊膨胀的用电需要,并使报警灯也同时闪亮。

3. 安全气囊起安全保护的时间过程

(1)汽车碰撞后0~3ms,传感器感知信号,若此信号达到或超过设定数值,则将这一信号转变为电信号后输入电子控制装置。

(2)汽车碰撞后4~10ms,电子控制装置接收到传感器电信号后,若此信号达到或超过引爆的最低数值时,则电子控制装置发出使驱动电路引爆传爆管指令,点燃火药,产生高温和大量气体,此时乘员因惯性和汽车还没产生相对位移。

(3)汽车碰撞后20ms,乘员和汽车开始产生位移,但还没有接触安全气囊。

(4)汽车碰撞后30ms,大量气体经冷却过滤后迅速使安全气囊膨胀。

(5)汽车碰撞后40ms,安全气囊完全膨胀展开,乘员逐渐向前移动,安全带被拉长起一定的缓冲作用,乘员已紧贴安全气囊,安全气囊吸收了乘员的惯性冲击能量。

(6)汽车碰撞后60ms,乘员将安全气囊压紧变形而沉向安全气囊,安全气囊则进一步吸收惯性冲击能量。

(7)汽车碰撞后80ms,由于安全气囊上的排气孔排气,使气囊变软,乘员进一步沉向安全气囊中,使缓冲作用更加良好。

(8)汽车碰撞后100ms,乘员惯性冲击能量已减弱,危险期已过。

(9)汽车碰撞后110ms,乘员惯性冲击能量消失,在安全带作用下将其拉回座椅上,安全气囊中气体也排出大部分,整个过程基本结束。

从汽车碰撞到乘员因惯性与车身产生相对位移后而碰撞受伤的时间间隔大约为50ms,而安全气囊也正好抢在这50ms之前,大约只为30ms的时间,在乘员与车身之间形成一道柔软的弹性保护,减少受伤程度。

4. 防止安全气囊误开的措施

汽车发生碰撞时,汽车及其乘员在极短的时间内,从高速运动到静止,急需安全气囊来吸收缓冲由此产生的巨大惯性力。但在正常运行时,若安全气囊不适时的错误打开,也会给乘员和安全行驶造成伤害,所以安全气囊系统都必须设有防止安全气囊误开的措施。具体措施如下。

(1)配备多个安全气囊传感器。在汽车前部不同的位置设有多个安全气囊传感器,只有全部的传感器所感知的碰撞强度都达到或超过设定强度后,都向电子控制装置输入电信号时,才能使电子控制装置开始工作,缺一不可。

(2)存储安全气囊引爆展开的最低碰撞强度信号。碰撞强度大,也就是汽车的减速度值大。为避免误膨胀必须要保证汽车在高速行驶中紧急制动时,安全气囊不会打开。因此,安全气囊膨胀展开的最小减速度值要大于紧急制动时的减速度值。

安全气囊膨胀展开的最小减速度值(最小碰撞强度信号值)都存储在电子控制装置的程序中。不同的国家生产的汽车,因国情不同,各自法规不同,这一数值有所不同。但确保乘员安全的目的是相同的,所以要掌握不同数值的真正含义,按要求规范使用安全气囊。

5.容易引起安全气囊误膨开的因素

在以下条件下会引起安全气囊误开,必须防范。

(1)温度过高,引起火药燃烧而使安全气囊膨胀展开。

(2)电磁波信号干扰,引起电子控制装置误动作,如车内使用大功率移动电话等也可能使安全气囊展开。

(3)进行汽车维修作业时,操作不规范,也会引起安全气囊误展开。

第十一章 电子仪表与防盗系统

第一节 电子仪表

一、电子仪表概述

传统的仪表采用机械—电气式或机械式结构,通过指针和刻度盘显示被测值。这种仪表存在着信息量少、准确度低、可靠性及视觉特性较差、体积较大等不足,难以满足人们对汽车安全性、舒适性等更高的要求。随着汽车技术与电子技术的发展及对汽车安全性、环保性、经济性、智能性等要求的不断提高,传统仪表的电子化已是必然的趋势。现代汽车要求电子仪表系统不仅能精确显示油压、发动机冷却液温度、车速、燃油储量等这样一些直接参数,还要求仪表系统具有记忆、运算处理功能,即还可显示经过计算后的间接参数,如:瞬时油耗量、平均油耗、平均车速、续驶里程、行驶时间等。显示形式则要求多样化,数字化显示、条线图形显示、声光显示与报警等,以使驾驶员更为方便、全面地掌握汽车的运行状况。

现代汽车上所使用的仪表可分为3种类型。

(1) 传统仪表。这种机械—电气式仪表在一些汽车上还有大量的使用,但总的趋势是使用逐渐减少,最终将会被淘汰。

(2) 单个电子仪表。如电子式发动机转速表、电子式电压表、电子式车速里程表、电子式燃油表和温度表等。这些仪表多采用模拟电子电路对传感器信号进行处理,以模拟仪表(指针式)显示或数字(发光二极管)显示。

(3) 电子仪表系统。以微处理器为核心的电子仪表系统,其组成如图11-1所示。功能较为完整的电子仪表系统所能显示的信息包括车辆状况信息、汽车行驶工况信息、交通状况信息、安全警告信息及其他所需的信息等。与无线传输设备结合,还可与车外进行信息交流,使仪表系统具有通信和导航等功能。电子仪表系统已经在一些汽车上使用,并将随着汽车电子技术的发展而逐渐普及。

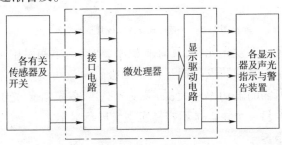

图11-1 电子仪表系统框图

二、电子显示装置

目前,在汽车上使用的显示装置主要有发光二极管显示装置(LED)、荧光屏显示器(VFD)及液晶显示器(LCD)等。

1. 发光二极管显示装置

发光二极管显示装置有直线排列式、7笔画数字式、光点阵式等多种结构类型,图11-2、图11-3所示的是7笔画数字式和光点阵式发光二极管显示装置原理。

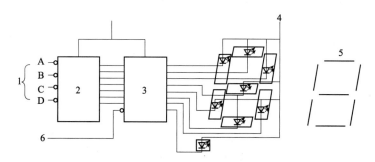

图11-2 7笔画数字式发光二极管显示装置

1-二进制编码输入;2-译码器;3-恒流源;4-发光二极管电源;5-7笔画数字;6-小数点

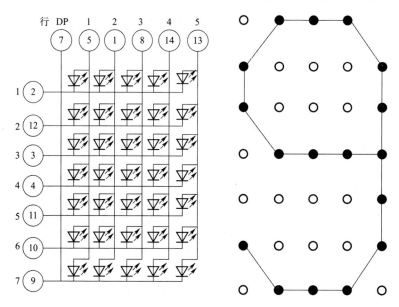

图11-3 光点阵式发光二极管显示装置

发光二极管是一种固态发光元件,具有体积小、结构简单和耐用等优点,因此应用较为广泛。发光二极管显示装置的缺点是通过调制二极管电流可调制其发光亮度,如果发光亮度较强,其电流较大,所需的电功率较大;如果发光亮度较弱,在阳光的直射下不容易辨识。发光二极管显示装置的另一个缺点是不容易实现大屏幕显示。

2. 真空荧光屏显示器

真空荧光屏显示器实际上是一种低压真空管,由真空玻璃盒、热阴极(灯丝)、栅极、荧光屏组成,其组成与原理如图 11-4 所示。

阴极(灯丝)作用于一恒定电压而发射电子,由于栅极和阳极相对于阴极有较高的正电位,阴极发射的电子通过栅极加速后射向阳极,使阳极上的荧光物质在电子的冲击下发光。由于阳极是由不同的笔划段所组成,通过数字开关电路的控制,就能显示不同的数字和字母。真空荧光屏有 7 笔划段和 14 笔划段两种,7 笔划段只可显示数字,14 笔划段则能显示全部字母和数字。

真空荧光屏显示器易于和控制电路连接,环境适应性强,不仅可显示数字,还可显示单词和柱状图表等。其缺点是容易振碎。

3. 液晶显示器

液晶是"液态晶体"的简称,它是一种有机化合物,在一定的温度范围内具有液体的流动性,同时又具有晶体的某些特性。液晶显示与发光二极管和真空荧光屏显示不同,它并不是自身发光,只是在其他光源的激发下,在阻止和允许光线通过这两种状态之间进行转换。

液晶显示利用偏振光的特性成像,液晶显示屏的基本结构如图 11-5 所示。液晶被封装在两块有透明电极膜的玻璃板之间,两玻璃板的外侧是两块偏光轴互相垂直的偏振滤波片。经特殊研磨处理的玻璃板表面可使液晶分子被强制性同方向配置,前后玻璃板中作 90°配置,液晶分子的方向则以 90°螺旋状排列(图 11-6a)。

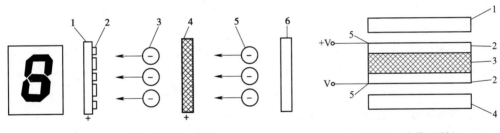

图 11-4　真空荧光屏显示器
1-玻璃面板;2-阳极笔划段;3、5-电子;4-加速栅极;6-阴极(灯丝)

图 11-5　液晶显示板
1、4-偏光板;2-玻璃板;3-液晶;5-玻璃板表面的透明导体

当光源的光线从一侧射入时,通过偏光板的光成为直线光进入液晶层,经液晶分子螺旋状 90°的偏转后到达另一侧的玻璃板,偏光板使与其偏光轴垂直的光线不能通过而变暗。当两玻璃板之间加上一个电压时,在电场力的作用下,液晶分子的长轴方向转成与玻璃板表面互相垂直(图 11-6b)。此时,从一侧偏光板进入的光线就不会再引起旋转,光线通过另一侧的偏光板而呈明亮状态。这样,通过控制玻璃板上透明笔画电极的通或断电,就可显示数字、字母或图形。

液晶显示器其显示面积大、能耗低、显示清晰且不受阳光直射的影响,通过滤光镜还可显示不同的颜色,因此其应用日益广泛。

三、电子仪表板

电子仪表板通过数字向驾驶员发出汽车各种工况字母、数字加字母、曲线图或柱形图等信息和各种警告信号。各种不同的显示方式,其仪表板的电路结构与原理基本相同。

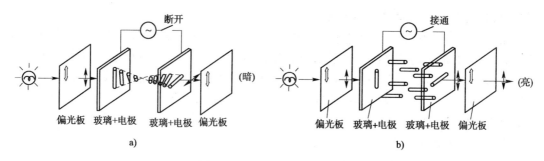

图 11-6 液晶显示器的基本原理
a)玻璃板间不加电压；b)玻璃板间加电压

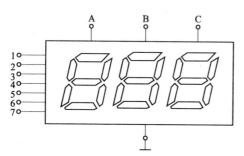

图 11-7 3 位数字显示多路传输

1. 仪表板的信息传输

电子仪表板采用多路传输技术，以减少传输线路、节约空间、降低成本。图 11-7 所示的 3 位数字显示器，用多路传输方案只需 10 个电路接头和 10 根传输线路（不含搭铁线），而普通传输方案则需要 21 个电路接头和 21 根传输线路。仪表板控制微处理器以串行方式逐位输出数字信息，虽然每次只显示 1 个数字，但由于工作频率较高和人眼视觉暂留作用，驾驶员所见的是连续发亮的 3 位数字。

2. 仪表板的信息选送

汽车在运行中，各个仪表传感器将有关的信号同时传输给微处理器，微处理器在对这些信号处理时则为逐个进行，因此需采用多路信号转换开关选择信号源；信号经处理后需要将信息及时传送给相应的显示装置，因此也需要一个信号传送选择开关。图 11-8 所示的是电子仪表板多路信号传送选择开关的示意图。

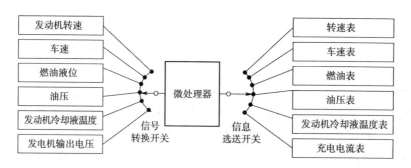

图 11-8 多路信号传送选择开关的示意图

3. 仪表板显示系统的组成

仪表板显示系统的组成如图 11-9 所示。对于模拟式传感器，通过 A/D 转换成数字信号后经信号转换开关送入微处理器。对于模拟式显示器，则需经 D/A 转换。

4. 电子仪表板示例

不同车型其电子仪表板显示器的结构与布置形式等都有不同，某电子仪表板显示器如图 11-10 所示。

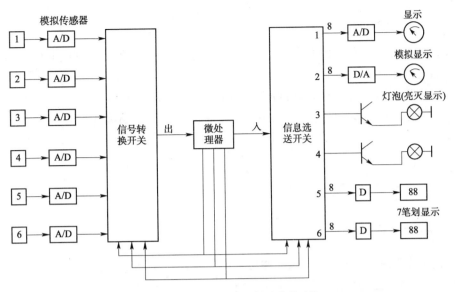

图 11-9　各种显示装置的多路传输系统

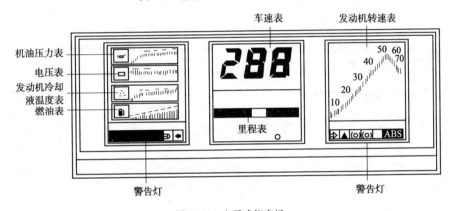

图 11-10　电子式仪表板

第二节　汽车防盗系统

汽车的防盗一直是汽车生产厂商和广大汽车用户所关注的问题。伴随着汽车保有量的增加和车主的大众化,汽车被盗事件也相应增多。为减少车辆被盗,汽车的防盗技术也在不断地提高,已从单一的机械防盗发展到电子防盗及机械与电子相结合的防盗。防盗功能也不仅是防止盗贼非法进入车内起动发动机或驾驶车辆,还可通过声光报警或远距离遥控报警、GPS 定位跟踪等。

汽车防盗技术的提高,大大降低了汽车被盗的可能性。但是任何汽车防盗装置的隐秘性都不可能是绝对的,因此,电子防盗装置必须不断变化和发展,新的防盗技术还会不断涌现。

现代汽车防盗装置有多种类型,总体上可分为机械式防盗装置、电子防盗系统和机电综合式防盗系统三类。

一、机械式防盗装置

机械式防盗装置主要是利用锁具将车门和车辆行驶起关键作用的总成上加锁的方式防盗。常见的机械防盗形式如下。

(1) 车门锁。在所有的车门和后行李舱门都加装门锁。

(2) 轮胎锁。用一套锁具将汽车其中一个轮胎锁定,使全车不能移动。

(3) 转向盘锁。将转向盘锁住,使其不能转向而限制汽车正常运行。

(4) 变速杆锁。将变速杆锁住,使其不能换挡而限止汽车运行。

机械式防盗装置的成本低,但单独使用机械式防盗装置的安全可靠性低,因而已逐渐被电子防盗系统和机电综合式防盗系统所取代。

二、电子式防盗系统

电子式防盗系统可通过声光报警,并可通过对发动机起动、点火、喷油等电路的关断控制,使非法闯入或非法使用者无法起动或驾驶汽车,使汽车的防盗安全可靠性大为提高。如果汽车装备了车载全球卫星定位跟踪系统(GPS),还可通过中央控制中心定位监控系统寻找和跟踪已被盗走的车辆,迅速将被盗车辆追回。

电子式防盗系统安装隐蔽,功能齐全,无线遥控操作简便,但对安全调试技术要求较高,有时也会受其他电波干扰。

三、机电结合的防盗装置

机械式防盗装置坚固可靠,电子防盗装置编程密码难解,把二者的优点结合起来则构成了机电结合式的防盗装置。

"无人油路锁"和"强中强制动锁"是两个典型的机电结合的防盗装置。它们都是用专用工具被安装在汽车的底部即安全又隐蔽的部位,用机械方式锁住,用电子方式控制,除车主外,其他人很难破解和拆除。

"无人油路锁"的作用是用机械方式锁住汽车燃油泵的供油油路,中断供油。

"强中强制动锁"的作用是用机械方式锁住汽车的制动油泵,使车轮处于制动状况。

第三节 电子防盗系统工作原理

一、现代汽车电子式防盗系统的组成

现代汽车电子式防盗系统在汽车上的布置如图11-11所示,其主要部件如下。

1. 电子防盗系统的基本功能

电子式防盗系统通常包含如下功能。

(1) 服务功能。包括遥控车门,遥控起动,寻车等。

(2) 警惕提示功能。它也称为触发报警记录,提示车主汽车曾被人打开过车门。

(3) 报警提示功能。当有他人动车时,立即发出灯光闪烁和鸣笛,以示警报。

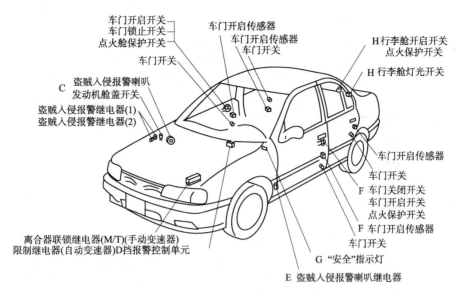

图 11-11 防盗系统在轿车上的布置图

(4)防盗功能。如果有人非法移动汽车,开启车门,打开油箱盖、发动机舱盖、行李舱门,接点火电路时,防盗器将立刻发出警报并切断起动电路或断开点火电路、喷油电路、供油电路、自动变速器电路等,使汽车完全无法移动。

不同的车型,其电子防盗系统的功能并不完全一样,有的汽车防盗系统除了上述部分或全部功能外,还装备了电子跟踪定位监控防盗系统。

2. 电子防盗系统的构成

电子防盗系统一般由保险装置、报警装置及防汽车被盗行驶装置3部分构成。

1)防盗保险装置

防盗保险装置主要由各个门锁(一般2~4个,个别轿车还会多一些)、发动机舱盖锁、行李舱门锁、车门开启传感器、转向机锁止机构、变速杆锁止机构、安全指示灯、报警喇叭、报警蜂鸣器及有关电器元件等组成。当拔下点火钥匙,将各个车门锁好后,防盗保险装置就进入了预警状态,设在汽车外看到部位的工作显示灯(大灯、转向灯、尾灯等)一起闪亮 30s 后就熄灭,则表示汽车已完全处于预警状态。

2)防盗报警装置

当不用遥控器或开门钥匙打开车门和不用点火钥匙接通起动电路起动发动机时,防盗报警装置便会发出报警,其报警类型有以下几种。

(1)喇叭鸣叫。喇叭或蜂鸣器断续发出鸣叫可达 3 min。

(2)灯闪亮。外部可见的大灯、尾灯等忽明忽暗的反复闪亮。

(3)指名呼叫。系统向车主发送报警电波,并与汽车内电路联通指名向车主发送汽车被盗报警信号。

(4)胶纸报警。控制在门窗玻璃上粘贴的专用报警胶纸显示醒目的汽车被盗信号。

(5)位置报警。系统发射电波,使公安局能在电子地图上看到被盗汽车的具体位置,便于警方追踪查找。

3) 防被盗车辆行驶装置

若盗贼破坏车门或车窗非法进入汽车内时,还有以下装置防止车辆正常行驶。

(1) 阻止发动机起动。当发出报警信号时,起动电路被断路,发动机无法起动。

(2) 阻止点火系点火。当发出报警信号时,点火电路被断路,发动机无法起动。

(3) 阻止燃油供应。当发出报警信号时,供油电路被断路,发动机无燃油供给。

(4) 阻止转向机转向。当发出报警信号时,转向机被锁止,汽车无法转向。

4) 防盗报警系统电路

汽车防盗报警系统电路如图 11-12 所示。

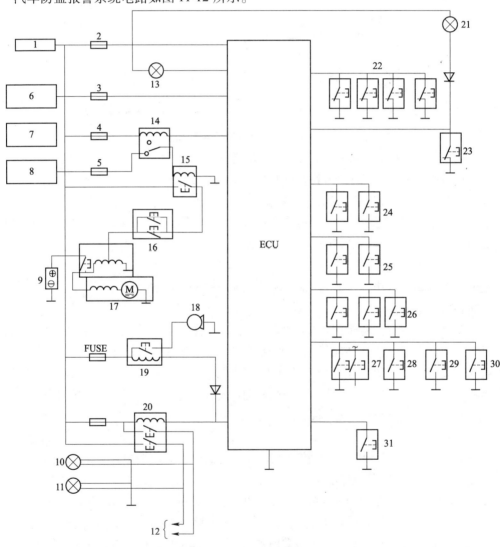

图 11-12 防盗报警装置电路

1、9-蓄电池;2、3、4、5-熔断丝;6、7、8-点火开关;10-右前照灯;11-左前照灯;12-前照灯系统;13-安全指示灯;14-盗贼入侵继电器;15-起动继电器;16-保护开关;17-起动电动机;18-盗贼入侵报警喇叭;19-盗贼入侵报警喇叭继电器;20-盗贼入侵继电器;21-行李舱报警状态灯;22-车门门开关;23-行李舱灯开关;24-车门关闭开关;25-车门开启开关;26-点火系统保护开关;27-左前照灯开关;28-右前照灯开关;29-后左尾灯开关;30-后右尾灯开关;31-发动机开关

二、中央电控门锁系统

带遥控和防盗报警功能的汽车中央电控门锁装置(系统),确保汽车防盗保险性更高,操纵更方便。

1. 中央电控门锁系统的组成

中央电控门锁系统一般由控制机构和执行机构两部分组成。

(1) 控制机构。控制机构包括输入器、存储器、鉴别器、编码器、驱动及抗干扰电路、显示装置、保险装置和电源,其中编码器、鉴别器是控制机构的核心部分。

(2) 执行机构。执行机构主要有电磁铁式自动车门锁和电动机式自动车门锁。

2. 中央电控门锁工作原理

1) 门锁的操纵开关

中央电控门锁操纵开关的布置如图11-13所示,门锁控制系统的电路如图11-14所示。在门锁总成中,由锁止杆控制转动决定门锁的开/关状态。

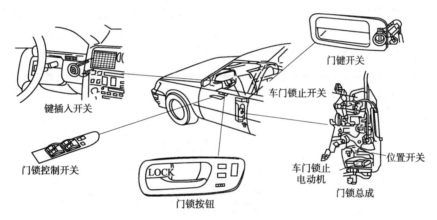

图11-13 门锁操纵开关的布置

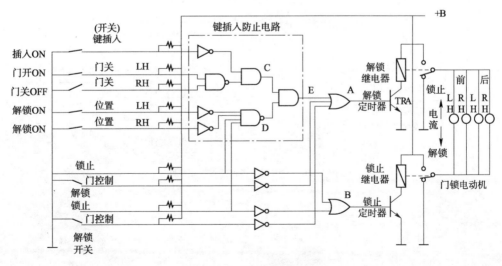

图11-14 门锁控制系统的电路

位置开关表明锁止杆的位置,门锁开启时处于ON位置,门锁锁止时处于OFF位置。

门锁开关。也叫钥匙开关,它可检测出整个门锁总成处于锁止或开启状态,当把门钥匙插入开关孔内转动时,才能发出相应有关的电控信号。

门键开关。在锁门时给出ON信号,其他时间一律为OFF。

门锁控制开关。是在车厢内利用手操作的开关。

2)中央门锁的遥控

中央门锁的遥控程序,首先是发射机向车辆天线发出的密码信号开始的,发射机的结构如图11-15所示。由于采用了单芯片集成电路,可使它的体积很小,其发射频率可根据有关情况选择使用27、40、62MHz频带。发射机内装有纽扣型锂电池,它所发射的电波为微弱电波。微弱电波是在发射时不需要任何部门批准的电波。

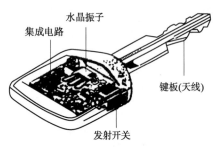

图11-15 遥控门锁发射器

图11-16为发射机和接收机信号处理图,从发射机利用次载体方式发出识别代码,把次载体的频率按照数字识别代码信号进行频率偏移后发射。所以不会受到外来干扰的影响。车辆天线接收到密码信号后,利用分配器对进入接收机ECU的高频增幅信号处理后进行放大,并和存储器中标准密码互相对比,如果代码是正确的,鉴别器就输出信号给控制电路使执行机构正常工作。

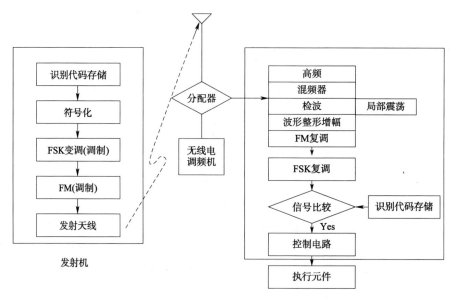

图11-16 发射器与接收信号处理电路

第十二章　智能汽车控制系统

第一节　车载互联系统

车载互联系统(Telematics)本身就是一个"通信和信息科学"的合成词：它通过位置信息和无线通信网络，为驾驶员提供交通信息、紧急救助服务的同时，也为乘客提供互联网、电影、电子游戏等"车载多媒体服务"。

"车载互联系统价值链"包含了诸多企业的紧密参与，同时完整的车载互联系统应该涵盖4大业务，必须具备呼叫中心(Live Call Center)，系统结构如图12-1。

图12-1　车载互联系统结构图

一、车载信息系统平台功能

未来的车载信息系统平台将全面超越传统汽车仪表的现有功能，系统主要功能包括：全图形化数字仪表、GPS导航仪、车载GPS导航、车载DVD导航、车载多媒体影音娱乐、整车状态显示、远程故障诊断、无线通信、网络办公、信息处理、智能交通辅助驾驶等。未来的车载信息平台是人、车、环境的充分交互，集电子、通信、网络、嵌入式等技术为一体的高端车载综合信息显示平台。车载信息系统平台的主要功能至少应该包括以下方面：

1. 仪表显示

主要包含传统仪表的所有功能。以液晶屏(LCD)作为显示终端，所需的大量、复杂的信息能够以图形方式，灵活、准确地显示在LCD屏幕上。基本的要求是高亮度显示图形，高实时性响应，能够接收来自CAN总线和传感器的信号。

2. 车辆监控及远程故障诊断

通过收集的信息进行车辆信息的诊断和分析，更加智能的监控车辆的性能和状况，并给予用户提示,同时通过车载信息平台的 GPRS 模块将诊断分析数据与诊断服务中心实时双向传递。通过外连 GPS 模块和通信模块,并通过监控中心,进行车辆防盗监控和远程控制。

3. 无线上网

通过覆盖全国的 GSM/CDMA/GPRS 信号,随时随地无线上网,可实现 E-Mail、FTP、网上聊天、浏览信息、网络游戏、图片下载、移动办公、电子商务等网络功能。

4. 导航信息

实现完善的导航功能。通过 GPS 全球定位系统,无论用户在世界的任何角落,都能即时定位和连续定位,除了提供自主导航、信息查询、最佳行车路径计算、轨迹记录和回放等功能之外,还提供交通堵塞预测、停车场停车向导、可与网络连接的地图数据实时更新等高级功能。导航信息系统的显示限于局部区域,应不影响仪表系统的同时显示。

5. 车载电话

采用 CDMA 无线通信或 VOIP 网络电话,车载免提与无线耳机无缝切换,保证车主在通话过程中的驾驶安全。

6. 车载娱乐

车载娱乐系统已经由以前的收音机和一个卡带机或 CD 机进化成可以通过用户和其他车辆通信,拥有多种娱乐和信息的系统。比许多其他的音频/视频应用,如家电的 A/V 系统应用要求更丰富。满足人们对汽车娱乐性、舒适性的要求,可进行卫星数字广播接收、车载数字电视接收、CD/DVD 播放等,并具有 MP3/MP4/IPOD/USB 等多媒体播放功能。音视频文件可以通过无线下载,彻底免去使用碟片的种种麻烦。前置中控台或头枕式彩色显示屏和高保真车载音响,更是为用户提供了专业级视听享受。

7. 辅助安全驾驶

主要包括:驾驶员疲劳监视,前、后方测距雷达系统,碰撞分析、制动控制、安全报警系统以及辅助倒车后视系统。驾驶员监视器安装于转向盘下方,用于拍摄驾驶员的面部,并自动分析眼皮开度,经分析后如果发现有疲劳驾驶,会自动发出警报;同时,前方测距雷达和车后的测距雷达系统会自动测量前、后方车距,并将此信息发送至碰撞分析单元。如果有碰撞危险,会发出警报,同时自动制动或控制安全带的驱动电动机,使乘员在碰撞发生前处在一个提前设计的最佳姿势,使事故的后果减小到最低。

其辅助倒车后视功能主要是通过挂入倒车挡,便可从高清晰液晶显示屏上看到车后的全彩影像,辅助倒车、后视摄像头具备防眩和夜视的功能,便于保证车主夜间倒车的安全。

8. 新型智能交通系统的车载信息采集系统

获得实时、可靠的交通信息一直是智能交通系统发展的瓶颈问题,建立智能交通车载信息采集系统,可以为智能交通系统中驾驶行为特性的研究、交通数据采集、现场测试等提供良好的辅助测试、验证平台,还可以作为一个辅助检测手段,为我国智能交通系统多功能实验车的建设和发展提供强有力的技术支持,从而加速我国智能交通系统相关技术的研究和开发。

二、车载信息平台领域的技术发展

车载信息平台包括多方面技术,下面仅将其中涉及的几项关键技术简单介绍如下。

Telematics 是一个由通信和信息科学组成的合成词,通常称为车载远程信息处理。它综合了汽车制造和 IT 技术,包括计算机、移动通信、数字广播等;同时,又依托于 ITS 的"3S",从而迅速发展成为融合技术与服务的新业务。Telematics 通过无线信道连接车载终端机与服务中心,以构成提供信息服务的通信链路。通过安装于车内的终端系统,分析汽车内与车外发生的各种状况,收集驾驶和行车所必需的各种信息,同时执行一系列的必要控制,为驾驶员和乘客提供方便、安全和娱乐。Telematics 的技术特征充分表现了现代科技的大融合。它应用 5 种主要技术:卫星定位技术(GPS);无线接入技术;蜂窝通信技术(2G/3G);专用短程通信的窄带网络技术(DSRC);数字广播和多媒体广播技术(DMB),融合成为 4 类主要功能:

(1) 基于卫星定位技术(GPS+GIS)的地面导航。根据道路状态引导车辆以最佳路线抵达目的地。

(2) 基于 ITS 数字广播(GPS+GIS+LBS+CDMB)的智能交通。典型应用为对路面实时状况的领航。它不同于以地理信息为基础的导航,而是在导航的基础上,以路面上发生的实时位置信息(Location Based Services,LBS),引导车辆不仅选择最佳地理路径,而且选择所需时间最短的优化路径。通过 ITS 信息中心发布的路面状况实时多媒体信息,以广播形式传送语音、分析和测算处理的结果,以数据形式将遥感测量的地理数据合成为引导实时驾驶的领航图,及时提醒驾驶员避开交通堵塞或突发事件的路段,给出最佳修改行车路线,以最短时间到达目的地。

(3) 基于无线移动通信技术(2G/3G+DSRC+WLAN)的远程信息服务。一方面以 WLAN 形式构建车内的微微网,以通用的信息平台实现网络化通信和信息服务,这与手机通信和无线上网的功能基本一致;另一方面以 RFID 沟通标签与读取器,再以 DSRC 互联服务中心,以信息平台方式,既将 ECU 收集的发动机温度、尾气、轮胎、汽油及行车状况等的汽车信息送到服务中心的维修站,以实现远程车辆故障诊断和求助;将过路的计费信息和服务的费用信息送到服务中心的结算站,服务中心可据此分析和判断车辆有无故障、有无可能出现的失控、失盗等紧急情况,既能及时告知驾驶员,又能指令汽车减速、停止运行或无法启动。同时,准确记账并自动收费。

(4) 基于数字广播技术(CDMB-T/CMMB+ITS)的车载文化娱乐。它不仅要在车上显示电视节目、路面状况、MTV、电子游戏等,还要显示和管理个人节目信息资源(数据广播),并随时经广播宽带下载地理、地貌、地图等信息,还能显示如 E-Mail 接收的互联网信息。

Telematics 装置通常是一种嵌入式系统,它在软、硬件系统架构设计上与普通嵌入式系统并没有差异。在 PC 产业里,运算平台的选择,也就是处理器及其相关参考设计的选择,是相当有限的,不外乎 Intel 或是 AMD 的那几种,然而嵌入式系统的硬件却需要面对各式各样不同的需求。正确的选型及架构设计必须能符合客户及产品需求,这是一件相当重要的事情。目前比较流行的一种基于嵌入式技术的 Telematics 系统设计,其硬件系统采用了高效、灵活的 ARM+FPGA 构架,其中 ARM(Advanced RISC Machine)是一种高性能的 32 位精简指令运算集微处理器,主要完成外部数据采集、整理、分析、存储等功能,FPGA(Field Programmable Gate Array)即现场可编程门阵列,主要用于用户界面的显示。这种硬件架构一个比较典型的应用实例就是赛灵思与微软汽车业务部推出的智能车载信息平台,它又被称为 Microsoft Telematics Platform(微软车载信息处理平台),巧妙地通过语音命令结合互联网连接进行通信和控制,是一种用于集成各种移动设备和通过互联网与无线网络传送信息的集线器。对任何硬件平台而言,灵活性和伸缩性对架构能否成功获得市场接受都至关重要,无论是基本系统还是高性能的高端车载信息系统。鉴于此,微软开发了一个真正可以定制和伸缩的汽车标准车载信息处理平台。

第二节　自动驾驶技术

汽车自动驾驶系统(Motor Vehicle Auto Driving System),又称自动驾驶汽车(Autonomous vehicles;Self-piloting auto mobile)也称无人驾驶汽车、电脑驾驶汽车或轮式移动机器人,是一种通过车载电脑系统实现无人驾驶的智能汽车系统。自动驾驶汽车技术的研发,在 20 世纪末也已经有数十年的历史,于 21 世纪初呈现出接近实用化的趋势,谷歌自动驾驶汽车于 2012 年 5 月获得了美国首个自动驾驶车辆许可证。

自动驾驶汽车依靠人工智能、视觉计算、雷达、监控装置和全球定位系统协同合作,让电脑可以在没有任何人类主动操作下,自动安全地操作机动车辆。

一、自动驾驶系统的发展

早在 20 世纪 90 年代,日本以产业界、学校与政府互相合作的体制为基础,实施先进安全汽车项目并已获得了重大进展。ASV 与自动驾驶具有许多相同的技术。为了防止发生汽车交通事故,开发了有助于驾驶员识别道路车辆驾驶状态与操纵的装置,以有效防止发生驾驶失误。以此为目的的安全技术也适用于车辆驾驶自动化。已经付诸实用的 ASV 技术中,自适应巡航控制系统即与制动器一起使用的定速行驶装置、车道偏离控制装置、碰撞减轻用制动器、驾驶员防瞌睡报警装置、弯道报警装置和晚上前方行人信息提供装置等,而这些安全装置也能适用于自动驾驶。

自动驾驶系统是构成未来智能汽车的主要系统之一。它不仅可以大大减少交通事故,提高汽车的主动安全性,还可降低车辆的燃料消耗,减少排气污染,提高公路的运输效率。同时也减轻了驾驶员的负担,提高了乘车的舒适性。自动驾驶系统可分为两大类:一类是需要外部装置(如在公路上安装磁性条等)来引导汽车行驶的外部引导式自动驾驶系统;另一类是依靠安装在汽车上的摄像机(或者雷达系统)来获得周围环境信息,经车载计算机识别处理后,再控制汽车自动行驶,一般称为自主式自动驾驶系统。两者相比,后者具有更大的灵活性。

二、自动驾驶技术工作原理

汽车自动驾驶技术包括视频摄像头、雷达传感器以及激光测距器来了解周围的交通状况,并通过一个详尽的地图(通过有人驾驶汽车采集的地图)对前方的道路进行导航。这一切都通过谷歌的数据中心来实现,谷歌的数据中心能处理汽车收集的有关周围地形的大量信息。就这点而言,自动驾驶汽车相当于谷歌数据中心的遥控汽车或者智能汽车。汽车自动驾驶技术是物联网技术应用之一。

以沃尔沃公司为例,其根据自动化水平的高低区分了4个无人驾驶的阶段:驾驶辅助、部分自动化、高度自动化、完全自动化。

1. 驾驶辅助系统(DAS)

目的是为驾驶者提供协助,包括提供重要或有益的驾驶相关信息,以及在形势开始变得危急的时候发出明确而简洁的警告。如"车道偏离警告"(LDW)系统等。

2. 部分自动化系统

在驾驶者收到警告却未能及时采取相应行动时能够自动进行干预的系统,如"自动紧急制动"(AEB)系统和"应急车道辅助"(ELA)系统等。

3. 高度自动化系统

能够在或长或短的时间段内代替驾驶者承担操控车辆的职责,但是仍需驾驶者对驾驶活动进行监控的系统。

4. 完全自动化系统

可无人驾驶车辆、允许车内所有乘员从事其他活动且无须进行监控的系统。这种自动化水平允许乘员从事计算机工作、休息和睡眠以及其他娱乐等活动。

三、结构性能

自动驾驶汽车使用视频摄像头、雷达传感器以及激光测距器来了解周围的交通状况,并通过一个详尽的地图(通过有人驾驶汽车采集的地图)对前方的道路进行导航。

1. 激光雷达

车顶的"水桶"形装置是自动驾驶汽车的激光雷达,它能对半径60m的周围环境进行扫描,并将结果以3D地图的方式呈现出来,给予计算机最初步的判断依据。

2. 前置摄像头

自动驾驶汽车前置摄像头(谷歌在汽车的车内后视镜附近安置了一个摄像头),用于识别交通信号灯,并在车载电脑的辅助下辨别移动的物体,比如前方车辆、自行车或是行人。

3. 左后轮传感器

很多人第一眼会觉得这个像是车辆行驶方向控制设备,而事实上这是自动驾驶汽车的位置传感器,它通过测定汽车的横向移动来帮助电脑给汽车定位,确定它在道路上的正确位置。

4. 前后雷达

后车厢的主控电脑谷歌在无人驾车汽车上分别安装了4个雷达传感器(前方3个,后方1个),用于测量汽车与前(和前置摄像头一同配合测量)后左右各个物体间的距离。

5. 主控电脑

自动驾驶汽车最重要的主控电脑被安排在后车厢,这里除了用于运算的电脑外,还有拓普康(拓普康是日本一家负责工业测距和医疗器械的厂商)的测距信息综合器,这套核心装备将负责汽车的行驶路线、方式的判断和执行。

第三节 自动停车系统

自动停车系统就是不用人工干预,自动停车入位的驾驶系统。目前国内有大众途安、帕萨特cc、斯柯达昊锐、丰田皇冠、奔驰、宝马、雷克萨斯LS等车型配备。

自动停车系统,可以使汽车自动地以正确的停靠位停车,该系统包括一环境数据采集系统、一中央处理器和一车辆策略控制系统,所述的环境数据采集系统包括一图像采集系统和一车载距离探测系统,可采集图像数据及周围物体距车身的距离数据,并通过数据线传输给中央处理器;所述的中央处理器可将采集到的数据分析处理后,得出汽车的当前位置、目标位置以及周围的环境参数,依据上述参数进行自动停车策略,并将其转换成电信号;所述的车辆策略控制系统接受电信号后,依据指令进行汽车的行驶如角度、方向及动力支援方面的操控。

一、自动停车系统发展历史

从汽车发展的历史可以看出,驾驶者为了提高停车的安全系数,降低车辆在停车时发生不必要的意外,停车过程分为几个不同阶段,从依靠驾驶经验停车、依靠后视镜协助停车、人为引导停车、利用倒车雷达蜂鸣提示音辅助停车、使用安装后视摄像头设备停车等。从全球汽车行业发展的程度来看,欧洲汽车制造技术起步较早,由于其工业发展进度迅猛,汽车拥有量不断攀升,从而带来停车位紧张的情景,导致了在有限的空间停车难的问题,以德国为例,由于停车库、停车位等配套的基础设施建设滞后,车库车位的排布过于密集,导致驾驶者停车入库后,由于左右相邻的汽车太近,无法将车门打开,导致驾驶员只能从天窗上爬出汽车的尴尬局面。对此德国宝马公司最早提出智能辅助停车入库系统的方案,揭开了智能停车系统研究的序幕,此后,欧美日等国各大汽车厂都集合大量研究人员和时间,投入到半自动停车的研究探索中。

近几年来,研究人员不断提出关于智能停车方面的论证和方法,将车辆作为一个模型体进行仿真,此外,研究的内容除了在控制算法上,与此同时还涉及车位的筛选和判断。智能停车系统从起步到整车应用已经走过了很长时间,经过众多研究人员的理论推导,在实车上也取得了突破性进展,可以说,在汽车行业,目前有一些成功的智能停车系统得到应用。

20世纪90年代,美国斯坦福大学的两位研究人员基于神经网络理论,开展自学习控制系统开发,整个系统可以控制拖车,并自动回到货架。日本电气通信大学的研究人员,通过基于模糊控制方法,对多数拖车设计基于不等式的模糊控制器进行开发。

标致雪铁龙在其C4的车型上,安装了由博世自主研发的智能停车系统,是全球首款配备有完善功能的辅助停车入位系统的汽车。将测距传感器安装在车辆前后保险杠的特定位置。当驾驶员停车之前,自行按下位于中控台上的系统启动键按钮,即可开启本套系统。要求车速始终保持在25km/h以下,车辆前后保险杠上的测距传感器,配合前保险杠两侧的测距传感器,通过主控制器实现停车位准确测量。当系统寻找到符合要求的停车位后,会给驾驶员发出提示,确定停入预定的位置,在停车过程中会对障碍物发出提示信息。

德国奔驰在其B200车型上,安装了公司独有的主动式停车辅助系统,将10组超声波传感器安装在车辆的前后保险杠上,要求驻车过程中,车速需要保持36km/h以下,对于停车区域的范围,也缩短到车身长度的1.3m左右。超声波传感器可以同时对车身两侧的停车空间进行扫描,当系统检测到合适的停车空间时,中控台的液晶显示器可以提示驾驶员发现有效停车位,此时驾驶者只要启动停车按钮,同时配合加速踏板和制动踏板的操作,即可实现停车入位动作。

沃尔沃汽车制造商和瑞典林克沃平大学的研究人员,经历数年研发,在其新开发车型上配备自动停车系统,整个停车过程不需要驾驶员干预,全部由系统自动完成。在车上安装有配合系统的自动变速器、自动驾驶装置、行车电脑。自动驾驶装置由超频感应系统组成,可以自适应的控制转向盘的转动,还可以实时探测车辆周围的障碍物。当驾驶员准备停车时,系统可以自动探测道路两边是否有足够的停车空间,当系统检测的停车位符合要求时,系统会发出相应提示信号。

著名供应商法国雷奥自主开发的,由超声波传感器实现探测功能,形成半自动停车系统。该系统同样利用安装在车身两侧的多个超声波传感器,利用其物理特性来衡量车身两侧的空间是否适合停车。需要停车时,驾驶员按动系统启动键,自动停车开始工作。在车辆移动的过程中,超声波传感器实时扫描道路两侧的障碍物,寻找合适的停车位。系统对停车空间的限制,缩短到车辆前后70cm左右,当发现类似空间时,系统会通过显示设备,提示驾驶员,当车辆继续向前行驶至一定距离后,系统会发出开始停车提示,驾驶员只需放开转向盘,简单控制速度和制动就可以实现停车入位。

二、停车位的描述

一个停车位是由两个以上的有效的障碍物组成,有效障碍物可以是:①车辆;②方形物体;③圆形物体;④路沿或墙体。

一个标准的停车位可能带路沿或不带路沿,以下简要列举几个典型特征停车位,如图12-2、图12-3、图12-4所示。

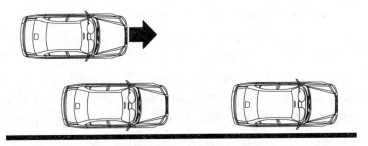

图12-2 在路况情况下参照路沿停车

系统通过一个或多个阶段操纵并移动车辆进入停车位,车辆沿着同一方向的移动即为一个阶段。第一阶段从车辆开始,每一次车辆移动的方向改变时即是下一阶段操纵的开始。半自动停车系统对车位有明确的要求,停车位长度S_L,停车位的长度最小值为车长+0.8m,最大值是12m;停车位深度S_D,停车位深度最小值为0.5m,最大值为3.5m。以停车位末端与第二辆车的外缘交点为原点建立坐标系,坐标系的方向参照路沿,X轴应与路沿平行。停车位深度定义为原点到路沿的距离,垂直于X轴。停车位边界的物体方向,是由其与X轴的夹角确定。

在设计过程中,在车辆前进方向上以固定的步长选取采样点,记录车辆与障碍物的距离。为了既节省存储空间,又能准确、完整地记录障碍物信息,使用含 1000 个存储单元的环形缓冲区进行数据的存储。采样点的间隔距离是车辆长度的 1/100,即在等于车辆长度的位移距离上,均匀地分布着 100 个采样点。若车辆长度为 10m,则采样点之间的距离为 0.1m,这样的采样密度可保证车位检测的准确性。环形缓冲区可保存车辆位移距离为车长 10 倍时的所有采样点数据。当车辆位移超过车长 10 倍时,由于环形缓冲区中最老的采样点与车辆当前位置之间的距离已超出了停车位的可能范围,所以新的采样点数据可以覆盖环形缓冲区中最老的采样点数据,这样,不需要分配更多的存储空间,就可以使车位检测继续进行。

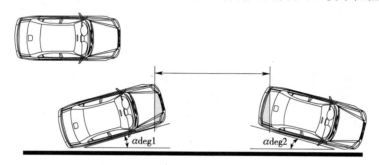

图 12-3　前后两车与路沿成一定角度,有路沿情况下参照路沿进行停车

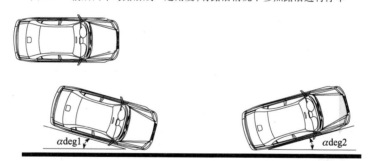

图 12-4　无路沿情况,以前车外侧和后车外侧最近点连线所成直线为参照

在车位检测过程中,超声波传感器以固定的间隔时间周期地测量车辆与障碍物的距离。软件需要利用超声波传感器和单片机编码器的测量结果,运用线性插值的方法,计算出各采样点的数据。车位检测中,需要对超声波传感器的测量值进行中值滤波。设计过程中,使用环形缓冲区保存传感器的最近 N(N 为奇数,是中值滤波的窗口宽度)个测量值。一般地,N 不会太大,因此中值滤波的排序操作使用简单的排序算法,如冒泡排序、选择排序等。排序后,以中间值作为滤波的结果。通过相邻采样点之间的求差操作,可检测出车辆与障碍物之间距离的突变位置,即边缘位置。

车位检测模块可向其他模块提供以下接口函数:①功能启动函数。调用此函数启动车位检测功能。需指定车位检测的方式,包括左、右侧平行或垂直停车。②功能停止函数。调用此函数中终止车位检测操作。③获得检测结果的函数。调用此函数以了解当前是否已检测到车位,若当前已检测到车位,则可通过此函数获取车位的尺寸和位置信息。④数据更新函数。此函数由串口通信模块中处理接收数据的回调函数调用。将最新的传感器测量结果传递给车位检测模块。⑤采样点数据获取函数。通过此函数,可获得存储采样点数据的环形缓冲区内容。主要用于在人机界面上显示车辆与障碍物的距离关系。

三、半自动停车系统工作过程

半自动停车系统基于超声波传感器技术,整个系统利用超声波传感器进行测量距离、车位检测、停车控制等功能模块组成。所建立的测距子系统,利用多个超声波传感器,实时的测量车辆与周围障碍物的距离,引导驾驶者寻找合适的停车空间,选定停车位后,控制器运算单元便会计算出最优停车路径。配合电子辅助转向控制技术,驾驶者只需按下启动按钮,放开双手,轻踩制动踏板控制车速,然后根据人机界面中的挡位需求提示,挂入相应挡位,系统便会自动控制车辆的移动,直至将车辆停入停车位。需要说明的是,当倒车时速超过某一限定值或者驾驶者大角度转动转向盘,系统都会默认为终止半自动停车系统。半自动停车系统控制器通过CAN网络获取车辆的车身偏离角、转向角度、速度、位移、障碍物形状及位置等信息。显然,所知信息越多,控制难度越小。

半自动停车系统的基本组成是:①中央控制单元,主要用来处理环境感知信息,并在线实时计算目标车位参数,车辆与障碍物的相对位置,判断停车可行性并确定半自动停车轨迹。②传感器系统,主要用来探测停车过程中环境信息,寻找车位并实时反馈车辆及车位信息。③执行系统,主要根据中央控制系统的决策信息,自动接管转向盘和动力系统,按照计算出的运动轨迹,控制车辆运动到停车位。

半自动停车系统工作的一般流程是,驾驶员手动按下系统开关,驾驶车辆沿着车道低速行驶,超声波传感器实时地对周边环境进行扫描,中央控制单元内部对采集的信息进行在线分析和建模,当查找到符合要求的停车位时,系统提示驾驶者放开转向盘并检查周围环境安全,系统开始自适应工作,主机内部计算停车轨迹,驾驶员简单控制加速踏板和制动踏板,保持一定的速度,车辆则会自动停车入位。从机理上分析,如图12-5所示,半自动停车系统运行的基本过程是:

(1)车位检测:利用传感器识别车位信息,检测车辆与障碍物的相对位置。

(2)路径规划:根据对传感器采集信息的处理,确定车辆开始停车位置,形成停车路径。

(3)路径跟踪:根据中央处理单元中生成的停车轨迹,控制车辆按照规划的路径规避障碍物,进而安全地进入停车位。

如图12-6所示,整套系统通过CAN总线与车身众多模块相连接,各类电控单元在汽车中的应用逐渐增多,各个车载设备间的通信稳定性越来越重要,由此可以得出,以分布式控制系统为主体,组建车载电子网络系统是很有必要的。

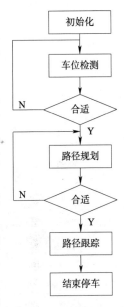

图12-5 半自动停车系统运行流程图

由于数据的传输需要快速交换,对汽车内部网络有很高的要求,在该网络系统中,各处理机独立运行,控制改善汽车某一方面的性能,同时在其他处理机需要时提供数据服务。汽车内部网络的构成主要依靠总线传输技术。汽车总线传输过程是通过符合规范的通信协议,将各种控制设备单元有效连接起来,形成汽车内部通信网络。正因为总线技术的发展,减少了传统工艺中线束的数量和容积,对电子系统的可靠性得到提高,因为采用通用传感器,实现数据共享的目的,系统的可修改性得到改善,通过软件的更新,系统功能可以得到优化。CAN 总线是一种串行数据通信协议,由于 CAN 总线具有可靠性和抗干扰性等优点,可以实现汽车内部网络的实时性。目前使用 CAN 总线网络的汽车大多具有两条或两条以上总线,一条是动力 CAN 总线,主要包括发动机、ABS 和自动变速器 3 个节点,通信速率一般为 500kb/s;另一条是舒适 CAN 总线,主要包括中央控制器和 4 个门模块,通信速率为 100kb/s。

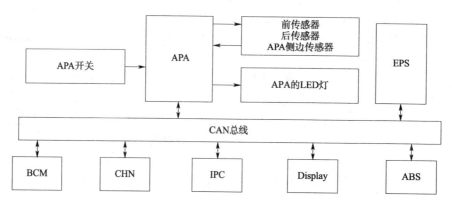

图 12-6 系统与整车其他系统的通信示意图

参 考 文 献

[1] 曲金玉,崔振民. 汽车电器与电子控制技术[M]. 北京:北京大学出版社,2006.
[2] 孙仁云,付百学. 汽车电器与电子控制技术[M]. 北京:机械工业出版社,2006.
[3] 寨小平,麻友良. 汽车电器与电子控制技术[M]. 北京:人民交通出版社,2006.
[4] 付百学. 汽车电子控制技术[M]. 北京:机械工业出版社,2010.
[5] 李炎亮,高秀华,成凯. 汽车电子技术[M]. 北京:化学工业出版社,2005.
[6] 舒华,姚国平. 汽车电子控制技术[M]. 北京:人民交通出版社,2008.
[7] 刘振闻. 汽车电器与电子技术[M]. 北京:人民交通出版社,2000.
[8] 秦明华. 汽车电器与电子技术[M]. 北京:理工大学出版社,2003.
[9] 张幽彤,陈宝江,翟涌. 汽车电子技术原理及应用[M]. 北京:北京理工大学出版社,2006.
[10] 麻友良. 汽车电路分析与故障检修[M]. 北京:机械工业出版社,2006.
[11] 麻友良. 汽车空调技术[M]. 北京:机械工业出版社,2009.
[12] 刘玉武. 汽车转向信号闪光灯[J]. 汽车电器,2007,(8).
[13] 陈无畏. 汽车车身电子与控制技术[M]. 北京:机械工业出版社,2008.
[14] 何渝生,石晓辉,等. 汽车电子技术及控制系统[M]. 北京:国防工业出版社,1997.
[15] 王化祥. 传感器原理及应用(修订版)[M]. 天津:天津大学出版社,2003.
[16] 董辉. 汽车用传感器[M]. 北京:理工大学出版社,2000.
[17] 柳为. 电动车窗[J]. 汽车实用技术,2003(9).
[18] 贾全仓. 解析轿车汽油机 EGR 控制方式[J]. 内燃机,2008(2).
[19] 吴凯山,孙余凯. 汽车电控门锁系统类型与组成简介[J]. 电子世界,2009(11).
[20] 孙余凯,项缔明. 汽车电控门锁的基本控制原理[J]. 电子世界,2009(12).
[21] 曲金玉,崔振民. 汽车电器与电子控制技术[M]. 北京:北京大学出版社,2006.
[22] JOHN VETAL. LIN BUSAND ITS POTENTIAL FOR USE IN DISTRIBUTED MULTIPLEX APPLICATIONS[S]. SAE 0072,2001.